《教师教育课程标准（试行）》配套教材

实践取向型学前教育专业规划教材

Xueqian Ertong Jiating yu Shequ Jiaoyu

U0914372

学前儿童家庭与社区教育

李生兰 等 著

高等教育出版社·北京

李生兰

作者简介

教育学博士，
华东师范大学
学前教育与特殊教育学院
学前教育系教授、
博士生导师

— 主要从事学前儿童家庭和社区教育、学前教育原理、比较学前教育、学前教育法规政策、幼儿园课程等方面的教学和科研工作。

— 主持了教育部人文社会科学研究“十五”规划基金课题“幼儿园利用家庭和社区资源对儿童进行德育的研究”，上海市教育科学研究基金课题“推进新郊区新农村幼儿园家长开放日活动改革与发展的研究”“中外学前儿童社会教育的比较研究”，美国伊利诺伊大学研究学者基金课题“中美幼儿园与家庭、社区合作共育的比较研究”等20多项国家级、省部级和国际合作科研项目。

— 出版了《幼儿家庭教育》《学前儿童家庭教育与活动指导》《幼儿园与家庭、社区合作共育的研究》《幼儿园家长开放日活动的研究》《学前教育学》《学前教育法规政策的理解与运用》《比较学前教育》《儿童的乐园：走进21世纪的美国学前教育》等8部著作，主编了《幼儿园英语教育》系列教材6本，在国内外教育类核心刊物上公开发表百余篇学术论文。

— 先后赴美国、英国、澳大利亚、新加坡、日本等国家访学、讲学，进行学前教育领域的学术交流和考察研究活动。

— 曾获“上海高校优秀青年教师”称号、上海市第八届教育科学研究成果奖、上海市成人高等师范“教育教学优秀奖”、华东师范大学“继续教育工作教学奖”、华东师范大学“网络教育教学优秀奖”、中国学前教育研究会“优秀科研工作者”“优秀论文奖”“幼儿教育优秀作品奖”以及“中国全国妇女联合会好作品奖”等多项奖励。

内容提要

— 本书是《教师教育课程标准（试行）》配套教材，实践取向型学前教育专业规划教材之一。

— 本书首先对学前儿童家庭教育、社区教育作了概述；然后简要介绍了幼儿园与家庭、社区合作共育的法规政策以及相关理论流派，并针对这些法规政策、理论流派作了进一步思考，给出了可行性建议；接着，列举了幼儿园与家庭、社区合作共育的主要形式、教学活动方案、参观活动方案；最后，介绍了幼儿园与家庭、社区合作共育的国际前瞻经验，并对于研究者在此领域的科学研究课题的选择、申请、科研报告的撰写做了介绍并给出建议。

— 本书适合学前教育专业本、专科学生使用，也适合作为远程教育学员培训用书、幼儿园教师培训用书，还可供家长和儿童教育工作者阅读参考。

前言

| 本书缘由 |

我在高校学前教育专业从教已三十年，讲授“学前儿童家庭教育”这门课程也近三十年。随着时代的发展和与国际教育的接轨，“社区教育”也就必然要被增加进来，“学前儿童家庭教育”这门课程也就必然被扩展为“学前儿童家庭与社区教育”，不仅要给职前的专科生、本科生、硕士生上这门课程，还要给在职的专科升本科的学生、教育硕士生上这门课程，但有关“儿童社区教育”的教学参考资料比较少，幼儿园与社区共育的教科研成果就更为鲜见，因此，编写本书就显得特别紧迫和重要。

| 本书内容 |

本书由九章构成。

第一章围绕“学前儿童家庭教育”这一核心词，解释了主要的概念及其内涵，并介绍了学前儿童家庭教育的作用、内容、策略、趋势等内容。

第二章围绕“学前儿童社区教育”这一核心词，呈现了主要的概念及其内涵，并介绍了学前儿童社区教育的特征、原则、实施等内容。

第三章围绕“幼儿园与家庭、社区合作共育的法规政策”展开，分别介绍了十部法规、政策的主要内容，并对这些法规、政策进行深入思考，提出实施建议。

第四章围绕幼儿园与家庭、社区合作共育的理论流派展开，分别介绍了家庭系统理论、符号互动理论、生物生态学理论、需求层次理论、后现代课程理论，并对这些理论带来的启示进行阐述。

第五章围绕幼儿园与家庭、社区合作共育的主要形式展开，介绍了《家长手册》、家庭访问、家长园地、送接交流、家长会议、家长沙龙、亲子活动、家长开放日、家长志愿者等形式。

第六章围绕幼儿园与家庭、社区合作共育的教学方案展开，介绍了十部绘本、两首歌曲的教学活动方案。

第七章围绕幼儿园与家庭、社区合作共育的参观方案展开，列举了二十个活动方案，涉及不同区域、不同类型的不同场所。

第八章围绕幼儿园与家庭、社区合作共育的国际经验展开，呈现了中国幼教工作者对美国家园合作共育的评析，论述了美国幼儿园《家长简报》的主要特点及启示。

第九章围绕幼儿园与家庭、社区合作共育的科学研究展开，说明了幼儿园与家庭、社区合作共育科研课题的选择，简介了幼儿园与家庭、社区合作共育科研课题的申请，论述了幼儿园与家庭、社区合作共育科研报告的撰写。

| 本书特点 |

1. 新颖独特。本书与我过去所写的几本书（如《幼儿家庭教育》《学前儿童家庭教育与活动指导》《幼儿园与家庭、社区合作共育的研究》《幼儿园家长开放日活动的研究》）以及市场上其他同类书相比而言，不论是在框架体系上，还是在具体内容上，都有所不同，体现了新颖性和独特性，有助于读者了解学前儿童家庭和社区教育的最新研究成果。

2. 具体形象。本书内容文图结合，生动形象的图片有助于激发读者的阅读兴趣，提高读者的理解能力。

3. 广泛多样。本书第二章是“学前儿童社区教育概述”，扩展了研究范围，表现了广泛性，有助于读者更好地认识社区，理解儿童的社区教育；第五章是“幼儿园与家庭、社区合作共育的主要形式”，论述了九种形式，表现了多样性，有助于读者全面了解幼儿园的家长工作，并能灵活地加以运用，以提高家园合作共育的质量。另外，每一章都列有“拓展阅读推荐书目”“网上浏览”等，表现了丰富性，有助于增强读者的阅读技能，提高读者的学习能力。

4. 依法治教。本书第三章分别解读了进入21世纪以来，有关家园社区合作共育的十项新法规、新政策及其启示，彰显了法制性，有助于提高读者的法制意识。

5. 理论指导。本书第四章分别从家庭学、社会学、生态学、心理学、教育学的视角阐述了五种理论流派，突显了理论性，有助于读者提高理论水平，更好地指导合作共育的实践。

6. 实践导向。本书第六章以家庭为平台，围绕亲子关系，选列了十二个教学方案，强调了操作性，有助于读者提升运用家庭资源进行教育的能力；第七章以社区为平台，围绕不同场馆，选列了二十个参观方案，强调了实用性，有助于提升读者运用社区教育资源的能力。

7. 国际接轨。本书第八章重点介绍了美国幼儿园与家庭合作共育的经验，有助于读者了解发达国家家园社区合作共育的内容和形式，提高共育的水平。

8. 科学研究。本书第九章重点讲解了科研课题的选择与申请、科研报告的撰写，有助于读者提高研究水平，成为研究型的幼儿教育工作者。

9. 检测评价。本书每一章末尾都列出了复习思考题，在书末还提供了模拟考试试卷，学生可通过扫描二维码获取参考答案，有助于读者及时检测自己的学习效果，提高反思能力和自评能力。

| 本书教法 |

1. 讲授和讨论相结合。教师在讲授第一章、第二章、第三章、第四章、第八章时，可主要采用讲授和讨论相结合的方法。例如，在讲授第四章时，教师可重点讲解各种理论流派的主要观点，组织学生分组讨论，鼓励学生交流、分享学习某种理论流派的心得体会。

2. 观察和讲授相结合。教师在讲授第五章、第六章、第七章时，可主要采用观察和讲授相结合的方法。例如，在讲授第五章时，教师可把学生带到幼儿园去，让学生现场观察幼儿园的家长工作，再给学生讲解点评家园合作的多种形式。

3. 讲授和练习相结合。教师在讲授第九章时，可主要采用讲授和练习相结合的方法。例如，在讲解完第一节以后，教师可启发学生思考自己毕业论文的选题；在讲解完第二节以后，教师可引导学生设计毕业论文的开题报告；在讲解完第三节以后，教师可指导学生拟订毕业论文的基本框架。

| 本书学时 |

本书共有9章，建议学时为36学时，每章4学时。

| 致谢 |

衷心感谢各位作者的参与和奉献，他们来自祖国的不同地方（如西藏自治区、陕西省、河北省、浙江省、上海市），为了分享交流家园社区共育的成功经验，而走到了一起，这就使得本书能够打破上海的地域局限，彰显出中国学前教育界百花齐放的态势；他们当中有的是高等院校的教师，有的是幼儿园的园长和一线教师，这就使得本书能够博采众长，体现多元、丰富的研究与实践。

衷心感谢国内外许多学者所做的研究，他们的科研成果焕发了我不断学习的热情，使本书内容变得更加丰富。

衷心感谢接受我拍照的国内外各个学前教育机构及其家庭和社区场所，他们的友好相助给了我不断进取的动力，使《学前儿童家庭与社区教育》的形式变得更加多样。

衷心感谢高等教育出版社编辑王海燕女士的邀请、关爱、指导、帮助和宽容，使得本书能够顺利地撰写与出版，与广大的读者朋友们见面。

由于撰写时间仓促、作者水平有限，本书存在着一些不足和缺憾，恳请各位读者提出宝贵的修改意见，并衷心感谢！

李 生 兰
2014年12月
于华东师范大学田家炳教育书院
李生兰教授工作室

目录

家庭概述
学前儿童家庭教育的作用
学前儿童家庭教育的内容
学前儿童家庭教育的策略
学前儿童家庭教育的趋势

第一章 学前儿童家庭教育概述

在这幅图片中:

你看到了什么?你想到了什么?

学习目标

① 了解家庭的含义、结构、功能，了解学前儿童家庭教育的基本含义和发展趋势。

② 掌握学前儿童家庭教育的重要作用和基本内容。

③ 能够灵活应用学前儿童家庭教育的主要策略。

学习重点与难点

○ 学习重点／学前儿童家庭教育的重要作用、基本内容和主要策略。

○ 学习难点／学前儿童家庭教育的发展趋势。

学习建议

① 回顾自己童年时代的家庭生活和家庭教育，说出自己印象深刻的几件事，并试着对自己童年的家庭教育特点进行总结。

② 浏览家庭教育网站，了解学前儿童家庭教育的发展动态。

③ 在网上查看“论爸比和妈咪的区别”的图画和文字，观赏《妈妈之歌》和《爸爸之歌》的视频，思考父母教养方式的异同点及可能对孩子产生的影响。

④ 观赏电影《音乐之声》，了解家长职业、家庭结构对孩子发展的影响。

⑤ 观看电视节目《爸爸去哪儿》，了解当代超爸的育儿观念及行为对孩子成长的影响。

⑥ 观看电影《三个奶爸一个娃》和电视剧《超级保姆》，了解当代西方国家的儿童观及发展观、家庭教育观念及指导方式。

第一节 家庭概述

一、家庭的含义

什么是家庭？简单地说，家庭就是一家之内。许多学者都发表了自己的独特见解。中江兆民认为，“家庭乃主人之城”；科克认为，“每个人的家对他自己都像是城堡和要塞”；桑塔亚那认为，“家庭是大自然创造的杰作之一”；佩恩认为，“金窝，银窝，不如自家的草窝”；里耶认为，“家庭不单是身体的住所，也是心灵的寄托处”；萧伯纳认为，“家是世界上唯一隐藏人类缺点与失败的地方，它同时也蕴藏着甜蜜的爱”。

家庭的英文是family，我们可以将其中的f理解为father（父亲），a理解为and（和），m理解为是mother（母亲），i理解为I（我），l理解为love（爱），y理解为you（你），合在一起就是father and mother I love you（爸爸、妈妈我爱你们）。可以说，家是以爱为圆心、一家人手牵手为半径，走过的一个圆。

家庭就是由婚姻关系、血缘关系或收养关系所组成的社会生活的基本单位，包括父母、子女及在一起生活的其他亲属。家庭是社会的细胞，既是人类社会最主要的组成部分，也是对人类社会能产生重要影响的个体单位，家庭的重要性日益被认识和提高。

早在1989年，第44届联合国大会就通过了一项决议，把1994年定为“国际家庭年”（International Year of the Family），并确定了主题是“家庭：变化世界中的动力与责任”，旨在“在社会核心建立最小的民主体制”。此后，联合国又确定以屋顶盖心的图案作为“国际家庭年”的标志，号召人们用生命和爱心去建立温暖的家庭。国际家庭年的确立，旨在提高各国政府、决策者和公众对于家庭问题的认识，促进各政府机构制定、执行和监督家庭政策。1993年，联合国社会发展委员会又宣布，从1994年起，把每年的5

月15日定为“国际家庭日”（International Day for Families），旨在改善家庭的地位和条件，加强在保护和援助家庭方面的国际合作。2014年“国际家庭日”的主题是“家庭事关发展目标的实现”，我国纪念这一活动的主题是“人人健康，家家幸福”。

二、家庭的结构

什么是家庭结构？家庭结构主要指的是家庭成员的构成状态及其较为稳定的联系模式。家庭结构主要有以下几种类型。

（一）扩大家庭

扩大家庭主要是指由一对父母和一对或多对已婚子女（或者再加上其他亲属）所组成的家庭。例如，人们常说的“子孙满堂”“三代同堂”“421家庭”（4个祖辈家长、2个父母辈家长、1个年幼的孩子）就是这种家庭结构的一种真实写照。在这样的家庭中，夫妻双方往往主要依靠自己的父母来帮着带自己的孩子。据报道，在上海0—6岁儿童的早期看护者中，64%为祖辈家长，33%为父母，3%为其他人；随着学前儿童年龄的增长，祖辈家长承担照料责任的比例越来越高，从1岁及以下儿童的56%上升到3—6岁儿童的73%。虽然祖辈家长的参与在一定程度上能够缓解父母的一些压力，但却可能导致亲子关系的疏离、家庭代际问题的萌生。因此，婴幼儿照看中呈现出的“隔代化”“亲职弱化”的倾向必须引起高度重视。另外，由于年龄、阅历等因素的制约，再加上“隔辈爱，爱不够”的传统习俗的影响，家庭成员之间难免会产生各种各样的矛盾和冲突。《保卫孙子》的电视连续剧[①]，就从一个侧面反映了这一棘手的问题。2013年，“国际家庭日”的主题为“推进社会融合和代际团结”，旨在倡导社会大众要关爱家人，重视家庭问题，因为家人团结一心、互相帮扶，关系到整个社会的融合和发展。

① 故事中，1个孩子，6个大人来抢。爷爷、奶奶有“溺爱”孙子的理由，外公、外婆也有“娇惯”外孙的权利。儿子和媳妇对这种“超级关怀”不无忧虑，但又无可奈何。祖辈家长要争夺对孙子的“掌控权”，而爸爸、妈妈则要行使对儿子的“教育权”，“保卫孙子”的家庭战争“硝烟四起”。

（二）核心家庭

核心家庭主要是指由一对父母和未婚子女所组成的家庭。其中，双职工家庭（即夫妻俩在一段时间里都同时持续从事全职工作）所占的比例较大。近些年来，我国家庭规模不断变小，从1982年的每个家庭4.43人减至2010年的每个家庭3.10人，2010年独生子女家庭超过1.5亿户。

随着家庭规模的缩小，几代人分开居住，亲属就难以帮助照料年幼的孩子，就业父母也就面临着越来越大的挑战。2012年，“国际家庭日”的主题便是“工作与家庭——两者兼顾”，旨在帮助世界各地的劳动者在促进社会经济发展的同时，在经济上和情感上支持家庭。联合国秘书长潘基文要求各国政府和雇主采取相应的政策和措施（如育儿假、弹性工作安排、改善儿童护理环境），为劳动者兼顾家庭创造条件，以提高职工的健康水平和生产率，促进两性的平等发展。

核心家庭仍然是目前我国家庭的主要形式。由表1-1可知，中国2000年人口普查资料显示，在家庭户总数中，二代户的数量最大，占到总体的59%；中国2010年人口普查资料也显示，在家庭户总数中，虽然一代户的数量迅速上升，但二代户的数量仍高居榜首，占到总体的48%。

表1-1　全国家庭户类别（单位：户）

年份	户数合计	一代户	二代户	三代户	四代户	五代及以上户
2000 年	340 491 197	73 892 669	201 964 085	62 122 440	2 508 466	3 537
2010 年	401 934 196	137 363 112	192 237 846	69 562 135	2 768 189	2 914

资料来源：第五次全国人口普查数据，第六次全国人口普查数据。①

（三）单亲家庭

单亲家庭指的是由单身父亲或单身母亲养育未成年子女的家庭。随着离婚率的增加，这种家庭的数量也在增加。单亲家庭会遇到许多经济、社会和情感等方面的问题，同时还要接受在儿童养育过程中同时扮演父亲和母亲双重角色的挑战。美国哈佛大学通过对单亲家庭的研究发现：90%以上的儿

① http://www.stats.gov.cn, 2014-09-01。

童问题与父亲教育的缺失有关，缺少父爱对孩子的成长极为不利。还有研究指出，6岁的孩子在父母离异而缺乏父爱的2年以后，其认知能力与完整家庭里的孩子存在着很大的差异；与单身母亲一起生活的孩子更容易出现暴力行为。

由此可见，不和谐的婚姻关系不利于年幼孩子的成长。为人父母者，应该多多审视自己的家庭，时刻关注婚姻这条大船的平衡性，从而使父亲更加成为好父亲，母亲更加成为好母亲。

（四）重组家庭

重组家庭指的是夫妻一方再婚或者双方再婚所组成的家庭。在离婚夫妇的孩子监护方面，越来越多地采用联合监护，即让孩子在双方家庭中交错着各待一段时间。生父母和继父母的角色很容易混乱，难以扮演好。如果处理得当，孩子有可能较好地适应新的家庭生活，成为家庭的一员；如果处理不当，孩子就会没有安全感，焦虑、恐惧，甚至会产生妒忌和仇恨。

（五）流动家庭

流动家庭指的是家庭成员流动到城市或外地务工及经商的家庭。可能是家庭成员的整体流动，也可能是家庭成员的部分流动，他们搬家迁移住所，从一地搬到另一地。随着经济的快速发展，工业化、城市化进程的不断加快，对人力资源的需求越来越大，人口的流动性越来越快，使得家庭的流动性也日趋增加。经典小品《超生游击队》的精彩对白，生动展现了20世纪流动家庭的一种生活窘态，他们“走一道生一路”，致使“老大叫海南岛，老二叫吐鲁番，老三叫少林寺”。而进入21世纪以后，流动家庭主要聚集在我国一些大中城市里。据调查，在上海市，流动人口家庭规模有增大倾向，从2010年的每个家庭2.22人上升到2012年的每个家庭2.48人；“举家迁移”的趋势越来越明显，4人户以上的流动家庭户在流动家庭户总量中所占比例在逐年增加，从2010年的12%上升到2012年的20%；流动人口在沪生育的比例也在大幅度提高，1990年只有2%的流动家庭户在沪生育，而到2011年已达到59%。流动给许多外来家庭带来了诸多问题。2010年，“国际家庭日”就把主题定为“移徙对世界各地家庭的影响”。

在流动家庭中，存在着一个庞大的流动儿童群体。这些随家长来到异地的孩子的教育问题，成为人口流动和儿童发展的一个新的课题，需要认真加以研究。

国家卫生和计划生育委员会在《中国家庭发展报告2014》解读稿中写道：我国家庭变迁的主要特点之一是家庭类型更加多样化，核心家庭比例持续下降，独居老人比例有所升高，单亲家庭、丁克家庭、隔代家庭等快速增长，流动人口举家迁移的趋势日益明显，流动家庭和流守家庭大量出现。[①]

三、家庭的功能

什么是家庭的功能？家庭的功能主要是指家庭对人类生存和社会发展所起的作用。家庭的功能多种多样，主要有以下几种：

（一）生育功能

家庭的生育功能指的是家庭承担人口再生产的社会责任，以满足人类繁衍的需要。在传统家庭中，由于传宗接代、生儿育女显得特别重要，所以生育成为家庭最主要的一种功能。而今，“不孝有三，无后为大”[②]“多子多福”“重男轻女”“养儿防老”[③]，这些观念都发生了巨大的变化，逐渐被“越生越穷”“少生优生”“生男生女都一样”“养儿啃老”的理念所取代。在现代家庭中，由于生育观念等多种因素的变化影响，生育的功能在逐渐萎缩、弱化。据统计，我国人口出生率，在2012年为12.10‰，在2013年为12.08‰。[④]

20世纪80年代以来，我国实行了计划生育政策，以控制人口数量为目的，提倡晚婚晚育，严格限制生育；通常一对夫妻只允许生育一胎；农村夫

---

① http://www.nhfpc.gov.cn，2014-06-06。

② 一味顺从，见父母有过错而不劝说，使他们陷入不义之中，这是第一种不孝；家境贫穷，父母年老，自己却不去当官吃俸禄来供养父母，这是第二种不孝；不娶妻生子，断绝后代，这是第三种不孝。不孝有三种，没有后代传承是最大的不孝。

③ 父母生养孩子，是为了自己年老了，能有人来养老。

④ http://www.stats.gov.cn，2014-09-01。

妻只有一个女孩、夫妻双方至少一方为独生子女、一些省的少数民族等几种情况可以生育两个子女；新疆少数民族农牧民、青海少数民族牧民可以生育三个子女；西藏自治区对藏族（干部除外）实行自愿计划生育政策，提倡已有三个孩子的夫妇不再生育。因此，家庭生育功能的发挥就表现出了很大的地域差异。如果再加上农村家庭超生，而城市部分家庭又不想生育的状况，那么城乡家庭人口的生育比例差距就显得更大。据统计，2002年，在北京、天津和上海这3个直辖市，出生率分别为6.60‰、7.49‰和5.41‰，远低于全国平均水平。

为了贯彻落实党的十八届三中全会关于坚持计划生育的基本国策，启动实施一方是独生子女的夫妇可生育两个孩子的政策（以下简称单独二孩政策），逐步调整完善生育政策，促进人口长期均衡发展的决策部署，稳妥、扎实、有序地推进、调整、完善生育政策，2013年12月中共中央、国务院印发了《关于调整完善生育政策的意见》，① 指出要进一步完善农村计划生育家庭奖励扶助、西部地区“少生快富”、计划生育家庭特别扶助等利益导向政策，实行奖励扶助标准动态调整机制；建立和完善计划生育家庭老年人扶助制度；妥善解决计划生育特殊困难家庭的生活照料、养老保障、大病治疗、精神慰藉等问题。

（二）教育功能

家庭的教育功能指的是家庭成员之间相互教育，其中父母教育子女在家庭教育中占有重要的地位。1998年，“国际家庭日”的主题是“家庭：人权的教育者和提供者”。

家庭是孩子受教育的第一个场所，父母是孩子的第一任老师。“养不教，父之过”，这句话充分说明了父母在教育孩子中的重要作用，父母对孩子不能只生只养，而不教不育。《吉祥三宝》这首歌曲深受人们的喜爱，其

---

① 有关计划生育政策的重要文件：（1）1971年，国务院批转《关于做好计划生育工作的报告》，把控制人口增长的指标首次纳入国民经济发展计划；（2）1980年，党中央发布《中共中央关于控制我国人口增长问题致全体共产党员、共青团员的公开信》，提倡一对夫妇只生育一个孩子；（3）1982年，党的十二大把计划生育确定为基本国策，同年12月写入宪法；（4）1991年，中共中央、国务院作出《关于加强计划生育工作严格控制人口增长的决定》，明确贯彻现行生育政策，严格控制人口增长；（5）2002年，《中华人民共和国人口与计划生育法》施行；（6）2013年11月，《中共中央关于全面深化改革若干重大问题的决定》提出，启动实施一方是独生子女的夫妇可生育两个孩子的政策。

实它就是父亲布仁巴雅尔写给3岁女儿诺尔曼的作品，是父女之间友好互动的结晶。布仁巴雅尔说：“《吉祥三宝》是我从与女儿的对话中提炼出来的歌曲，她很好奇，什么都会问，我回答不出来时，就回答她‘吉祥三宝’。”

“昔孟母，择邻处”，讲的就是“孟母三迁”的故事。[①]它启发家长，要为孩子的成长选择适宜的环境，创设良好的条件，以帮助孩子更好地了解世界，认识世界，促进孩子的社会化进程。

（三）消费功能

家庭的消费功能指的是家庭成员为了生存和发展，对生活资料和服务的消费。家庭是一个消费单位，要给每位家庭成员提供衣、食、住、行，因此有工作能力的成员需要工作赚钱，以维持家中的开销。

家庭消费结构就是消费资料在种类和数量上的比例关系。家庭消费结构是会发生变化的。荷兰中央统计局发布的数据显示，2014年5月份荷兰家庭消费支出实现了今年以来的首次增长，同比增幅为0.1%；服装、鞋类、电子产品、家用电器和汽车等耐用消费品支出增长4.5%；食品、饮料方面的支出与去年同期持平；服务支出亦增长0.3%；而包括燃气费用在内的其他家庭消费支出同比则下降6.2%。[②]家庭消费结构的变动受到多种因素的影响，而家庭成员的收入水平则是最重要、最基本的因素。收入水平提高了，意味着购买能力增强了，使消费可能在外延上和内涵上扩大，过去只能满足最基本的消费需求，而现在却可以满足高层次的需要。

开门七件事：柴、米、油、盐、酱、醋、茶。从食品开支在家庭总支出中所占的比例，可以推断出家庭生活水平的高低。这是19世纪德国统计学家恩斯特·恩格尔提出的论点。食品支出占家庭总支出的比例，被称为恩格尔系数。[③]恩格尔系数过大，必然影响其他消费支出，特别是影响发展资

① 孟子小时候，他的家先是住在离墓地很近的地方，孟子就玩起了办理丧事的游戏；母亲觉得这个地方不适合孩子居住，就把家搬到了集市旁，孟子就玩起了做买卖的游戏；母亲觉得这个地方也不适合孩子居住，又把家搬到了学宫旁边，孟子就玩起了鞠躬行礼的游戏，母亲觉得这个地方才适合孩子居住，于是就在这里定居下来了。

② http://finance.ifeng.com，2014-07-23。

③ 恩格尔系数＝（食品支出／家庭总支出）×100%。

料、享受资料的增加，限制消费层次和消费质量的提升；恩格尔系数减小，则生活水平提高，消费结构改善。例如，在2008年，我国城乡家庭消费支出细项中，列前3位的消费类型依次是食品、教育和医疗，分别占总支出的34.0%、11.5%和10.6%。[①] 由此可见，我国的消费结构已经在总体上完成了从生存型向发展型的过渡，进入了大众消费阶段。

家庭消费模式主要有以下几种。（1）贫病型：家庭的消费水平和消费品拥有的比例均最低，但其医疗支出的相对比例却很高，这类家庭带有贫病交加的特征。（2）蚂蚁型：家庭的各项消费水平和消费品的拥有比例都比较低。（3）蜗牛型：家庭负担沉重，总体消费水平并不低，但很大一部分开支却用于房租房贷、教育、医疗等方面。（4）稳妥型：家庭的总体支出水平居中，是中等消费的家庭。（5）享乐型：家庭成员享受着高品质、健康的物质生活。从总体来讲，我国家庭消费模式呈现出两极分化的现象：一方面，不消费、抑制消费的家庭（如蚂蚁型）或者医疗、教育、住房负担沉重的家庭（如蜗牛型、贫病型）占大多数；另一方面，已有少部分家庭已经享受着丰富的物质生活（如享乐型）。另外，城乡家庭消费模式也存在着较大的差异，比较而言，在城镇，贫病型家庭较少，享乐型、稳妥型家庭较多；而在农村，贫病型家庭较多，稳妥型和享乐型家庭较少。[②] 2011年，“国际家庭日”的主题就是“面对家庭贫困和社会排斥”，反映了国际社会对“富人越来越富，穷人越来越穷”的恶性循环现象和财富不平等乱象的关注。

（四）劳动功能

家庭的劳动功能指的是为满足家庭成员正常生活所必需的各项家务劳动。所有家庭成员都应承担一定的劳动。但现实并非完全如此。“男主外，女主内”的传统习俗，使得家务劳动往往落在了女人身上，男人自然而然就成了“甩手掌柜”，连厨房都不进去，当然“连酱油瓶倒了都不会去扶”。

而“饭来张口，衣来伸手”，讲的则是孩子不参与家务劳动的另一种状况。在电视节目《爸爸去哪儿》中，就有镜头表现孩子和爸爸第一次干农

① 中国社科院“中国社会状况综合调查”课题组序. 当前中国城乡家庭消费状况. 光明日报，2009-01-20.

② 佚名. 中国家庭消费模式呈现出两极分化[N]. 青岛财经日报，2014-08-04.

活、做家务的憨态，引来了观众们的捧腹大笑。然而，大到赶猪、买菜，小到刷牙、穿衣，“萌宝”们面对劳动的“呆”与“慌”，却发人深思，我们身边的孩子们，又有多少人会做一些力所能及的家务活呢？当然也就变得“四体不勤、五谷不分”[①]了。就连“五一国际劳动节”也变成了“学习节”“休息节”“娱乐节”。孩子们不知劳动的本意，远离劳动的愉悦。一些孩子长大成人，走上社会以后，变得好逸恶劳，蔑视劳动者，以至于走上了“宁在宝马车里哭，也不在自行车上笑”的拜金主义之路。因此，对于年幼的孩子，家长要学会放手，让孩子自己的事情自己做，自己刷牙洗脸、穿衣吃饭，整理玩具、图书、书包，收拾书桌书橱，铺床叠被，洗刷小件衣物等，以激发孩子热爱劳动的情感，培养孩子良好的劳动习惯，提高孩子的生活自理能力。

为了适应教育改革发展的新形势和新任务，全面贯彻教育方针，完善义务教育治理体系，深入实施素质教育，促进教育公平，推动学校依法办学、科学管理，根据《中华人民共和国教育法》《中华人民共和国义务教育法》《中华人民共和国教师法》《国家中长期教育改革和发展规划纲要（2010—2020年）》，教育部于2014年8月2日发布了《义务教育学校管理标准（试行）》，就义务教育学校管理工作提出了92条要求，其中第33条就是强调小学生要做“家务劳动”的作业：“增加学生劳动和社会实践的机会，适当布置学生家务劳动，培养劳动观念，掌握初步劳动技能。”[②]因此，家长要从小培养孩子“劳动光荣”的意识，维护孩子参与劳动的权利，提高孩子劳动的能力，促进孩子身心全面发展。

孩子劳动能力的逐渐退化，也引起了西方发达国家的广泛重视。2014年4月，西班牙国会就通过了《青少年家务劳动法》的提案，旨在扭转少年儿童从小不做家务，贪玩、贪吃、贪喝的普遍现象，强调对少年儿童进行家务劳动教育的必要性和重要性，凸显“劳动首先是权利，其次才是义务”的价值观念。

---

① 四体：指人的两手两足；五谷：通常指稻、黍、稷、麦、菽。“四体不勤、五谷不分”指不参加劳动，不能辨别五谷，通常用来形容脱离生产劳动，缺乏生产知识。

② http://www.moe.gov.cn，2014-08-07。

（五）休闲功能

家庭的休闲功能指的是家庭成员在一起休息与娱乐，调适身心，补充能量。这一功能必不可少，只有劳逸结合，才能提高工作效率。俗话说："不知道休息，就不会工作。"家庭休闲功能的发挥有益于提升家庭的生活质量，保证家人的身心健康，提高家人的幸福指数。

在纷繁复杂的生活工作中，许多人都感到疲惫不堪，但这种累非但没有得到缓解，反而日复一日，年复一年。因此，许多人都希望能"狠狠地爱自己，狠狠地爱家人"；"像牛一样的工作，像猪一样的生活"。双休日能"尝尝美食，逛逛街，购购物，美美容，健健身"；"让车轮动起来，全家外出游"，否则周末就是白过了。

随着生活水平的提高，家庭的休闲活动也逐渐从单一型向多向型发展，日渐丰富多彩，为现代家庭生活注入了新的活力。不论是以"静"为主的休闲活动（主"静"重"养"，"健"中求"寿"，静中求动，追求心灵的慰藉），还是以"动"为主的休闲活动（主"动"重"畅"，"健"中求"泄"，动中求静，追求个性的解放），都是为了放松家人，娱乐家人，陶冶家人。

随着闲暇时间的增多、物质需求的满足，人们对于家庭休闲功能的认识也不断完善，越来越追求高品质、高质量的休闲生活，以舒缓工作压力，调整精神状态。

（六）赡养功能

家庭的赡养功能指的是下一代对上一代的供养帮助，这种功能是实现社会发展必不可少的保障。"百善孝为先"，这里的孝，讲的就是孝顺、孝敬，要求做儿女的，要回报父母的养育之恩。提倡孝道是我国家庭的优良传统。做晚辈的要赡养父母，千万不要等到父母已经亡故了，再想着去尽孝。"子欲养而亲不待"，这句话就是从反面来告诫孝子们，奉行孝道一定要及时、要尽早，要趁着父母还健在的时候，莫做迟孝之人。

提倡孝道，既可使父母真正地安度晚年，也有利于社会的安定和谐。随着我国步入老龄社会等因素的影响，家庭养老也陷入了困境。这个问题也是世界性的难题。2002年，"国际家庭日"的主题就是"家庭和老龄化：机遇与挑战"。人口老龄化必然会加重家庭的养老负担，削弱家庭的赡养功能。据调查，我国家庭户规模从1990年的3.96人下降到了2010年的3.10人，呈继续下降趋势，上海市已经下降到2.5人；老年人独居、空巢家庭持续增加，2000—2010年，全国城镇空巢老人比例由42.0%上升到54.0%，农村空巢老人比例由37.9%上升到45.6%。我国绝大多数老年人居家养老，而且全国一半以上的老年人在农村，主要依靠家庭养老。[①] 孝道文化观念的弱化，家庭养老伦理基础的动摇，都阻碍了家庭赡养能力的提升，必须重视家庭发展中的这一困境。

《常回家看看》这首歌曲之所以能久唱不衰，实际上就是对家庭赡养功能的呐喊。这首歌1999年首次在中央电视台春节联欢晚会上唱响；2012年又在中央电视台春节联欢晚会上演唱。这首歌曲表达了儿女对父母的那份亲情、父母对子女的那种心声，提醒现在忙碌的年轻人即使工作再忙，也要多回家看看老人，陪老人唠唠嗑，帮老人洗洗脚，给老人倒杯茶，和老人吃顿饭。

2012年12月28日中华人民共和国主席令第72号公布了《中华人民共和国老年人权益保障法》，2013年7月1日起施行。该法第十三条指出："老年人养老以居家为基础，家庭成员应当尊重、关心和照料老年人。"第十四条指出："赡养人应当履行对老年人经济上供养、生活上照料和精神上慰藉的义务，照顾老年人的特殊需要。赡养人是指老年人的子女以及其他依法负有赡养义务的人。赡养人的配偶应当协助赡养人履行赡养义务。"第十八条指出："家庭成员应当关心老年人的精神需求，不得忽视、冷落老年人。与老年人分开居住的家庭成员，应当经常看望或者问候老年人。"毫无疑问，该法律捍卫了家庭的赡养功能。

而今"常回家看看"已经成为关爱老年人的代名词。"世界上最遥远的距离，莫过于我们坐在一起，而你却在玩电脑、玩手机。"这句话反映了现实生活中不少家庭的境况。全家人难得聚在一起，本应多交流、多沟通，让老人尽享天伦之乐，但往往是老人在说话，子女们却在玩手机。我们不能让电子产品拉开了亲子距离，淡漠了亲情。

随着交通工具的发达、闲暇时间的增多，子女孝敬老人的形式也变得

---

① http://www.cnsf99.com，2014-08-08。

更加丰富多彩，全家人一起出行也变得更为方便快捷，“父母在，不远游”已逐渐被“父母在，共远游”所取代。爱父母，敬老人，既可以是“常回家看看”，也可以是“常出去游游”。

国家卫生和计划生育委员会在《中国家庭发展报告2014》解读中写道：改革开放以后，随着经济发展、社会进步、人口转变和家庭变迁，家庭功能发生了多重变化：一是家庭经济功能收缩。二是家庭功能分化和弱化。随着家庭类型的多样化和家庭结构的简单化，家庭功能也出现了分化，一些功能因需求消失而关闭，一些功能因家庭结构不完整或能力缺失而弱化甚至丧失。三是家庭功能外化。由于家庭功能难以满足日益增长且不断丰富的家庭需求，有越来越多的家庭需求需要通过外部供给获得满足，因而出现了家庭功能外化的趋势。四是家庭功能重心转移。在工业化、城市化、低生育率和老龄化的背景下，家庭功能的重心发生了转移，更加偏向于感情、消费、照料、安全、娱乐等福利性功能。①

第二节 学前儿童家庭教育的作用

一、学前儿童家庭教育的含义

什么是学前儿童的家庭教育？学前儿童的家庭教育有广义和狭义之分。广义的学前儿童家庭教育主要是指所有家庭成员之间的相互影响和教育。在

① http://www.nhfpc.gov.cn，2014-06-06。

家庭生活中，父母和其他年长者在对年幼的孩子进行教育、施加影响的同时，还会受到年幼孩子的影响和教育。例如，妈妈带孩子逛街，站在马路边的斑马线上，看到没有来回穿梭的车辆时，就想拉着孩子快步走过马路；而孩子则指着交通灯，问妈妈："您不是教过我'红灯停，绿灯行'的儿歌吗？您看，那灯还是红的呢，我们要等到那灯变绿了才能过马路吧？"听了孩子的问话，妈妈立即停住了脚步，和孩子一起等到绿灯亮时才走过马路。

狭义的学前儿童家庭教育主要是指家长对进入小学以前的孩子进行的教育。在家庭生活中，父母和其他年长者有目的、有计划地对入学前的孩子进行全面发展的教育，促进孩子在体力、智力、语言、情感、社会性、审美等多方面得到成长。例如，父母通过给孩子讲《好饿的毛毛虫》①的故事，来帮助孩子了解一个星期的名称（如星期天、星期一、星期二、星期三、星期四、星期五、星期六），一一对应的关系（如星期一吃一个、星期五吃五个）和水果的名称（如苹果、梨子、李子、草莓、橘子），拓宽孩子的科学知识（如毛毛虫变成了一只美丽的蝴蝶），培养孩子健康的饮食习惯（如毛毛虫吃多了，肚子就痛了，吃了绿叶子以后，肚子就好多了）。

在本书中，我们主要是从狭义的视角来探讨学前儿童的家庭教育。

二、学前儿童家庭教育的作用

（一）父亲在学前儿童家庭教育中的作用

2008年，联合国将"国际家庭日"的主题定为"父亲与家庭：责任与挑战"，旨在强调父亲在家庭中的重要作用、特殊职责和巨大潜能，以避免"父亲的背影，成长的阴影"这一现象的蔓延。

1. 有助于塑造孩子的健全人格

父亲对孩子的成长发展有着巨大的影响，孩子如果能感受到深厚的父爱，那么他的人格发展就会更加健全。因此，有的心理学家就把父亲的影响力比作"粒子"，在孩子成长的过程中，会持续不断地发生裂变，释放"能

① ［美］艾瑞克·卡尔，著. 艾瑞克·卡尔，图. 好饿的毛毛虫[M]. 郑明进，译. 北京：明天出版社，2008.

量”，促进孩子人格的健康发展。反之，如果孩子感受不到父爱，或缺乏父爱，那么他就很容易患上“父爱缺乏综合征”。研究表明，90%以上的儿童问题都与父亲教育的缺失有关，缺乏父爱对孩子的成长极为不利，对男孩的伤害要远远大于女孩。有的社会学家还指出，如果男孩约80%的时间是和母亲在一起的话，那么他将来长大以后，就不知道该怎样做男人，就会越来越像个长不大的男孩子，因为他们没有时机耳闻目睹父亲的男性作风和行为方式，丧失了日后成长发展的榜样示范和前进动力。因此要注意避免“母子间过度依赖，父子间过分疏离”的现象，避免父亲名存实亡，成为一个“影子式爸爸”。此外，如果母亲当着男孩的面贬低其父亲，那也会破坏男孩生命中最重要的男性形象，导致男孩不了解自己的性别角色，甚至看不起自己的性别特征。如果男孩在向父亲学习时受到阻碍，那么他就会表现出更多的女性化倾向，阻碍其性别角色的社会化。

因此，要让“父亲回归家庭教育”，要重视发挥父亲对孩子人格发展的积极影响，要确保“父爱的时间”，要鼓励父亲在各个方面（如工作认真、意志坚定、独立勇敢、明辨是非、包容大度、勤劳自律、爱好运动）都能给孩子树立榜样，这样，不仅能使男孩子更像个男子汉，而且还能使女孩子习得更多的父性品质，变得更加活泼开朗、坚强勇敢。

2. 有助于培养孩子的规则意识

“严父”是我国家庭教育的优良传统。父亲往往被认为是严肃认真的、一丝不苟的、不儿女情长的；父亲大都也习惯了用内敛深沉、不苟言笑的态度来对待孩子。父亲往往意味着规则与监督、权威与信任。在家庭教育中，如果没有父亲的参与，那么孩子就会缺乏规则教育与必要的监督，当遇到困难、需要帮助时，就会缺乏一个可以信赖与参照的权威榜样，导致问题儿童的出现。

“没有规矩，不成方圆。”在学前儿童的家庭教育中，父亲易于做到宽严并济，既给孩子一些自由，又给孩子设定规矩。一方面，父亲较能理解、尊重孩子，给孩子一定的自由，使孩子学会自尊、自强。孩子好奇、好动，男孩比女孩更加调皮捣蛋，父亲能了解孩子这些可贵的童年特点，并能站在孩子的角度考虑问题，宽容“小调皮鬼”“小捣蛋鬼”的恶作剧，但又不纵容孩子的缺点错误。另一方面，父亲还能严格要求孩子，给孩子一定的限制，使孩子学会自控、自律。父亲往往能根据孩子的年龄特点，对孩子提出适当的要求，使孩子通过自己的努力能够达到。父亲若充当“老好人”，对孩子放任自流，使孩子没有任何约束，孩子就会变成任性自私的“小霸王”。

3. 有助于促进孩子的体力发展

父亲大多喜爱运动，能够激发孩子运动的兴趣。父亲能更多地把孩子引向外部世界，和孩子一起进行运动性、探索性、冒险性的游戏活动，培养孩子的运动兴趣，增强孩子的运动技能，发展孩子的运动能力。

父亲往往很有力量，能够陪伴孩子更好地运动。父亲是孩子游戏活动的最好伙伴，他们既能把孩子高举过头，也能陪孩子在地上打滚；既能把双肩让孩子当椅坐，也能躺下让孩子当马骑，使孩子在欢声笑语之中，感受到深沉的父爱，品尝到运动的乐趣。

父亲大都有运动技能，能够教给孩子运动的窍门。父亲是孩子运动的私人教练，他们既能教给孩子拍球的技能，也能授给孩子传球的技艺；既能教给孩子骑三轮车的技能，也能授给孩子玩滑板的技艺；既能教会孩子如何旋转平衡，也能教会孩子如何扭斗取胜。

4. 有助于培育男孩的男子气质

（1）父亲多陪伴男孩成长。男孩的成长需要同性伙伴。父亲如果能放下架子，蹲下身来，跟儿子打成一片，走进儿子的世界，在了解儿子的同时，也让儿子有更多的机会了解父亲，理解父亲，体谅父亲，尊重父亲，这样，儿子就能慢慢长大，尽显阳刚之气，将来才能成为一个真正的男子汉。

（2）父亲对男孩循循善诱。男孩是“尚在接受培训的男人”，他们需要父亲晓之以理，动之以情，导之以行。父亲如果能跟儿子讲道理，用温和而又有耐心的方式与儿子交流沟通，就能把调皮、不懂事的儿子调教成“小绅士”“小壮士”，使儿子拥有爱心、善心、耐心、虚心等男子汉的优秀品质。

（3）父亲给男孩树立榜样。男孩模仿的第一个男子汉榜样是父亲。如果父亲尊重自己的父母，那么儿子也会认为自己要尊重父亲；如果父亲经常对别人发脾气，那么儿子也会变得粗暴无礼。儿子会将父亲的所有行为特征视为一个男人所应具备的特征，他就像是一个永不停息的小雷达，时刻观察着父亲的言谈举止，并加以模仿。从父亲身上，儿子知道什么是男人，什么是丈夫，什么是父亲；什么是独立，什么是勇敢，什么是坚强。父亲是儿子的独立宣言，是儿子勇敢的教科书，是儿子走向世界的引路人。因此，父亲首先要成为一个顶天立地的大男人，为儿子树立模仿的榜样。

（二）母亲在学前儿童家庭教育中的作用

德国学前教育专家福禄贝尔早就说过："国家的命运与其说是掌握在当权者的手中，倒不如说是掌握在母亲的手中。"这句话充分说明了母亲在家庭教育中的重大作用。"孟母三迁""岳母刺字"等典故也都高度赞扬了中国古代母亲在家庭教育中的丰功伟绩。2009年，联合国将"国际家庭日"的主题定为"母亲和家庭：变化世界中的挑战"，就是为了强调母亲在家庭中的首要作用及其面临的巨大挑战，以避免"家庭主妇，溺爱无度"这一现象的膨胀。

1. 有助于培养孩子的积极情感

母亲在培养孩子的积极情感上，具有无与伦比的优势。"十月怀胎，一朝分娩。"母亲是最早与孩子进行情感沟通的人，从胎儿期开始，她就通过自己的心情、体态、动作、语言与孩子亲密接触，广泛交流，形成了母子（女）感应，缔结了母子（女）深情，诱导着孩子积极情感的生成与发展。

母亲大都敏感细腻，关注细节，因此，在与孩子的互动中，特别细心，特有耐心，特能"察言观色"，发现孩子的情绪变化，并及时给予应答安抚，使孩子能沐浴着母爱，快乐地成长，今后也能成为一个敏锐地感受别人情绪的人。

母亲大都喜欢和孩子一起玩，经常通过说笑、爱抚等方式来表达自己欢乐愉快的心情，对孩子积极情感的发展产生正能量，促使孩子成长为一个充满爱心、乐观向上的人。

2. 有助于建立孩子的安全感

母亲在建立孩子的安全感上，具有得天独厚的优势。母亲大都情感丰富而又外露，喜欢亲吻孩子、搂抱孩子；而年幼的孩子，在成长过程中，需要通过亲人的抚摸拥抱，来感受被关怀、被爱护。母亲亲热的言谈举止，不仅能消除孩子的紧张感、焦虑感、危险感，而且还能满足孩子皮肤的饥饿感，使孩子获得依恋感和信任感，此外还能使孩子觉得母亲就是一个"安全岛"，进而产生安全感。

母亲大都每天会花许多时间陪伴孩子，照顾孩子的日常生活，哄陪孩子睡觉，母亲的怀抱成了孩子温暖的爱巢，使孩子感到自己受到了母亲的重视、关爱、呵护，因而会变得自信、自尊、自强，获得熟悉感、舒适感、亲密感和安全感。

3. 有助于提高孩子的语言能力

母亲在提高孩子的语言能力上，具有无可比拟的优势。母亲是孩子学习语言的最初刺激来源。孩子从呱呱坠地来到人间，母亲就不停地逗弄孩子，和孩子说话交流。母亲的话语成了世界上最动听的歌声，对孩子语言的发展上起到至关重要的催化作用。

母亲大都喜欢说话，能言善辩，而孩子在成长过程中，又需要母亲的语言提示、指导、帮助，这就使得母子（女）间的语言交流既有可能又有必要。母亲的音容笑貌，一言一行，都在给孩子提供语言的示范，能促进孩子语言能力的迅速发展。例如，母亲在带孩子外出散步时，邀请孩子来玩“你一言我一语”的语言游戏：当母亲把“风”说成是“温暖的风”时，激励孩子说出“温柔的风”；当母亲把“风”又说成是“醉人的风”时，鼓励孩子说出“迷人的风”。这样，不仅能激发孩子语言表达的兴趣，而且还能提高孩子语言表达的能力。

4. 有助于培育女孩的淑女风范

母亲在培养女儿的淑女气质上，具有独一无二的优势。女儿喜欢效仿母亲，她会通过观察母亲，来了解女人的性别角色，习得女人的一些特征，如温柔善良、通情达理、具有同情心。由于母亲经历了“生、养、育”的艰辛过程，她们往往会认为，做女人难，做好女人更难，因而倾向于认为，男孩要穷养，而女孩则要富养，要给女儿更多的关爱和照顾，要把女儿打扮得气质优雅，惹人喜爱，要让女儿成为无忧无虑的快乐小天使，不能让女儿受到任何委屈，吃任何苦，受任何累。她们更加注意把女孩培养成小淑女。

总之，不论是父亲还是母亲，在学前儿童的发展中都具有举足轻重的作用，尽管他们教养孩子（如给孩子喂奶、洗澡、擦脸，让孩子睡觉、吃饭、独自玩，带孩子出去玩、逛超市、去健身房、拍艺术照、给动物喂食，陪伴孩子学习、游戏）的方式有所不同，但他们都很爱自己的孩子。在孩子成长的过程中，父母对于孩子的重要性是相辅相成的，缺一不可。父亲长于理智，而母亲则富于感情；父爱是重要的，但母爱是首要的。父母双方在孩子性别意识形成上的作用，各有侧重。父母感性与理性的融合，是孩子成长的最佳条件。如果孩子是块塑泥，那么父母既是模型，也是雕塑家。因此，无论是父亲还是母亲，都必须积极地承担起教养孩子的重任，既不能放任不管，也不能溺爱包办，只有这样，才能真正促进孩子健康快乐地成长。

| 第三节 | 学前儿童家庭教育的内容

► 木桶理论认为：一只木桶，里面可以装多少水，不在于木桶上那块最长的木板，而在于木桶上那块最短的木板。这个理论启示我们，儿童身心发展的水平就好比是这个木桶盛水的容量，每一方面的成长都是组成这个木桶的不可或缺的一块木板；儿童的成长发展不是依赖某一方面的突出，而是取决于整体的发展水平，特别是取决于某个方面的薄弱环节。因此对学前儿童进行家庭教育的内容应当是全面的，包括体、智、德、美各个方面。当家长发现孩子在某一方面不足时，就应及时补缺补差，以促进孩子的和谐发展。

一、培育学前儿童健康的身体

（一）保证学前儿童的均衡营养

1. 适时添加辅食

年龄越小的儿童，越要注意科学喂养，及时添加辅食，以便使儿童的身体能健康成长。例如，纯母乳喂养的婴儿添加辅食应不早于6个月。如果添加辅食过早，可能会用过多的辅食取代母乳，导致婴儿营养素摄入不足，也可能发生过度喂养，使婴儿出现体重超重的情况；如果添加辅食过晚，又会导致婴儿得不到所需的营养，发生营养不良和微量营养素缺乏，阻碍其生长发育。

给婴儿添加辅食的顺序应该是，先添加铁强化米粉，然后依次添加菜泥、果泥、蛋黄、肉泥、蛋羹、鱼泥等各类泥糊状辅食。在进食婴儿米粉一周后，可试吃蔬菜泥和水果泥。纯净细腻的蔬菜泥和水果泥含有丰富的维生素A、C、膳食纤维和其他重要的营养素，是继米粉后应该给婴儿添加的食物。有专家指出，从营养的角度来看，进食蔬菜泥或水果泥的次序并不重要，但由于水果较甜，婴儿会较喜欢，所以一旦婴儿养成对水果的偏爱之后，就很难再对蔬菜感兴趣了。因此，最好先添加蔬菜泥，再添加水果泥。尽量给婴儿每餐都安排蔬菜泥，甚至将蔬菜泥当成点心给婴儿吃。当婴儿对米粉、蔬菜泥适应以后，可以逐渐添加蛋黄和各种肉泥。进食量由少到多，初次进食从一汤勺开始，随着时间的推移，逐步增加婴儿的食用量。蛋黄添加应从开始的1/4个蛋黄的量，逐渐增加到1/2个蛋黄的量，再到整个蛋黄的量。喂养时可以直接碾成泥喂给婴儿，也可以加水调稀后喂给婴儿，还可以搭配米粉、米粥等。需要注意的是，传统蛋黄辅食喂养方式应严格注意加工方式，避免细菌感染。如果婴儿产生消化吸收不良、肠胃不耐受等症状，那么就要及时更换速溶蛋黄粉。①

鸡蛋是理想的营养库，蛋黄更是鸡蛋营养的精华所在，集中了婴儿大脑和神经系统发育所必需的DHA、胆碱、卵磷脂及多种微量元素，因此，在婴幼儿的生长发育中不能“缺席”。

2. 注意科学饮食

美国农业部早就提出了“食物指南金字塔”，以指导家长从均衡饮食中摄取营养。该金字塔由4层组成：第1层是最重要的粮谷类食物，它构成塔基，应占很大的比例；每日粮食的摄入应多于豆类。第2层是蔬菜和水果，应占据相当的地位；每日吃的蔬菜应多于水果。第3层是奶和奶制品，以补充优质蛋白和钙。第4层为动物性食品（如禽、肉、鱼、蛋），主要提供蛋白质、脂肪、B族维生素和无机盐。此外，“金字塔”的塔尖为适量的油、

---

① http://www.women.org.cn，2013-12-11。

盐、糖。以上4种基本成分加上塔尖叠合在一起，恰似一座“金字塔”。

我国营养学会为了指导家长为孩子合理摄取营养，也提出了“4+1营养金字塔”。其中的“4”指的是“粮、豆类”“蔬菜、水果”“奶和奶制品”“禽、肉、鱼、蛋”这4类食物；“1”指的是“盐、油、糖”；“4+1”指的是每日膳食中应以前四类食物为基础，适当增加后一类食物。

世界卫生组织也强烈要求家长重视合理的饮食结构，充分运用“营养金字塔”。该塔包括4层：第1层是面食、米饭，应占40%；第2层是水果、蔬菜，应占30%；第3层是鱼、肉、蛋、奶，应占20%；第4层是糖、盐、油，应占10%。

因此，家长在家庭的餐饮生活中，应巧妙利用这些“金字塔”，为学前儿童提供充足、合理的营养，保证学前儿童身体的健康成长。

（二）维护学前儿童的人身安全

家长要重视学前儿童的安全教育，减少儿童的意外伤害事故。

1. 家长要提高安全防范意识，消除居室环境中的危害因素

据报道，2014年8月16日，在广东省深圳市，一名3岁男孩独自在家时，搬凳子，爬窗户，找父母，后来不幸坠楼身亡。[①]这就是家庭安全教育缺失所造成的惨剧。为了规避年幼的孩子坠楼的可能性，家长不仅要确保临空窗台高度不低于0.9米，并安装窗户护栏，而且还要“武装”家居，不能在窗台边摆放桌子或椅子等家具。此外还应使年幼的孩子时刻在自己的视线内进行活动。

2. 家长要向孩子传授安全常识，增强孩子的自我保护能力

在家庭的日常生活中，家长要经常提醒孩子：吃饭时，要细嚼慢咽；睡觉时，不能蒙住脸；在床上，不能乱跳；在厨房，不能乱摸插头插座、热水瓶、开水杯；在客厅，不能玩剪刀、火柴、打火机；在阳台，不能乱爬、乱攀；在家里，不能随便给陌生人开门。在带孩子外出前，要帮助孩子记住爸爸、妈妈的姓名、手机号码和家庭的地址。在带孩子外出时，要告诉孩子遵守规则：上下楼梯时，要抓着扶手；过马路时，要走

---

① http://www.focus.cn，2014-08-22。

斑马线；逛超市时，要跟着爸爸、妈妈，别走丢了，万一走散了，不要哭，要在超市里找保安叔叔帮忙；郊游时，不能在小河边上走，不能跟着陌生人走，不能吃陌生人的东西。

3. 家长要随时保障孩子的安全，使孩子从各种活动中受益

为了使孩子能在活动中得到成长和发展，家长要注意保护孩子的人身安全。例如，孩子喜欢轮滑，家长就应要求孩子，在活动前，佩戴好头盔和护腕等安全防护装置。

4. 家长要让孩子远离危险地带，以防止孩子遭遇不幸

据统计，2014年6月至8月，江苏省无锡市发生7起儿童溺水事故，共造成9人溺亡。[①] 这些孩子都在12岁以下，有的是在池塘边捉蝌蚪时，不慎落水身亡的；有的是和小伙伴一起在河边玩耍时，不幸溺亡的。为了使这种悲剧不再上演，家长们要吸取血的教训，防患于未然，培养孩子的安全意识，促使孩子学会自我保护，远离危险场所。

（三）培养学前儿童的生活习惯

家长要重视培养学前儿童良好的生活习惯，让孩子自己的事情自己做，以提高孩子的生活自理能力。据报道，在江苏省南京市某小学里，有一个一年级女生，整个上午都不敢独自上厕所，因为没有家长来帮她擦屁股，害怕自己擦屁股时会擦到手上。平常在家里时，都是由大人来帮忙擦屁股的。[②] 可见，家长在生活中过多的包办代替，生怕孩子吃苦，就会使孩子丧失基本的生活能力。因此，家长应该放手，告诉孩子“你长大了”，鼓励孩子“你能行”，让孩子自己去做，使孩子能更好地适应小学的生活和未来的需要。

1. 培养孩子良好的卫生习惯

为了培养孩子良好的卫生习惯，家长要时常提醒孩子做到：饭前便后洗手；自己刷牙、洗脸、洗脚；自己如厕盥洗；保持服装整洁；等等。

2. 培养孩子良好的饮食习惯

为了培养孩子良好的饮食习惯，家长要适时帮助孩子做到：自己吃饭；

---

① http://www.focus.cn，2014-08-22。

② http://edu.sina.com.cn，2014-08-26。

吃饭时不大声说笑；不挑食，不暴饮暴食；正确使用餐巾纸、餐具；等等。

3. 培养孩子良好的睡眠习惯

为了培养孩子良好的睡眠习惯，家长要不断促使孩子做到：按时睡觉、起床，早睡早起；睡姿合理；自己穿脱衣服，自己折叠、摆放衣服；等等。

（四）严控学前儿童使用电子产品

随着电脑、手机的普及以及运动时间的减少，家长要严格控制学前儿童使用电子产品的时间，以免出现“鼠标手”、“键盘手”[①]、“手机肘”[②]、颈椎病、视力低等不良现象，阻碍孩子身体的正常发育。学前儿童的骨骼发育还不完善，如果长时间埋头玩平板电脑或手机，就很容易患上颈椎病。由于手机的字体小，看手机屏幕的距离很近，屏幕在不停地滚动且闪烁，对眼睛的伤害极大。

（五）锻炼学前儿童的身体素质

家长要给学前儿童提供锻炼身体的机会，使孩子每天都有许多时间到室外去活动、去游戏，走走、跑跑、跳跳、爬爬，以促进孩子身体的协调发展和运动能力的增强。例如，爸爸可和孩子一起玩玩“斗鸡”的游戏，以培养孩子单脚站立和进攻的能力；妈妈可和孩子一起玩玩“匍匐前进”的游戏，以培养孩子四肢爬行和肢体协调的能力。

二、培养学前儿童良好的品行

（一）塑造学前儿童的礼貌行为

“不学礼，无以立。”[③]礼貌是人与人成功交往的一座重要桥梁，懂礼貌

---

① 主要是指因为过度使用智能手机浏览信息、输入消息或玩游戏等造成的手指抽筋、肌肉酸痛的现象。

② 主要是指接打手机时间太长，打电话时总把手臂圈起来，长期就会造成神经牵拉受损，麻木疼痛，甚至手萎缩无力。

③ 其意为：不学会礼仪礼貌，就难以有立身之处。

的孩子容易得到别人的认同和接受，受到别人的欢迎和喜爱。家长要重视培养学前儿童讲礼貌的行为，使女孩子成为小淑女，男孩子成为小绅士。

我国提倡的礼貌用语是十个字："您好""请""谢谢""对不起""再见"。当孩子刚会开口说话时，家长就应该选择适宜的时机，把这些基本的礼貌用语教给孩子。例如，告诉孩子：和别人见面时，要说"您好"；和别人道别时，要说"再见"；需要别人给予帮助时，要说"请"；接受了别人的帮助时，要说"谢谢"；做错了事时，要说"对不起"等。

此外，当家长带孩子外出吃自助餐时，要告诉孩子并做给孩子看：吃多少，拿多少，不能浪费；进餐时，不能大呼小叫，以免影响其他食客；不能乱扔果皮、杂物；不能随地吐痰、大小便，以免污染环境。当家长带孩子乘坐公共汽车时，要告诉孩子并以身作则：车到站时，应依次排队，先下后上，对妇女、儿童、老年人及病残者要照顾谦让；上车以后，不能抢占座位，更不能把物品放到座位上替别人占座，看到老弱病残孕及怀抱婴儿的乘客，要主动起身让座。

（二）培育学前儿童的仁爱之心

"人之初，性本善。"一些父母抱怨自己把所有的爱都给了孩子，但孩子却自我中心、自私自利，不知道关心父母。其实，孩子并不是生来就缺少爱心的，而是因为父母对孩子娇宠溺爱，在无意间扼杀了孩子的爱心。

学前期是孩子各种心理品质形成的关键时期，也是孩子爱心形成的重要时期。因此，家长要重视从小培养孩子的爱心。一方面，父母要经常爱抚孩子，对孩子微笑，陪孩子游戏，让孩子感受到父母对他的爱，感受到被爱的幸福，这是孩子萌生爱心的起点。另一方面，父母更要重视让孩子学会爱，并给孩子提供奉献爱心的机会，这样就能使孩子的接受爱与奉献爱有机地统一起来。例如，吃饭前，让孩子帮着父母摆好碗筷；吃饭后，让孩子帮着父母收拾碗筷。

孩子的爱心是稚嫩的，家长在乎它，它就会长大；家长忽视它，它就会枯萎；家长打击它，它就会死去。如果想拥有一个富有爱心的孩子，那么家长就要注意在日常生活中，给孩子树立良好的榜样。例如，孩子的太爷爷生病住院了，孩子的爸爸、妈妈、爷爷、奶奶就在家里讨论，安排轮流到医院给太爷爷送饭、探望、看护等事宜，孩子听在耳里，看在眼里，也要求到医院去看看太爷爷。为了强化孩子的小小孝心，全家人决定满足她的愿望，由奶奶带着她一起去。在去医院的路上，奶奶告诉她，见到太爷爷时，要说："太爷爷好！您在医院里，要听医生的话，要好好看病，要好好打针吃药，要好好养身体，要早日恢复健康，要争取早点出院。"到了病房以后，当孩子把这些话鹦鹉学舌般全都说出来以后，所有的病友都被逗乐了，大家都夸她是个小孝女。

家长还要善于捕捉各种教育契机，随时随地对孩子施以影响。例如，在公交车上，妈妈可对女儿说：你看，那位阿姨站在那里，抱着小妹妹多累呀，我们请她到我们这里来坐坐吧！这样，就能培育孩子的善良之心和仁爱之情。

（三）提高学前儿童的社交能力

"人不能孤独地活着，他需要社会。"良好的人际关系，强大的社交能力，不仅能给人带来快乐，而且能助人走向成功。家长要重视培养学前儿童的社交技能，为孩子创造各种社交的机会，不断提高孩子的社交能力。

一方面，家长要重视亲子互动。家长要挤出时间，多陪伴孩子，与孩子积极互动交流，以建立良好的亲子关系，为孩子提供交往的范例，激发孩子与人交往的愿望，培养孩子乐于交往的心境。当和孩子在一起时，家长要排除各种干扰，避免患上机不离手的手机依赖症，真正实现与孩子的沟通交流。据英国《每日邮报》报道："当看护者将精力高度集中于自己手中的设备时，就会忽视孩子，或减少与孩子的互动。"可见，当家长只是单纯地和孩子待在一起，自己玩手机（如上网、刷微博、发微信），而不去关注孩子时，并不是真正陪伴孩子，而是一种"冷暴力"，是对孩子感情的冷漠和伤害，会导致孩子形成孤僻的性格，对别人漠不关心，不愿和别人交流沟通，甚至有可能成为这种冷暴力"接力棒"的传递者，制约心理的健康发展。因此，在日常生活中，家长要多与孩子对话交流，多带孩子散步郊游，以增加亲子互动的数量，提高亲子互动的质量。

另一方面，家长还要重视同伴互动。家长要为孩子创造与同伴交流的机会，鼓励孩子与同伴分享、合作，扩大孩子的朋友圈，以提高孩子的交往兴趣，增强孩子的交往能力。家长要引导孩子和小伙伴一起看图书、讲故事、玩玩具、做游戏，鼓励孩子与好朋友大胆交流，经常互换图书和玩具，并对孩子表现出来的谦让、合作、互助等方面的语言和行为，及时进行表扬，以强化孩子积极的社交意识和行为。

三、增强学前儿童的聪明才智

（一）发展学前儿童的观察能力

1. 要激发孩子观察的兴趣

家长可以引导孩子观察其所感兴趣的事物，也可以鼓励孩子观察身边正在发生的趣事，以提高孩子观察的频率。例如，孩子对小轿车感兴趣，家长就可指导他观察家门口来来往往的小轿车，看看它是什么颜色的，什么牌子的，什么样的车牌号。

2. 要教给孩子观察的方法

家长可以教孩子从上到下、从左到右观察事物，也可以教孩子从前到后、从近到远观察事物，此外还可以教孩子从中心到四周观察事物，以提高孩子观察的效率。例如，家长指导孩子观察邻居家的小狗时，可以先问他：小狗的毛是什么颜色的？小狗的耳朵大不大？小狗的鼻子大不大？小狗的嘴巴大不大？小狗的眼睛大不大？小狗的眼睫毛长不长？小狗的尾巴长不长？小狗有几条腿？然后再和孩子一起看看、数数、说说：小狗的毛是黑色的，小狗的耳朵很大，小狗的鼻子不大，小狗的嘴巴很大，小狗的眼睛很大，小狗的眼睫毛很长，小狗的尾巴不长，小狗有四条腿，等等。

3. 要培养孩子观察的习惯

家长可以教孩子先设计后观察，也可以教孩子边观察边记录，此外还可以教孩子先观察后反思，以提高孩子观察的水平。例如，家长带孩子在小区散步时，可以提醒孩子用手机把沿途看到的花草树木全部拍下来，回到家以后，进行观察比较，说说自己先看到了什么树、什么花，后看到了什么树、什么花，自己最喜欢什么树、什么花等。

（二）培养学前儿童的思维能力

1. 要保护孩子的好奇心，引导孩子发现问题，提出问题

幼儿好奇好问，他们会通过自己的方式来探究周围事物，家长要予以理解和保护，为孩子提供感官探究、动作探究、言语探究的机会，以帮助孩子积累知识经验。例如，孩子喜欢按电话机上的数字键，因为手一按键，就能听到声音，她很好奇，想知道为什么一按键就会有声音，于是她就按个不停。据此，家长不能训斥孩子，说孩子乱按，而应给孩子提供一部旧电话机或旧手机，让她去操作，去探索，去思考。

2. 要提高孩子的独立性，鼓励孩子自己思考、自己解决问题

幼儿已经有了一定的独立意识和行为，家长要解放孩子的大脑、嘴巴、双手和双脚，让孩子自己去想，去说，去做，去走，以提高孩子独立解决问题的能力。例如，家长带孩子去超市购物时，可告诉孩子，她今天只能挑选一样自己喜欢的东西，可以是吃的食品、喝的饮料，也可以是穿的衣服、戴的帽子，或是看的图书、玩的玩具。这样，孩子就必须深入思考、全面比较，最后做出决定。在这一过程中，孩子思维的独立性就得到了发展。

3. 要培养孩子思维的发散性，指导孩子用多种方法解决问题

条条道路通罗马。任何一个问题，都会有多种解决方法。家长要启发孩子，开动脑筋，想出不同的解决问题的方法，以提高孩子创造性解决问题的能力。例如，孩子想用废旧物品制作玩具，家长可鼓励孩子一物多用，把同一种物品改造成不同的玩具，如把易拉罐改制成台灯、椅子、飞机，把旧光盘制作成自行车、风车、螃蟹。这样，孩子思维的发散性就得到了提高。

（三）提高学前儿童的想象能力

1. 通过图书，培养孩子的想象能力

家长可以和孩子一起看图画故事书，在打开图书之前，启发孩子想想这本书里可能讲的是什么故事，可能会有什么样的结局，以培养孩子想象的多样性和广泛性。例如，家长在和孩子一起阅读《猜猜我有多爱你》这本图画故事书时，鼓励孩子想一想：小兔子会和兔妈妈说些什么话呢？她为什么会和兔妈妈说这些话呢？兔妈妈又会怎么说、怎么做呢？

2. 通过语言，提升孩子的想象能力

家长可以利用多种机会，和孩子一起玩语言游戏，来培养孩子想象的灵活性和丰富性。例如，家长和孩子一起玩词语接龙的游戏，当家长说出一个关于马的成语，如“千军万马”时，可要求孩子也说出一个关于马的成语，如“万马奔腾”。

3. 通过音乐，发展孩子的想象能力

家长可以和孩子一起聆听音乐，鼓励孩子说说自己听到了什么，想到了什么，并用动作加以表现，以培养孩子想象的愉悦性和合理性。例如，家长播放儿童歌曲《儿歌style》，引导孩子边听边自己编舞起舞，使孩子在轻松愉快的气氛中，提高对音乐的想象能力和表达能力。

4. 通过绘画，增强孩子的想象能力

孩子喜欢自由自在地画画，家长不要给孩子任何限制和条条框框，以免阻碍孩子想象的浪漫性和稚美性。孩子的绘画物象一般都比较简单粗糙，绘画形象与客观形象的差距较大，家长要理解并尊重孩子的绘画特征，支持并保护孩子的创造想象。例如，当孩子画人时，常常是头大身体小，眼睛和嘴巴很突出，动作幅度夸大，这是因为幼儿认识事物不完善，表现能力不充足，所以，家长要善待孩子的“胆大妄为”“异想天开”，而不应批评孩子画的“不像”，强迫孩子按照大人的意愿去修改作品，甚至代替孩子作画。

四、发展学前儿童的审美情趣

（一）促使学前儿童喜欢聆听歌曲

儿童歌曲，有着优美的旋律，家长可以唱给孩子听，也可以和孩子一起欣赏，此外，还可以鼓励孩子演唱。儿童歌曲，既能帮助家长回忆童年的岁月，寻找远去的童真，也能给孩子带来童年的快乐，陪伴孩子更好地成长。

《我的好妈妈》这首儿童歌曲，[①] 传唱广泛，是伴随着几代人成长的经典儿歌。歌词简单，朗朗上口，节奏欢快，易学易懂，既说明了妈妈的辛苦，也表达了孩子对妈妈的热爱。

《我有一个家》这首儿童歌曲，[②] 简单明快，好听好唱，诙谐幽默，轻松愉快。用孩子的语言唱出了中国的音乐元素，世界的流行风格，让人感受到家庭的温暖、家庭的美好、家庭的力量，在家长和孩子中间广为流传。

《爸爸妈妈听我说》这首儿童歌曲，[③] 词曲简单，易学易唱，活泼可爱，编曲轻快，律动感强，深受孩子和家长的喜爱。

《爱我你就抱抱我》这首儿童歌曲，充满了童趣和人性，具有强烈的时代感。在2011年中央电视台春节联欢晚会上，由5位小朋友共同演绎，他们边唱边跳，“爱我你就陪陪我，爱我你就亲亲我，爱我你就夸夸我，爱我你就抱抱我”。歌词直接说出了孩子们的内心世界，充分表达了孩子们对爱的理解，而歌曲却营造出了清新欢快的意境，让家长感到温馨和甜美。这首闪亮于春晚的歌曲，很快就被孩子和家长所接受和喜爱，迅速流传下来。这首歌曲也启发家长，孩子需要的更多的是亲情，家长应多陪陪孩子、多亲亲孩子、多夸夸孩子、多抱抱孩子，这是对孩子最珍贵的奖励。

儿童歌曲以独特的方式，将整个世界呈现在孩子面前，影响着孩子对社会的认知，既能丰富孩子的语言，又能培养孩子的美感；既是孩子的良师益友，又是家长的育儿宝典。因此，家长要选择适宜的儿童歌曲，来激发孩子对音乐的兴趣，增强孩子对音乐的理解，鼓励孩子以自己的方式进行表现和创造。

---

① 歌词：我的好妈妈，下班回到家，劳动了一天，多么辛苦呀。妈妈妈妈快坐下，妈妈妈妈快坐下，请喝一杯茶。让我亲亲你吧，让我亲亲你吧，我的好妈妈。

② 歌词：我有一个家，幸福的家，爸爸妈妈还有我从来不吵架。爸爸去挣钱，妈妈管着家，三人相爱一样深，我最最听话。我有一个家，快乐的家，爸爸妈妈还有我常一起玩耍。爸爸的主意大呀，妈妈管着他，我们三人一条心什么都不怕。

③ 歌词：你对我好，我心里都知道，我学学这个，学学那个，忙得不得了。我的烦恼，又有谁能知道。学得太多，学得太杂，消化不了。爸爸听我说，妈妈听我说，我喜欢和小朋友蹦蹦跳跳。爸爸听我说，妈妈听我说，我也喜欢和你们打打闹闹。

（二）促使学前儿童喜欢观赏舞蹈

舞蹈与音乐是有机的结合体，是形体美与音乐美的交融。儿童舞蹈是由儿童表演或表现儿童生活的舞蹈，通过边歌边舞，促进孩子审美能力的发展；儿童舞蹈是通过音乐、表情、动作、姿态等来表现内心世界的，能够使孩子潜移默化地受到艺术的熏陶，欣赏美、体验美、表现美、创造美。儿童舞蹈需要孩子全身各部位的密切配合，通过音乐与舞蹈动作的和谐促进孩子肢体的协调发展，并能增强孩子的节奏感。学前儿童正处于快速生长发育的时期，家长如果重视孩子的形体训练（如抬头、挺胸、收腹，压脚、劈叉、下腰），就能使孩子站得更直，形体变得更加优美，肢体变得更加灵活、柔韧。

儿童舞蹈不仅有独舞，而且还有双人舞、集体舞。家长可在晚上，与孩子一起边听音乐或边看视频边起舞，也可在双休日或节假日，举办家庭舞会，增加孩子与别人一起跳舞的机会，提高孩子表现美的能力。例如，儿童舞蹈《健康歌》[①]，歌词简单，内容具体，歌曲旋律明快，深受儿童喜爱；家长可以和孩子一起边唱边跳，以打造家庭的健康圆舞曲。

儿童舞蹈演出能提高孩子当众表演的能力，家长要积极给孩子报名，为孩子提供各种表演的机会，让孩子参加幼儿园的表演、社区的表演、电视台表演，增强孩子创造美的能力。例如，《江南Style》这个韩国神曲骑马舞，使用了马跑步的动作（包括假装骑马、手握缰绳、挥动马鞭以及腿部反复交换的动作），清新可爱，简单明快，迅速红遍全球，让全世界的网友“癫狂”。家长可以教孩子跳这支舞，指导孩子双脚踮起，膝盖弯曲，半蹲状态，双手做成骑马姿势，腰随胯摆动，双脚交替跳跃；也可以和孩子一起模仿、改编，鼓励孩子用大象、猴子、熊猫、袋鼠、蛇的动作来代替马的动作，并录制自家的版本，打造《张家Style》和《李家Style》、《爸爸Style》和《妈妈Style》、《儿子Style》和《女儿Style》的娱乐盛宴。

许多儿童舞蹈都深受儿童的喜爱，家长可以和孩子一起观赏起舞，焕发孩子对舞蹈的兴趣，鼓励孩子自编自导自演，提高孩子感受美、表现美

① 小萱萱，来来来，跟爷爷做个运动，左三圈，右三圈，脖子扭扭，屁股扭扭，早睡早起，咱们来做运动，抖抖手呀，抖抖脚呀，勤做深呼吸，学爷爷唱唱跳跳，你也不会老。

和创造美的能力。

（三）促使学前儿童喜欢欣赏名画

世界绘画历史悠久，许多伟大的画家创造了不胜枚举的传世名画。在学前儿童成长的过程中，家长应该让孩子尽可能多地了解一些世界名画，在轻松快乐的氛围中学会欣赏美的作品，以提高孩子的审美情趣和艺术修养。家长要尽可能利用节假日带孩子去博物馆、美术馆看名画，或去图书馆借名画家画册来观看，使孩子有更多的机会感受艺术的熏陶。

《绿垫圣母子》（图1–1）是意大利画家索拉里创作的一幅画，以特写的半身形象描绘了圣母喂奶、圣子吃奶的情景，反映了母子情深的世俗情结：母亲怀抱着孩子，把晕红色的乳头伸向孩子的嘴里，她那宁静、安详、甜蜜和温柔的笑容使圣洁的母爱特别感人；躺在绿色柔软的靠垫上的孩子，十分活泼顽皮，他用一只小手掰起了一只小脚，似乎想和母亲说点什么。黑白对比、冷暖对比的颜色，使得画面更加栩栩如生、温馨甜蜜，表现了人性的善良美好、圣母的美丽慈爱、圣子的纯真可爱。

家长在和孩子一起欣赏这幅画时，首先，可引导孩子观察画面上的人物，说说看到了什么；给孩子讲讲她小时候吃奶的趣事，鼓励孩子用语言和动作来表达这种浓浓的爱意。其次，可指导孩子感受画面的色彩，让孩子找找有哪几种颜色，如有红色、绿色、白色和黑色。再次，可启发孩子说说不同的颜色给他带来了什么样的感受。最后，可鼓励孩子联系生活，说说自己和妈妈之间爱的故事。

《第一步》（图1–2）是荷兰画家凡·高临摹米勒的同名作品：在画面的中间，是一块菜地；在画面的右边，是农民的房屋和栅栏，一位农妇正扶着小女孩，帮她学走路；在画面的左边，有一辆小推车，一位农夫看到小女孩正向自己走来，连忙停下手中的活，放下铁锹，蹲在地上，张开双臂，迎接小女孩的到来。这幅画主要用了蓝色、绿色和黄色这些反映大自然的颜色，让人格外感到生命的活力、生活的充实和亲情的温暖。

家长在和孩子一起欣赏这幅名画时，可以帮助孩子回忆当年学走路的情景，鼓励孩子用图画来表现当时的快乐时光。

图1-1 《绿垫圣母子》

图1–2 《第一步》

↑ 图1-3 《画家和她的女儿》

→图1-4 《缠毛线》

《画家和她的女儿》（图1–3）是法国画家维瑞创作的布上油画，在画面上：女画家装束朴素典雅，端庄秀丽，俯身坐着，双臂围抱着女儿，深情地微笑着；女儿搂着妈妈的脖子，把脸紧贴着妈妈，露出了甜美的微笑，十分天真可爱。作品展示了画家的潇洒优雅、温婉多情，表现了母女之爱、亲子之情。构图采用了稳定匀称的三角形，色彩雅致，线条优美，背景简洁。

家长在指导孩子欣赏这幅画时，可以和孩子一起做做这个拥抱、亲昵的动作，营造一个中国版的现代派的母女相亲相爱的氛围。

《缠毛线》（图1–4）是英国画家莱顿创作的布油画，描绘了缠毛线的一对母女：母亲穿着白色衣裙，光着脚，坐在凳子上，右手高、左手低地绕着毛线，姿态十分优雅；小女孩也光着脚，站在母亲的对面，右手高、左手低地扭动着身体，全神贯注地配合着母亲，呈现出了天伦之乐的动态效应。

家长在指导孩子欣赏这幅画时，可和孩子讲讲缠毛线的故事，并和孩子一起来缠毛线，使孩子在活动中加深对这幅画的理解和感受。

《康乃馨、百合与玫瑰花》（图1–5）是美国画家萨金特的油画，描绘了两个穿着连衣裙的小女孩在花丛中点灯笼的情景：花的形状各异，色彩丰富，

图1-5 《康乃馨、百合与玫瑰花》

画面千变万化，令人赏心悦目，仿佛闻到花的芳香。

家长在指导孩子欣赏这幅名画时，可先带孩子去公园观看花展，去花店找花、买花，回家后养花、赏花，以增加孩子对康乃馨、百合、玫瑰花的认识（如，它们都有不同的颜色和香味，相比而言，康乃馨保鲜期最长，百合最香，玫瑰花有刺），再鼓励孩子回想一下逢年过节点灯笼的欢乐心情，以增强孩子对这幅画的理解和喜爱。

《苹果与橘子》（图1-6）是法国画家塞尚创作的画，这幅画采用了平视和俯视的方法，使一切物体都不会被遮挡：以色彩斑斓的花布为背景，在粗陋的木桌上铺着一块厚重的桌布，布上摆放着一些瓷器（如高脚瓷碗）和水果（如20多个苹果和橘子或成盘或散置）。通过白色桌布与鲜艳水果的强烈对比，反衬出色彩的冷暖关系：红、黄色的水果，白色的餐巾、果盘在暗褐色调的背景前鲜明地凸显出来；零散的水果通过餐巾连成了一个有机的统一体；画面中间那个最大的苹果成为统领全局的核心，其他水果也有一种要坠落下来的沉甸甸的重量感。

家长在指导孩子欣赏这幅画时，可先带领孩子去参观附近的水果店、超市，引导孩子看看店员是如何摆放苹果、橘子等水果的，鼓励孩子边观看边加以描述。

《吃葡萄与甜瓜的少年》（图1-7）是西班牙画家穆立罗创作的油画，画面中的两个男孩，破衣烂衫，赤着双脚，坐在街沿石上，尽情地分吃着甜瓜和葡萄，享受着鲜果美味：右边那个男孩已剖开了一只大甜瓜，削了一块给小伙伴，左手拿着甜瓜，也在品尝，觉得味道好极了，回过头来与小伙伴说话；左边那个男孩，右手举起一串葡萄，正得意地往嘴里送，左手拿着一块甜瓜；在左边的角落，有一只破篮子，上面堆放着几串绿紫色葡萄，地上还有一些瓜皮杂物，生动而真实地再现了以拾破烂为生的流浪儿的街头生活。

家长在指导孩子欣赏这幅画时，可带孩子去水果店，让孩子找一找葡萄和甜瓜，买回家以后，让孩子去清洗葡萄和甜瓜，分发给全家人吃，大家一起品尝交流。

《向日葵》（图1-8）是荷兰画家凡·高创作的油画，由绚丽的黄色色系组成：以淡黄色为背景，以深黄色为向日葵的主色调，另有几朵含苞未放，以淡黑色点缀花蕊，这16朵形态各异的向日葵，或绚烂或枯萎，或隐或现，

↑图1-6 《苹果与橘子》
←图1-7 《吃葡萄与甜瓜的少年》

图1-8 《向日葵》

给人一种强烈的色彩对比感，让人体会到旺盛的生命力、阳光明媚的生活。

家长在指导孩子欣赏这幅画时，可先在夏季带孩子去农村田野实地观察向日葵，告诉孩子向日葵由根、茎、叶、花、果实等部分组成；再引导孩子看看向日葵的花姿、花瓣、叶子是否相同，告诉孩子向日葵也叫朝阳花，因其花常朝着太阳而得名；再鼓励孩子数数画上的向日葵有多少朵，它们看上去像什么（如每朵花像熊熊燃烧的火焰，细碎的花瓣和叶子像火苗），促使孩子意识到黄色代表太阳的颜色，向日葵不仅是植物，也是生命体；启发孩子画一画自己心中的向日葵。

《大碗岛星期天的下午》（图1–9）是法国画家修拉创作的油画，描写的是一个阳光明媚的星期天下午，游人从四面八方来到了风景优美的大碗岛，在河滨树林下的草地里休息。这里有绿油油的草地，茂密的树林，蓝色的河水，漂浮的小船；这里有男人有女人，有大人有小孩，还有小狗和小猴子；有的人戴着帽子，有的人打着阳伞；有的人在悠闲地散步，有的人在坐着交谈，有的人在躺着休息，有的人在河边钓鱼，有的人在欣赏风景。

家长在指导孩子欣赏这幅画时，可以先利用星期天，带孩子外出，到海边游玩，以增加孩子的感性知识，丰富孩子的度假体验；再鼓励孩子说说自己“看”到了什么（如一个小女孩穿着白色的连衣裙、白色的袜子，戴着帽子，和妈妈一起散步），“听”到了什么（如河面上小船划过水的声音），“闻”到了什么（如花草的淡淡清香），使孩子感觉到休息的美妙、生活的美好，最后再引导孩子画一画和家人外出过双休日的情景。

此外，《洗澡》《在公园里》《吹肥皂泡的少年》《吹笛少年》《红衣男孩》《提着水罐的小女孩》《戴珍珠耳环的少女》《宫娥》《贩卖孩子的商人》等世界名画也可选来和孩子共同欣赏。

总之，家长在选择世界名画时，一定要从孩子的年龄特征、性别特征、个性特征出发，密切联系孩子的生活实际，和孩子一起感受美、欣赏美、理解美。

图1-9 《大碗岛星期天的下午》

| 第四节 |

学前儿童家庭教育的策略

► 家长在对学前儿童进行教育时，要注意采用循序渐进、互动交流、积极暗示、激发兴趣、先贬后褒、适度批评等策略。

一、循序渐进

家长在对学前儿童进行教育时，要重视运用循序渐进的策略。循序渐进就是家长要按照一定的顺序、步骤，逐渐提高对孩子的要求。

在日常生活中，我们会看到这样一种现象：当你请求别人帮助时，如果一开始就提出较高的要求，那就很容易遭到别人的拒绝；但如果你先提出较小的要求，当别人同意后，你再增加要求的分量，则更容易实现你的目标，这种现象被心理学家称为“登门槛效应”。

这种效应启发我们，在学前儿童的家庭教育中，要促使孩子逐渐进步。家长可以先对孩子提出较低的要求，等到孩子能按照这个要求去做了，就给予积极肯定、表扬鼓励，然后再逐渐提高对孩子的要求，使孩子能不断进取，积极向上，美梦成真。家长不能拔苗助长、希望孩子一步登天，要明白欲速则不达的道理。

二、互动交流

家长在对学前儿童进行教育时，要重视运用互动交流的策略。互动交流就是家长要经常和孩子促膝谈心，坐在一起，亲密地交流心里话。

心理学中有个“霍桑效应”，讲的是在美国芝加哥郊外有个霍桑工厂，是专门制造电话交换机的，该厂有较完善的娱乐设施、医疗制度和养老金制度，但工人们还是愤愤不平，生产状况极不理想。对此，心理学家进行了一项试验：用了2年时间，由专家找工人个别谈话，规定在谈话时，专家要耐心倾听工人的各种意见。后来，收到了意想不到的效果：霍桑工厂的产值大幅度提高。

这种效应启发我们，在学前儿童的家庭教育中，要多和孩子交流分享。孩子在成长的过程中会有各种各样的疑问、担心、恐惧、困扰，但又不会充分地表达出来，因此，家长要尽可能地挤出时间，与孩子谈话谈心，做个忠实的听众，鼓励孩子大胆地说出自己想说的事情。这样，当孩子说完以后，就会感到轻松快乐，变得更加自信勇敢；家长也能更好地了解孩子，因材施教。

三、积极暗示

家长在对学前儿童进行教育时，要重视运用积极暗示的策略。暗示就是家长用含蓄、间接的方式，使孩子的心理、行为受到影响。暗示可以通过言语或手势、表情、动作以及环境来进行。有的暗示是积极的，而有的暗示则是消极的；积极的暗示能促进孩子健康成长，而消极的暗示则会阻碍孩子成长发展。

心理学家罗森塔尔做过一项研究，他来到一所学校，走进一个班级，随机在几个学生的名字上圈了一下后，便告诉教师：这几个学生的智商超群，特别聪明；过了一段时间以后，他又来到了这个班级，结果发现，那几个被他无意中选出的学生真的成了班级的佼佼者。这就是积极暗示的神奇魔力。

这项研究启发我们，在学前儿童的家庭教育中，要给予孩子积极的暗示。如果家长对孩子总是寄予厚望和肯定，经常通过鼓励的语言（如“你真聪明”“你真能干”）、赞许的笑容、期待的目光来加以强化，那么孩子就会变得更加自尊、自爱、自信、自强，真的成为“小牛人”“小达人”“小超人”；反之，如果家长对孩子总是责怪贬低和否定，经常使用嘲讽的口气

（如“你怎么这么笨”“你真是个猪脑袋”）、愤怒的表情、羞辱的眼神来对待孩子，那么孩子就会变得更加自卑、自闭、自私、自我，甚至成为“小笨蛋”“小傻瓜”“小白痴”。

四、激发兴趣

家长在对学前儿童进行教育时，要重视运用激发兴趣的策略。兴趣是最好的老师。“知之者不如好之者，好之者不如乐之者。”[①]“学至于乐，则自不已，故进也。”[②]

心理学家德西讲过一个故事：有一群孩子连续好几天在一位老人家门前嬉闹，老人家实在受不了了，就走出来，给每个孩子10美分，并说：“你们让这里变得很热闹，我也变得很年轻，给你们这点钱表示我的谢意。”孩子们很高兴，第二天依然来了，继续打闹；老人家又走出来了，给每个孩子5美分，孩子们仍然高兴地走了。第三天，孩子们又来嬉戏，但老人家只给了每个孩子2美分，孩子们生气地说：“我们那么辛苦，你才给2美分。”并发誓：再也不会为他玩了！老人家使用的方法很简单，他将孩子们的内部动机“为自己的快乐而玩耍”转变成了外部动机“为得到美分而玩耍”，他操纵着美分这个外部因素，主宰着孩子们的游玩行为。

这个故事启发我们，在学前儿童的家庭教育中，要注意激发孩子的学习兴趣，增强孩子对学习本身的动机，帮助孩子体验学习的乐趣。在强化孩子的学习兴趣时，家长给孩子的奖品应是与学习有关的用品，否则，会扼杀孩子的学习兴趣。例如，可对孩子说：“要是你能在班级讲故事比赛上，进入前6名，爸爸就奖励你一本图画故事书。”而不应对孩子说：“要是你能在幼儿园画画比赛上，得到第一名，妈妈就奖励你100元。”

---

① 这是中国古代教育家孔子的名言，出自《论语·雍也》，意为：懂得它的人，不如爱好它的人；爱好它的人，又不如以它为乐的人。

② 出自张载《经学理窟》，是中国古代教育家张载的名言，意为：学习到了乐于去学的地步，就会无法停下来，所以就会深入进去，有所收获。

五、先贬后褒

家长在对学前儿童进行教育时，要重视运用先贬后褒的策略。先贬后褒就是先抑后扬，家长要先说说孩子的缺点，再说说孩子的优点；先否定、惩罚孩子的不足，再肯定奖励孩子的长处。

心理学中有个“增减效应”，该效应认为：任何人都希望对方对自己的喜欢能“不断增加”，而不是“不断减少”。例如，有经验的售货员在给顾客称货时，喜欢先抓一小把，放在称盘里，再一点一点地添进去；而不是先抓一大把，放在称盘里，再一点一点地拿出来。这样的销售员就把握了消费者的心理。

这种“增减效应”启发我们，在学前儿童的家庭教育中，要注意先抑后扬的独特功效。当家长要评价孩子时，可尝试着先批评一下孩子身上的小毛病，再表扬一下孩子身上的闪光点。

六、适度批评

家长在对学前儿童进行教育时，要重视运用适度批评的策略。“金无足赤，人无完人。”[①]更何况是年幼的孩子呢？“人非圣贤，孰能无过。过而能改，善莫大焉。”[②]家长在批评孩子时，要适可而止，不要过头。

心理学中有个“超限效应”，讲的是美国著名作家马克·吐温有一次在教堂听牧师演讲：刚开始时，他觉得牧师讲得很好，就准备捐很多钱；过了10分钟，牧师还在讲，他变得有些不耐烦了，决定只捐一点钱；又过了10分钟，牧师还没有讲完，他觉得难以忍受，决定一分钱也不捐；等到牧师结束了冗长的演讲时，他感到很愤怒，不仅没有捐钱，反而从盘子里偷走了2元钱。这种刺激过多过强、作用时间过久而引起的烦躁或反抗的心理现象，被称为“超限效应”。

---

① 意思是：没有纯色的金子，也没有完美的人。

② 意思是：一般人不是圣人和贤人，怎么会不犯错。如果犯错了能改正，那就是最好的了。

这种效应启发我们，在学前儿童的家庭教育中，对孩子的批评要恰如其分，不能喋喋不休，咄咄逼人。当孩子违规犯错时，家长要给予理解和宽容，帮助孩子去面对、去改正。家长对孩子的批评要适当、适度，“犯一次错，只批评一次”，不能超过限度，太过火候，“恨铁不成钢”；即使要批评孩子，也不能大动肝火，唠唠叨叨，没完没了，以免过犹不及，使孩子从内疚不安到厌烦、反感，甚至被“逼急”了走向反抗、叛逆；如果非要多次批评，那也不应简单重复，而应换个角度、换种说法。只有这样，孩子才不会感到被“揪住不放”“朽木不可雕”，以至于产生“顶牛”的逆反心理。

|第五节| 学前儿童家庭教育的趋势

一、学前儿童家庭教育的发展特点

（一）学前儿童家庭教育的观念：从单向走向双向

进入21世纪以来，学前儿童家庭教育的观念已发生了巨大的变化。学前儿童的家庭教育，已不再被认为是单向的，即家长对年幼孩子进行教育，而被认为是双向的，即家长和孩子之间相互影响、相互促进，共同成长。

（二）学前儿童家庭教育的目标：从单一走向融合

学前儿童家庭教育的目标，在20世纪初期，主要是“为国教子”，类似于“岳母刺字，精忠报国”的观念；在20世纪中期，主要是“为家教子”，如“光宗耀祖、养儿防老”；在20世纪晚期，主要是“为子教子”，要让孩子赢在起跑线上，要促进孩子个性的全面发展，要为孩子的未来打好坚实的基础。进入21世纪以后，学前儿童家庭教育的目标已发展到重视这三者的联盟，试图把“为国教子”和“为家教子”及“为子教子”有机地结合起来，把孩子培养成合格的世界公民。

（三）学前儿童家庭教育的内容：从片面走向全面

随着家长学历层次的提高、文化素养的提升、教育理论的吸纳，学前儿童家庭教育的内容已从过去只重视孩子的智育、轻视孩子的德育、漠视孩子的体育，发展到今天注意促进孩子在体育、智育、德育、美育等方面的和谐发展。

（四）学前儿童家庭教育的气氛：从专制走向民主

随着儿童权利意识的昂扬、儿童地位的不断提高、家长的儿童观和成才观的日益更新，学前儿童家庭教育的氛围越来越平等友好。许多家长已不再把孩子看作自己的附属品，不再居高临下，采用命令式的口吻要求孩子，而是尊重孩子，与孩子平等对话，倾听孩子的心声。

（五）学前儿童家庭教育的途径：从封闭走向开放

“遇物则诲，择机而教”，“耳听为虚，眼见为实”，“读万卷书，行万里路”，这些中国家庭教育的传统经验已被越来越多的家长所发扬光大。“旅行也是一种学习”，这一国际教育理念已被越来越多的家长所认可。今天许多家长已不再把孩子限制在家庭内部的小圈子里，而是尽力把孩子推向家庭外部的大世界去，这对“本地游”“国内游”“出国游”起到了推波助澜的作用。据美国《世界日报》报道，2012年，中国大陆游学团学生达10万人；2013年夏天，抵达洛杉矶的中国游学团学生达15万人。据北京首都机场统计，近3年暑假，出境人数逐年创新高，其中学生海外游学出境所占比例最高。2014年暑假，到美国、英国、澳大利亚等国家的机票甚至出现了一票难求的状况。

（六）学前儿童家庭教育的方法：从感性走向理性

越来越多的家长已认识到“严是爱，宽是害”的哲理，并能吸取“慈母败子”的教训，促使学前儿童家庭教育的方法从溺爱孩子发展到宽严并济。

随着“国际不打小孩子日”的传播[①]，反体罚的儿童人权观念的渗透，许多家长不再信奉“棍棒底下出孝子”的古训，已意识到“不打不成才”的危害性，促使学前儿童家庭教育的方法从体罚孩子发展到奖惩并用。

此外许多家长还重视通过环境熏陶、榜样示范、讲解说理等方法来教子成才。

（七）学前儿童家庭教育的媒体：从静态走向动态

随着互联网的日益普及，电子产品的价廉物美，网上购物的风靡，学前儿童家庭教育的媒体也发生了翻天覆地的变化，家长已从过去到商店为年幼的孩子购买纸质图书、机械玩具，发展到今天在网上直接为年幼的孩子购买电子图书、电动玩具，甚至是手机、电脑。

二、学前儿童家庭教育的影响因素

（一）法规政策：强制性影响

最近几年，我国政府颁发了一系列法规政策，例如，《家长教育行为规范》《全国家庭教育指导大纲》《中国儿童发展纲要（2011—2020年）》《关于指导推进家庭教育的五年规划（2011—2015年）》《关于推进全国美术馆、公共图书馆、文化馆（站）免费开放工作的意见》，对学前儿童的家庭教育起到了决定性的影响，为家庭享用社会资源提供了有力保障。

（二）传统观念：持续性影响

我国历来重视学前儿童的家庭教育，这一优良传统在今天得到了继承和发展，电视节目“超级奶爸”的问世、“爸爸去哪儿”的热播，都反映了

① 每年4月30日是“国际不打小孩子日”。这一节日由美国反体罚组织有效管教中心在1998年发起，到2011年，全世界已有上百个国家的民间组织参与其中。该节日的口号是：请来试试看，至少在今天不要打小孩，或者你将会发现，今天过后的每一天，你都不需要打小孩了。

新时代对“养不教，父之过”的推崇。

（三）家庭结构：多样性影响

家庭结构在20世纪50到70年代，以扩大家庭为主；在20世纪80到90年代，以核心家庭为主。进入21世纪以后，随着经济的发展、新《中华人民共和国婚姻法》的修订颁布，我国的家庭结构呈现出了核心家庭与扩大家庭及流动家庭并存、单亲家庭与再婚家庭递增的迹象，致使学前儿童的家庭教育呈现出多样性和差异性。

（四）家庭条件：支撑性影响

随着我国住房政策的改革、人民生活水平的提高，家庭的住房条件不断得到改善（比如，孩子大都拥有自己的卧室），经济条件日益丰厚，这些都为学前儿童的家庭教育提供了良好的物质基础。

（五）家长素养：主导性影响

我国高等教育逐步从精英化走向了大众化、普及化，这有助于家长文化程度的不断提高、价值观念的不断完善、儿童观的日趋科学、成才观的日益合理，从而对学前儿童的家庭教育起到正确的导向作用。

（六）学校制度：指导性影响

我国幼儿园都承担着对学前儿童的家庭教育进行指导的任务，幼儿园都重视通过多种多样的形式（比如，家长委员会、家长会议、家长园地、家长开放日、家长志愿者、家园小报、家访、电访）与家长沟通和交流，丰富了家长参与儿童教育的知识，增强了家长参与儿童教育的能力。

（七）社会环境：广泛性影响

我国的社区资源不断丰富（如公园、图书馆、博物馆免费开放），交通工具日趋发达（如地铁线路增多），家长的闲暇时间有所增加（如双休日、节假日），这些都为学前儿童在家庭之外接受教育开辟了广阔的天地，创造了便捷的条件，保证了时间。

总之，学前儿童家庭教育的明天会变得越来越科学，越来越合理。

关键词回顾

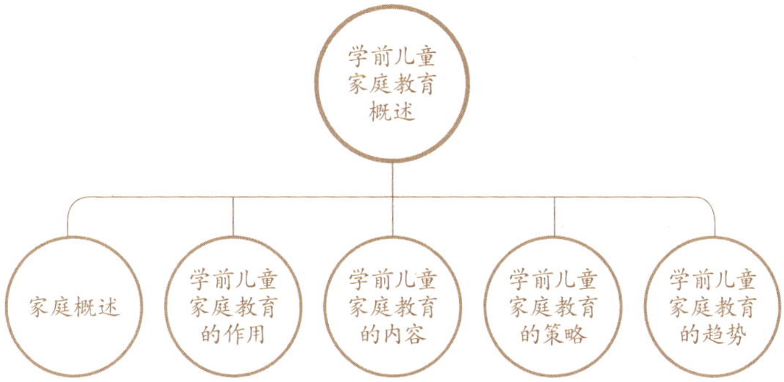

复习思考

① 你认为什么是家庭？家庭有哪几种结构？家庭应具有哪几种功能？

② 你是如何看待学前儿童家庭教育的含义的？你认为父亲和母亲在学前儿童的家庭教育中各起着什么样的重要作用？

③ 你是如何看待学前儿童家庭教育的内容的？你认为家长应该如何提高学前儿童对世界名画的欣赏能力？

④ 你认为学前儿童家庭教育的策略应有哪些？应如何加以运用？

⑤ 你认为学前儿童家庭教育的发展趋势是什么？

拓展阅读推荐书目

① 陈鹤琴著，《家庭教育——怎样教小孩》，教育科学出版社，1994年。

② 赵忠心著，《家庭教育学》，人民教育出版社，1994年。

③ 李生兰著，《幼儿家庭教育》，上海教育出版社，2000年。

④ 赵刚、中国教育学会家庭教育专业委员会编，《家长教育学》，教育科学出版社，2010年。

⑤ 孙云晓著，《懂方法的父母：成就孩子一生》，湖北长江出版集团、长江文艺出版社，2011年。

⑥ ［苏］瓦·阿·苏霍姆林斯基著，杜志英等译，《家长教育学》，中国妇

女出版社，1984年。

网上浏览

① http: //www.age06.com
② http: //jtjy.china.com.cn
③ http: //www.zhjtjyw.com
④ http: //www.jiaj.org
⑤ http: //www.chinafew.com

社区概述

学前儿童社区教育的含义与特征

学前儿童社区教育的原则

学前儿童社区教育的实施

第二章 学前儿童社区教育概述

在这幅图片中：

你看到了什么？你想到了什么？

学习目标

① 了解社区的含义、结构、功能，了解学前儿童社区教育的特点。
② 掌握学前儿童社区教育的原则。
③ 运用学前儿童社区教育的资源开展相应的活动。

学习重点与难点

○ 学习重点／掌握学前儿童社区教育的原则。
○ 学习难点／掌握学前儿童社区教育的实施方法。

学习建议

① 围着一所幼儿园的围墙，走一圈，看看它周围有哪些社区资源，有哪些社区场所（如超市、水果店、熟食店、饭店、理发店、药店、服装店、银行、邮政局、公园、公交车站、地铁站、加油站、书店、报刊亭、五金店、房屋中介、医院、宾馆）；了解一下这所幼儿园带领幼儿去过哪些社区场所，准备去哪些社区场所，还没有去过哪些社区场所，为什么？
② 走进一个居民小区，看看它的门卫岗亭如何，有哪些建筑物，有哪些雕塑，有哪些花草树木，有没有居民休闲娱乐活动场地，有没有居民健身器械等。

第一节 社区概述

一、社区的含义

"社区"一词源于拉丁语communis，意为伴侣或共同的关系和感情。德国社会学家腾尼斯将其译成了德语geneinschaft，意为社区、团体、共同体、公社。美国社会学家罗密斯将其译成了英语community，拥有了更多的地域含义。我国社会学家费孝通将community译成了"社区"。

许多社会学家都对社区这一概念进行了解析。例如，德国社会学家滕尼斯认为，社区是由具有共同的习俗和价值观念的同质人口所组成的关系密切的社会团体或共同体。美国社会学家帕克认为，社区是占据在一块被或多或少明确地限定了的地域上的人群汇集，一个社区不仅仅是人的汇集，也是组织制度的汇集。美国社会学家波普认为，社区是在一个地理区域里围绕着日常交往方式组织起来的一群人。英国社会学家麦基文认为，社区是人们共同生活的任何领域。英国社会学家巴克雷认为，社区是在某一地区内生活的人，无论其社会地位如何，政治态度怎样，他总会与周围人建立某种社会关系。日本社会学家横山宁夫认为，社区具有一定的空间地区，它是一种综合性的生活共同体。我国社会学家费孝通认为，社区是若干社会群体或社会组织聚集在某一地域里形成的在生活上互相关联的大集体。

一些教育学家也对社区这一概念做出了解释。例如，美国教育学家爱泼斯坦认为，社区不仅指儿童的学校和家庭所坐落的地区，而且指影响儿童学习和发展的邻近地区；社区指的是对教育质量感兴趣并受其影响的各种人，而并不只是指有孩子在学校上学的那些人。[①]

---

① Epstein J L. School, family, and community partnerships: Your handbook for action[M]. Thousand Oaks, CA: Corwin Press, 2002: 15.

从上可知，中外不同的学者对社区概念的界定虽然有所不同，但都认为社区是一个空间单位，有一特定的地域。社区是一个小社会，兼有人群和地域两大因素。社区是以一定地理区域为基础的社会群体，社区占有一定的地理空间，离不开一定的人群，社区的人们进行社会互动。①

二、社区的结构

每一个社区基本上都是由一定范围的地域、一定规模的设施、一定数量的人口、一定特征的文化、一定类型的组织所构成的。

（一）地域

地域也叫区域，指的是地区范围。地域具有一定的界限、特色和功能，地域内部具有鲜明的相似性和连续性，地域之间具有明显的差异性和制约性。

（二）设施

设施也叫公共服务设施，分为基础设施和附属设施。基础设施包括交通、邮电、供水供电、商业服务、科研与技术服务、园林绿化、环境保护、文化教育、卫生事业等市政公用工程设施和公共生活服务设施等。附属设施是配套设施，使基础设施能得到更好的服务、发挥更大的作用、实现保值和增值功能的设施。

公共服务设施一般由“五个一”组成，即一个服务中心、一家小公园、一处活动场所、一所医疗服务机构、一个视频监控中心。

（三）人口

人口指的是社区内以一定的社会关系为基础聚居的人口群体，包括人口的数量、质量、结构、密度、流动和迁移，它既是衡量社区规模的重要标志，又是确定社区层次的重要依据。

---

① 李生兰. 幼儿园与家庭、社区合作共育的研究[M]. 上海：华东师范大学出版社，2013：50.

（四）文化

文化指的是在一定的区域范围内，在一定的社会条件下，社区成员在实践中共同创造的精神财富及其物质形态。社区文化包括社区内的人们的信仰、价值观、行为规范、生活方式、风俗习惯、历史传统、地方语言和特定象征等。社区文化实质上是一种地方文化，不同社区的人们具有不同的文化，而城乡社区的文化差异则更为突出。社区文化本质上是一种家园文化，具有社会性、开放性和群众性等特点，因此，弘扬社区文化，有助于萌发社区居民的主人翁意识，增强社区居民的归属感，提升社区居民的生活质量。

（五）组织

组织指的是在社区内，有目的、有计划建立起来的各种团体和机构，是社会组织在社区中的表现形式。社区内的各种团体和机构相互联系、相互影响，形成了社区的组织体系。社区内的一些团体和机构可能还会和社区外的其他组织保持联系，形成外部关系结构。社区组织内各种横向和纵向的关系构成了社区组织的庞大网络。社区组织介入社区生活的程度是衡量社区组织化水平和效率的重要标准。

三、社区的功能

社区的功能多种多样，主要有以下几种：

（一）管理功能

社区（特别是管理机构）要管理社区人群的各种社会生活事务，以维持社区的正常运转，使居民能有序地生活。例如，社区对每户人家的电视、电脑进行网络管理。社区要注意激发“社区人”的自我管理意识，鼓励“人人参与，户户献策”，以形成共住共管的民主协商机制。

（二）服务功能

社区（特别是服务机构）要为社区人员提供各项社会化服务，以促进社区的不断发展，提高居民的满意度。例如，社区为居民提供家电维修、洗熨衣物等服务。社区要重视实施“以居民为本”的原则，提高社区服务水平。

（三）保障功能

社区（特别是救助机构）要保护社区的弱势群体，给予及时的救助和必要的帮助，以保证社区的均衡发展，使每个成员都不会被遗忘。例如，社区为病人设置家庭病床，为婴儿免疫接种，为老人打扫卫生等。社区要特别关爱老年人，形成志愿服务和邻居互助的良好风气。

（四）安全功能

社区（特别是安全机构）要保证社区全体成员的人身安全和财产安全，以维护社区的和谐稳定，使居民能放心、安心地生活。例如，社区为居民守楼、护院、看门，调解邻里纠纷。社区要注意“大事化小”，形成和睦相融的心理环境。

（五）教育功能

社区（特别是教育机构）要提高社区成员的文明素质和文化修养，以促进社区的可持续发展，使每个居民都能热爱学习。例如，社区可为下岗无业人员和外来民工举办各种技能培训班（如开设家电维修班、家政服务培训班），以增强他们的就业竞争能力；社区可为老年人开办各种兴趣培训班（如书法班、绘画班、摄影班、太极拳班），使老年人老有所学，老有所乐；社区也可为少年儿童创设各种社会实践教育活动（如夏令营、祭扫烈士墓），以提高少年儿童认识社会的能力；社区还可为家庭举办各种生动有趣的活动（如亲子读书报告会、亲子才艺大比拼、亲子游戏活动），以密切亲子关系，增进邻里的了解。这些寓教于学、寓教于情、寓教于乐的活动能体现社区教育的生命力，促使每个成员都获得学习的权利和发展的机遇，形成共住共生共发的崭新局面。

四、社区的建设

（一）社区建设的基本原则

1. 以人为本、服务居民的原则

要坚持以不断满足社区居民的社会需求，提高居民生活质量和文明程度为宗旨，把服务社区居民作为社区建设的根本出发点和归宿点。

2. 资源共享、共驻共建的原则

要充分调动社区内各机关、团体、部队、企业事业组织等一切力量广泛参与社区建设，最大限度地实现社区资源的共有、共享，营造共驻社区、共建社区的良好氛围。

3. 责权统一、管理有序的原则

要改革城市基层社会管理体制，建立健全社区组织，明确社区组织的职责和权利，改进社区的管理与服务，寓管理于服务之中，增强社区的凝聚力。

4. 扩大民主、居民自治的原则

要坚持按地域性、认同感等社区构成要素，科学合理地划分社区；在社区内实行民主选举、民主决策、民主管理、民主监督，逐步实现社区居民自我管理、自我教育、自我服务、自我监督。

5. 因地制宜、循序渐进的原则

要坚持实事求是，一切从实际出发，突出地方特色，从居民群众迫切要求解决和热切关注的问题入手，有计划、有步骤地实现社区建设的发展目标。①

（二）社区建设的主要目标

1. 完善社区组织体系

适应城市现代化的要求，加强社区党组织和社区居民自治组织建设，建立起以地域性为特征、以认同感为纽带的新型社区，构建新的社区组织体系。

---

① http://www.mca.gov.cn，2014-08-01。

2. 丰富社区建设内容

以拓展社区服务为龙头，不断丰富社区建设的内容，增加服务的发展项目，促进社区服务网络化和产业化，努力提高居民的生活质量，不断满足人民群众日益增长的物质文化需求。

3. 改革社区管理体制

加强社区管理，理顺社区关系，完善社区功能，改革城市基层管理体制，建立与社会主义市场经济体制相适应的社区管理体制和运行机制。

4. 合理配置社区资源

坚持政府指导和社会共同参与相结合，充分发挥社区力量，合理配置社区资源，大力发展社区事业，不断提高居民的素质和整个社区的文明程度，努力建设管理有序、服务完善、环境优美、治安良好、生活便利、人际关系和谐的新型现代化社区。①

（三）社区建设的各项工作

1. 拓展社区服务

社区服务主要是开展面向老年人、儿童、残疾人、社会贫困户、优抚对象的社会救助和福利服务，面向社区居民的便民利民服务，面向社区单位的社会化服务，面向下岗职工的再就业服务和社会保障服务。

2. 发展社区卫生

加强社区卫生服务站点的建设，积极开展以疾病预防、医疗、保健、康复、健康教育和计划生育技术服务等为主要内容的社区卫生服务，方便群众就医，不断改善社区居民的卫生条件。

3. 繁荣社区文化

积极发展社区文化事业，加强思想文化阵地建设，不断完善公益性群众文化设施。要充分利用街道文化站、社区服务活动室、社区广场等现有文化活动设施，组织开展丰富多彩、健康有益的文化、体育、科普、教育、娱乐等活动；利用社区内的各种专栏、板报宣传社会主义精神文明，倡导科学、文明、健康的生活方式；加强对社区成员的社会主义教育、政治思想教

---

① http://www.mca.gov.cn，2014-08-01。

育和科学文化教育，形成健康向上、文明和谐的社区文化氛围。

4. 美化社区环境

要大力整治社区环境，净化、绿化、美化社区。要提高社区居民的环境保护意识，赋予社区居民对社区环境的知情权。要努力搞好社区环境卫生，建设干净、整洁的美好社区。

5. 加强社区治安

建立社会治安综合治理网络，有条件的地方，要根据社区规模的调整，按照“一区（社区）一警”的模式调整民警责任区，设立社区警务室，健全社会治安防范体系，实行群防群治；组织开展经常性、群众性的法制教育和法律咨询、民事调解工作，加强对刑满释放人员的安置帮教工作和流动人口的管理，消除各种社会不稳定因素。①

五、社区的发展

（一）进一步健全以基层群众自治为基础的新型社区管理体制机制，不断提高基层治理水平

加快城乡结合部、“城中村”、工矿企业所在地、新建住宅区、流动人口聚居地的社区党组织和自治组织的组建工作，健全以基层党组织为核心的城乡社区组织体系。落实社会治安综合治理责任制，加强对吸毒人员、流浪儿童、服刑人员的未成年子女、农村“留守儿童”的管理、监督和教育，加强和改进对流动人口的服务管理以及非公有制经济组织和新社会组织的管理，实现城乡社区的“无缝隙”管理。积极推广、运用现代信息技术，有条件的地方可实行社区网格化管理，提升社区管理的现代化水平。

（二）进一步完善以民生需求为导向的新型社区服务体系，不断提高社区居民的生活水平

充分发挥行政机制、互助机制、志愿机制、市场机制的作用，进一步

① http://www.mca.gov.cn，2014-08-01。

完善覆盖城乡社区居民的社区服务体系，满足居民群众多样化、多层次、多方面的服务需求。依托社区服务中心和社区服务站，积极推进以就业、社会保险、社会救助、社会治安、医疗卫生、计划生育、文化、教育、体育为主要内容的政府公共服务覆盖到社区，促进实现城乡基本公共服务均等化。规范、整合社区公共服务设施的功能作用，提倡“开放式办公、一站式服务”，合理设置服务窗口，优化工作流程，规范服务标准，鼓励开展全程委托代理、全年无休假等便民服务。鼓励社区内或周边单位向社区居民开放内部食堂、浴室、文体和科教设施，支持驻社区单位和社区居民开展邻里互助等群众性自我服务活动，为低收入人群、老年人、残疾人、优抚对象、城市流浪儿童和农村“留守儿童”等提供各种服务，发展慈善事业。进一步完善社区便民服务设施，加快发展家政服务业，深入实施以“便利消费进社区、便民服务进家庭”为主题的“双进工程”。引导社区居民树立节能环保观念，积极推动社区再生资源的回收利用、剩余物资的调剂互换。鼓励通过社区网站、呼叫热线、短信平台和有线数字电视平台、电子阅览室、信息服务自助终端，为社区居民提供“一网式”“一线式”综合服务。

（三）进一步繁荣以增强社区凝聚力为宗旨的城乡社区文化，不断提高社区居民的文明素质

广泛开展社会主义核心价值体系宣传普及工作，从城乡社区存在的具体问题入手，深入开展社会公德、职业道德、家庭美德、个人品德教育，推进廉政文化教育进社区，推动形成良好的社会风尚与和谐的人际关系、邻里关系。加强社区文化基础设施建设，在社区建设方便居民读书、阅报、上网、娱乐、健身等的活动场所。充分挖掘社区文化资源，广泛开展各具特色的群众性文化活动，着力丰富居民群众的精神文化生活。利用春节、清明、端午、中秋等民族传统节日，广泛开展节日民俗活动和文化娱乐活动，弘扬中华民族优秀文化传统。积极发展社区教育，倡导终身学习理念。加强未成年人思想道德建设，利用社区资源为社区内中小学开展素质教育和社会实践活动提供方便，不断优化青少年成长环境。大力开展全民健身活动，不断增强社区居民体质。重视社区物质文化遗产和非物质文化遗产保护。建立健全社区心理咨询网络，加强对居民的人文关怀和心理疏导。要从看得见、摸得

着、见效快的问题入手，对社区人居环境进行整治，实施乡村清洁工程，建设资源节约型、环境友好型社区。健全社区环境保护管理制度，广泛发动社区居民积极参与环保活动，普及社区防灾减灾知识，倡导义务植树护草、文明饲养家禽和宠物，自觉养成节约能源资源、爱护环境、讲究卫生的习惯。做好人口和计划生育工作，推行计划生育居（村）民自治，搞好计划生育技术服务，提高出生人口素质。①

第二节 学前儿童社区教育的含义与特征

一、学前儿童社区教育的含义

（一）社区教育的含义

什么是社区教育？国外许多学者都提出了自己的观点。例如，弗莱彻认为，社区教育就是在教育领域内的社区参与；把各种学校教育机构转变为适合一切人的教育中心和娱乐中心。哈格雷斯认为，社区教育是发展社会和教育再分配策略，以创造更公正、更公平的社会；鼓励更开放、更民主地获得教育系统的人力和物力资源。马丁认为，社区教育就是提供教育机会给每个人，以便达成更充实、更有益的生活；修正现存的教育系统，以益于一些不利者或被剥夺者。

我国许多学者也提出了自己的看法。例如，袁方指出，社区教育是一

① http://www.mca.gov.cn，2014-08-01。

种教育工作形式，跨出学校或学院的范围，请社区其他人参加，既可作为学生也可作为教师，或兼任两者；教育意图完全是为整个社区的利益服务。[①]梁春涛认为，社区教育是在一定地域内，在党和政府的指导下，组织协调学校和社会各个方面，双向服务，实现教育社会化和社会教育化，以促进地区经济、社会和教育协调发展的教育社会一体化组织体制。叶忠海指出，社区教育是指以社区为范围，以社区全体成员为对象，同社区民众利益和社区发展需要紧密相连，旨在建设和发展社区，消除社区的社会问题，全面提高社区成员的素质和生活质量为目的的教育活动综合体。厉以贤指出，社区教育是实现社区全体成员素质和生活质量的提高以及社区发展的一种社区性的教育活动和过程。黄云龙指出，社区教育是以社区学校为主体的一种形式化、组织化的教育形态。

由此可见，社区教育这一概念已被广泛认可，但由于不同国家和地区在政治制度、经济发展、文化传统等方面有所不同，所以，对社区教育的认识也就有所不同。

（二）学前儿童社区教育的含义

什么是学前儿童社区教育？梁志燊指出，社区教育是指社区内为儿童或全体居民设置的教育设施和教育活动，是多层次的、多内容的、多种类的社会教育。对儿童则为校外教育，它承担着促进学校、社会、家庭共同承担教育下一代的责任。[②]我们认为，学前儿童的社区教育是面向学前儿童的，以社区资源为基础所开展的各种各样的教育活动，旨在促进每个儿童健康快乐地成长、发展。

① 袁方. 社会学百科辞典[M]. 北京：中国广播电视出版社，1990：413.

② 北京师范大学中国社区学前教育研究课题组. 正在兴起的中国社区学前教育[M]. 北京：北京师范大学出版社，1993：3.

二、学前儿童社区教育的特征

学前儿童社区教育主要具有以下几个特征。

（一）长远性

从目标上来看，学前儿童社区教育具有长远性。学前儿童社区教育的目标是持久的、终身的，主要是满足社区学前儿童的各种需要，通过生动有趣的形式，培养儿童的社区意识和归属感，提高社区家庭成员的生活质量，促进社区的可持续发展。

（二）全员性

从对象上来看，学前儿童社区教育具有全员性。学前儿童社区教育的对象是全体的、平等的，主要是指居住在本社区的从出生到入小学前的所有儿童，即零至六七岁的全体儿童。学前儿童社区教育的对象可能会涉及儿童家长，也可能会表现出教师与学生、家长与孩子的相对性。

（三）灵活性

从时间上来看，学前儿童社区教育具有灵活性。学前儿童社区教育的时间是灵活的、机动的，既可以是白天，也可以是晚上；既可以是工作日，也可以是双休日、节假日。教育的总时间已由短向长转化，逐渐形成了全程化的育人方式，使儿童可以在生活中学习，也可以在学习中生活，有助于实现时时有学习机会、时时有发展希望的梦想。

（四）广泛性

从空间上来看，学前儿童社区教育具有广泛性。学前儿童社区教育的空间是无限的、宽广的，可以发生在社区的任何一个空间地带、活动场所（如邮政局等服务场所、公交车站等运输场所、图书馆等文化场所、超市等商业场所）。学前儿童社区教育的空间已由幼儿园向社会扩展，创造了全方位的育人环境，使儿童处处有学习场所，处处有发展平台。

（五）丰富性

从内容上来看，学前儿童社区教育具有丰富性。学前儿童社区教育的内容是全面的、多元的，涉及儿童体力、认知、语言、情感、社会性、审美等方面的全面发展。既可以从儿童的年龄特征出发来筛选具体的内容，也可以从儿童的发展水平出发来选择恰当的内容；既可以从儿童的性别特征出发来筛选具体的内容，也可以从儿童的个性特征出发来选择适宜的内容。

（六）多样性

从形式上来看，学前儿童社区教育具有多样性。学前儿童社区教育的形式是开放的、多样的，既可以是政府主导的，也可以是居民发起的；既可以是大规模的，也可以是小范围的；既可以是个体的，也可以是群体的；既可以是传统的，也可以是新创的；既可以是以幼儿园为中心的，也可以是以家庭或社区为中心的。

（七）整合性

从实质上来看，学前儿童社区教育具有整合性。学前儿童社区教育的实质是融合的、互补的，旨在把社区的各种机构集合起来，加深彼此的了解，增进彼此的互动，架起教育与社区的桥梁，协调教育与社区的共同发展，走向学习化的社会。

第三节

学前儿童社区教育的原则

► 为了确保学前儿童社区教育能够卓有成效地进行，就需要遵循以下基本原则。

一、科学性原则

为了保证学前儿童社区教育的高度，就必须遵循科学性原则。要以科学的观念为指导，来制订学前儿童社区教育的计划；要以科学的态度为基础，来推动学前儿童社区教育的进程；要以科学的标准为依据，来评价学前儿童社区教育的成效。

二、全面性原则

为了保证学前儿童社区教育的广度，就必须遵循全面性原则。首先，要做到全员化，面向所有儿童，体现公平、公正。其次，要做到全程化，涵盖整个活动（如包括活动的设计、活动的组织、活动的评价），强调合作分享。最后，要做到全方位，涉及各个方面（如包括体育、智育、德育、美育），重视全面发展。例如，既要适时组织亲子体育活动，也要及时开展亲子智力大赛；既要适时组织亲子游戏活动，也要及时开展亲子才艺表演。

三、针对性原则

为了保证学前儿童社区教育的效度，就必须遵循针对性原则。一方面，要了解儿童身心发展的特点，开展适宜的社区教育活动。例如，在双休日，社区早教中心免费向0—3岁儿童开放，可组织“大带小”的活动，鼓励3岁的小哥哥、小姐姐带着2岁的小妹妹、小弟弟做游戏，以培养儿童的合作性，发展儿童的社会性。另一方面，还要了解家长教养孩子的方式，给予相应的指导和帮助。例如，在晚上，可邀请社区妇幼保健院的医护人员，给家长做儿童营养讲座，帮助家长矫正孩子挑食的坏毛病，学会给孩子制订营养均衡的食谱，以保证孩子获得充足的营养。

四、发展性原则

为了保证学前儿童社区教育的长度，就必须遵循发展性原则。首先，要不断改革教育的目标和任务，使之能跟上时代发展的脉搏。其次，要不断更新教育的内容和形式，使之能与儿童的进步相适应。例如，随着儿童年龄的增长，所开展的体育游戏活动的难度就应该逐渐加大，使儿童必须付出更多的努力，才能够取得成功。最后，要不断创新教育的指导和评价的形式，使之能与家长的发展相适宜。例如，要根据家长学历层次不断提升的现状，采用灵活多样的指导形式，既可以使用班级授课制，对家长进行现代教育理论的集中培训，也可以开设讲座、论坛，组织家长讨论科学育儿的方法，引导家长分享教子的经验。此外，还要进行现场指导，入户上门，与家长个别交流，以不断提高家庭教育的质量。

第四节 学前儿童社区教育的实施

► 在实施学前儿童社区教育的过程中，需要重视、发现、整合、开发、运用、展示和评价社区的各种教育资源。

一、重视社区教育资源

（一）了解社区教育资源的特殊性

要认识到社区里的不同资源具有不同的教育作用，社区的不同结构对儿童的发展有着不同的价值：社区的物质和精神环境会影响儿童学习的概率和心境，社区的组织结构会影响儿童学习的内容和形式，社区的人际网络会影响儿童学习的数量和质量。例如，社区中的公园有利于发展儿童的空间知觉，提高儿童的审美能力；而社区中的科技馆则有利于丰富儿童的科学知识，增强儿童的操作能力。

（二）理解社区教育资源的优越性

要认识到社区资源与幼儿园资源相比，具有许多优势，更能增进儿童的感性知识，丰富儿童的探索体验。例如，在进行“理发店”的主题教育时，教师如果能把儿童带到幼儿园旁边的理发店去，让儿童看一看理发店的环境（如有沙发、椅子、镜子、洗头设备、理发工具），理发师的工作（如给客人剪发、染发、洗发、吹发、烫发），那么就能丰富儿童对理发店的感性知识，加深儿童对理发师的理解。

二、发现社区教育资源

（一）身体力行

要身体力行，到社区中去寻找各种教育资源。首先，要“耳听六路”。要仔细用耳朵去倾听。每天可通过按时收听当地广播，利用家长接送孩子的时间，听听家长们的闲聊或和家长进行交谈，来及时了解社区的最新信息和活动事件。例如，通过家长的谈话了解将在哪个居委会由谁来讲解儿童家庭食谱的制作。其次，要“眼观八方”。要认真用眼睛去观察。每天可通过广泛阅读地方报纸、收看电视和手机新闻、上网浏览，来迅速了解社区正在发生和将要发生的事情。例如，附近的哪一所小学将要招收一年级新生，招生的条件有哪些。最后，要“始于足下”。要勤于用双脚去勘测。可通过经常走出园门，进行实地考察，来全面了解社区活动的时间、地点和内容。例如，什么时候将在社区绿地举办“全家都来秀一秀”的娱乐活动。

（二）整理分类

要把通过上述多种途径获得的信息进行记录、整理、分类，建立资源库，以全面把握自然资源、人力资源、物质资源和材料资源的表现形式和内容容量。

三、整合社区教育资源

（一）系统设计

在拟订社区教育计划时，不论是学年计划、学期计划，还是月计划、周计划、日计划，都要深入思考，把社区的各种教育资源巧妙地渗透进去。例如，在设计“参观 × × 市图书馆”（图2–1）的活动方案时，要注意激发儿童参观图书馆的兴趣，给儿童提供与人和书打交道的多种机会，引导儿童观察读者在安静地看书学习，鼓励儿童挑选一本自己喜欢的图书进行阅读；指导儿童轻声地和馆员交谈问询，学习办理借阅图书的手续，以萌发儿童的阅读兴趣，提高儿童的学习能力。

图2-1 遵义市图书馆

（二）全面设计

在制订社区教育方案时，既要重视发挥正规的公开的课程的作用，也要注意彰显非正规的隐蔽的课程的功能，使儿童在亲密接触社区的特殊建筑、亲身体验社区的重要活动的同时，还能耳闻目睹社区的关键事件、受到社区环境的潜移默化的熏陶，以加深对人类文化的相似性和差异性的理解。

（三）合作设计

在设计社区教育活动时，不仅要“独家经营”，自己制订教育计划和活动方案，而且还要“合作经营”，调动家长和社区人士的积极性，和他们一起设计，鼓励他们为活动献计献策。

（四）生动设计

在设计社区教育活动时，不仅要考虑教育性，而且还要考虑娱乐性、趣味性，此外还要能激发儿童参与的积极性、主动性和创造性。例如，儿童喜欢小动物，教师就可设计带领儿童去“参观动物园”的活动，使儿童在观看小动物、给小动物拍照、画小动物的过程中，了解动物的所属种类、身体特征和主要习性，萌生关爱小动物的情感。

四、开发社区教育资源

（一）欢迎社区人士来观看

要布置好幼儿园环境，打开园门，热情欢迎家长和社区居民前来参观访问，定期向他们开放幼儿园的各项活动，以帮助他们深入理解幼儿园教育，使他们能通过“身临其境”，把“耳听为虚”转化为“眼见为实”，形成对幼儿园的良好印象，萌发要参与其中的美好愿望。

（二）鼓励社区人士来参与

要在全面了解家长、社区志愿者、商业伙伴、地方艺术家和当地居民的职业特征、服务类型、生活方式和风俗习惯的基础上，热心向他们介绍幼儿园所需要的各种帮助，鼓励他们投入到幼儿园的教育中来，与儿童分享他们的知识、经验、智慧和才华，以增加儿童与成人交往的机会，帮助儿童从“自然的人”发展成为“社会的人”，加速儿童社会化的进程。

（三）指导社区人士来奉献

要经常邀请家长和社区居民来做志愿者，向他们讲解幼儿园的教育理念和作息制度、儿童的年龄特征和个性特点，向他们传授成为儿童良师益友的“锦囊妙计”，指导他们从实际情况出发，通过不同的方式奉献自己的才能：既可以在班级日常生活中做点小事，比如，指导儿童收拾玩具，整理图书；也可以在幼儿园特殊活动中大显身手，例如，在“国庆节”的庆祝活动中，让儿童观看家乡的风景，给儿童品尝家乡的特产，以萌发儿童爱家乡、爱祖国的情感。

五、运用社区教育资源

（一）巧妙运用服务场所的资源

可结合“国际护士节”“国际警察日”“消防宣传日”“中国记者节”等节日，带领儿童到社区中的服务场所（如医院、公安局、消防站、邮政局、广播站、电视台、报社和杂志社）去参观，去体验，指导儿童仔细观察这些场所的主要建筑、外表特征和重要标志，引导儿童深入了解自己的亲人以及和自己生活有关的各行各业人们的劳动，培养儿童对劳动者的热爱和对劳动成果的尊重。

（二）选择运用运输场所的资源

可准备好当地的地图和某种交通工具运行的时刻表，带领儿童到社区中的运输场所（如公交车站、出租车站、地铁站、汽车站、火车站、轮船码头、机场、停车场、加油站、修车场）去观望，去乘坐，以帮助儿童了解不同的交通工具的优点和弱点，促使儿童感受科技的巨大力量，提高儿童的空间知觉能力。

（三）恰当运用文化场所的资源

可根据儿童的年龄特征，组织儿童到社区中的文化场所（如图书馆、博物馆、动物园、公园、剧院、电影院）去观赏，去游逛。例如，教师可带儿童到公园去游玩，看看花草树木、小桥流水、亭台楼阁，以帮助儿童了解人与自然的关系，促使儿童萌生爱护环境的意识；还可带儿童到博物馆去观光，看看各种雕塑、绘画、钱币、家具、玉牙器、陶瓷器、青铜器，以帮助儿童了解中国传统文化，促使儿童萌生热爱祖国的情感。

（四）适时运用商业场所的资源

可根据季节的特点，组织儿童到社区中的商业场所（如商店、药店、杂货店、果园、渔场、农场、奶牛场、工厂）去采购，去实践。例如，在夏天，教师可带儿童到附近的农田去采摘西红柿，指导儿童用眼睛去看，用手去摸，用鼻子去闻，通过多种感官与西红柿亲密接触，以加深对西红柿的认识，萌发热爱劳动的情感。

六、展示社区教育资源

（一）与同行分享学前教育成果

幼儿园教师一方面要主动参加园外各种教研活动，让社区中的同行了解自己，分享自己幼儿园的教改成果，同时也向社区中的同行学习，汲取他们办园的成功经验。另一方面还要积极参加园外各项科研工作，交流、分享科研成果，把教研活动和科研工作有机地结合起来，使自己从教学型教师发展为研究型教师。

（二）向居民传递科学育儿理念

不仅可以为社区家长举办儿童家庭教育系列讲座，深入浅出地向他们介绍儿童家庭教育的目标、内容、途径和策略，以提高儿童家庭教育的科学性；还可以为他们开设儿童家庭教育咨询活动，及时认真地为他们解答在教养孩子的过程中所碰到的各种问题，以提高儿童家庭教育的针对性。此外，还可以为他们举办儿童家庭教育亲子活动，生动形象地向他们传授亲子游戏、亲子制作、亲子共读的秘诀，以提高儿童家庭教育的实效性。

（三）带领儿童参加有益的活动

学前教育工作者应组织儿童参加有利于其身心健康发展的各种社区活动，使儿童的文化、娱乐、休闲生活变得更加丰富多彩。例如，在社区举办“敬老节”活动时，教师可以带领儿童到敬老院去，给老爷爷、老奶奶送长寿糕，帮他们敲敲背；也可以带领儿童到居委会去，为老爷爷、老奶奶唱首歌，给他们讲个故事。

（四）指导家长参加亲子活动

学前教育工作者要充分发挥自己在家庭与社区互动中的桥梁作用，把对儿童的教育与为儿童及家庭的服务有机地结合起来，适时与家长分享社区为儿童举办活动的各种信息，鼓励家长多带孩子走进社区场所，指导家长从孩子身心发展水平出发，有针对性地参加一些活动，以培养孩子的兴趣爱好，促进孩子的个性发展。例如，孩子不喜欢开口说话，教师可提醒家长：

多带领孩子到公园去玩，鼓励孩子主动与其他小朋友打招呼，指导孩子和其他小朋友一起玩游戏等。

七、评价社区教育资源

（一）在评价主体上要注意协作性

学前教育工作者在评价社区教育资源的效能时，要注意评价主体的协作性，努力打造教师自评为主，其他人（如儿童、家长和社区居民）评价为辅的格局，以增强平等友好的评价关系，实现儿童社区教育的民主化。

（二）在评价客体上要注意多元性

学前教育工作者在评价社区教育资源的效能时，要注意评价客体的多元性，不仅要评价社区教育资源对儿童、家长、社区所产生的良好影响，而且还要评价社区教育资源对自己所产生的重要作用。只有这样，才能做到公平、公正。

（三）在评价内容上要注意全面性

学前教育工作者在评价社区教育资源的效能时，要注意评价内容的全面性，不仅要评估幼儿园使用社区教育资源的情况，而且还要评估幼儿园服务社区的情况，只有这样，才能做到全面客观。

（四）在评价方法上要注意多样性

学前教育工作者在评价社区教育资源的效能时，要注意评价方法的多样性，把定性评价和定量评价有机地结合起来，通过采用问卷法、访谈法、观察法等多种多样的评价方法，来保证评价的科学性和合理性。

进入21世纪以来，世界各国都更加重视学前儿童的社区教育，我国也在加快学前教育社区化、社区生活教育化的进程，并逐渐走向学前教育与社区生活的一体化。学前教育工作者要从幼儿园型教师发展成为社区型教师，巩固幼儿园与社区的和谐关系，促进儿童健康成长。

关键词回顾

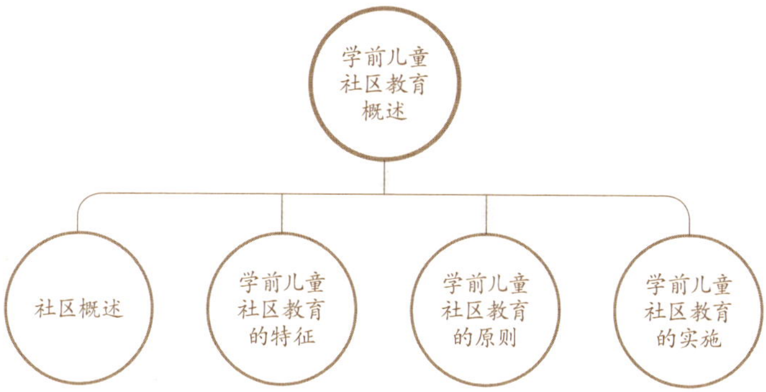

复习思考

① 什么是社区？社区主要由哪些因素构成？社区的主要功能有哪些？

② 学前儿童社区教育的特征主要有哪些？

③ 学前儿童社区教育的原则主要有哪些？

④ 你认为应该如何实施学前儿童的社区教育？

拓展阅读推荐书目

① 叶忠海编著,《社区教育学基础》，上海大学出版社，2000年。

② 陈乃林、张志坤主编,《社区教育管理的理论与实务》，高等教育出版社，2009年。

③ 北京市朝阳社区学院、社区工作研究室编,《关注民生——社区教育研究报告》，当代中国出版社，2009年。

④ 方轮、胡艳曦著,《城市社区教育资源开发与整合》，广东人民出版社，2009年。

⑤ 张凤华主编,《海淀区社区儿童早期教育基地管理手册》，北京师范大学出版社，2010年。

⑥ 张燕农、张琪著,《社区教育发展模式的理论与实践研究》，首都师范大学出版社，2011年。

⑦ 李生兰著,《儿童的乐园：走进21世纪的美国学前教育》，南京师范大学出版社，2011年。

⑧ 李生兰著,《幼儿园与家庭、社区合作共育的研究》（第2版），华东师范大学出版社，2013年。

⑨ ［美］唐·倍根、唐纳德·R.格莱叶著，周海涛主译，《学校与社区关系》，重庆大学出版社，2003年。

网上浏览

① http://www.shsqjy.cn

② http://www.zjce.edu.cn

③ http://www.ccedu.org.cn

④ http://www.mca.gov.cn

第三章

幼儿园与家庭、社区合作共育的法规政策

《全国家庭教育指导大纲》

《关于进一步加强家长学校工作的指导意见》

《教育部关于建立中小学幼儿园家长委员会的指导意见》

《中国儿童发展纲要（2011—2020年）》

《关于指导推进家庭教育的五年规划（2011—2015年）》

《关于全国博物馆、纪念馆免费开放的通知》

《关于推进全国美术馆、公共图书馆、文化馆（站）免费开放工作的意见》

《国家级烈士纪念设施保护单位服务管理指引》

《第一批国家级抗战纪念设施、遗址名录》

《关于做好烈士纪念日纪念活动的通知》

在这幅图片中:

你看到了什么？你想到了什么？

学习目标

① 了解《关于全国博物馆、纪念馆免费开放的通知》《关于推进全国美术馆、公共图书馆、文化馆（站）免费开放工作的意见》《国家级烈士纪念设施保护单位服务管理指引》《第一批国家级抗战纪念设施、遗址名录》《关于做好烈士纪念日纪念活动的通知》的主要内容。

② 掌握《全国家庭教育指导大纲》《中国儿童发展纲要（2011—2020年）》《关于指导推进家庭教育的五年规划（2011—2015年）》的精神实质。

③ 学会运用《关于进一步加强家长学校工作的指导意见》《教育部关于建立中小学幼儿园家长委员会的指导意见》的原则和策略。

学习重点与难点

○ 学习重点／掌握《关于进一步加强家长学校工作的指导意见》《教育部关于建立中小学幼儿园家长委员会的指导意见》的原则和策略。

○ 学习难点／掌握《全国家庭教育指导大纲》《中国儿童发展纲要（2011—2020年）》《关于指导推进家庭教育的五年规划（2011—2015年）》的实践运用。

学习建议

① 观看《闪闪的红星》《小兵张嘎》《鸡毛信》《上甘岭》《飞虎队》《地雷战》《地道战》《辽沈战役》《南征北战》《西安事变》《血战台儿庄》《铁道游击队》《平原游击队》《洪湖赤卫队》《渡江侦察记》《永不消逝的电波》《红岩》《江姐》《刘胡兰》《董存瑞》《狼牙山五壮士》等红色经典电影或电视剧。

② 调查了解某个幼儿园的家长学校或家长委员会的运作情况。

③ 参观附近的博物馆或纪念馆、美术馆、公共图书馆、文化馆（站）、抗战纪念设施和遗址。

④ 参加烈士纪念日的某项纪念活动。

第一节 《全国家庭教育指导大纲》及其思考

一、《全国家庭教育指导大纲》的主要内容

为了深入贯彻落实中共中央国务院《关于进一步加强和改进未成年人思想道德建设的若干意见》和全国未成年人思想道德建设经验交流会议精神，进一步加强家庭教育理论体系建设，规范家庭教育指导内容和要求，提高家庭教育的科学性、针对性和实效性，2010年2月8日，全国妇联与教育部、中央文明办、民政部、卫生部、国家人口计生委、中国关工委联合印发了《全国家庭教育指导大纲》，主要内容如下：

（一）指导原则

1. 坚持“儿童为本”的原则

家庭教育指导应尊重儿童身心发展规律，尊重儿童合理需要与个性，创设适合儿童成长的必要条件和生活情景，保护儿童的合法权益，特别关注女孩的合法权益，促进儿童自然发展、全面发展、充分发展。

2. 坚持“家长主体”的原则

指导者应确立为家长服务的观念，了解不同类型家庭之家长需求，尊重家长愿望，调动家长参与的积极性，重视发挥父母双方在指导过程中的主体作用和影响，指导家长确立责任意识，不断学习，掌握有关家庭教育的知识，提高自身修养，为子女树立榜样，为其健康成长提供必要条件。

3. 坚持“多向互动”的原则

家庭教育指导应建立指导者与家长、儿童，家长与家长，家庭之间，家校之间的互动，努力形成相互学习、相互尊重、相互促进的环境与条件。

（二）指导内容

1. 4—6岁儿童的身心发展特点

4—6岁是儿童身心快速发展时期，具体表现在：儿童的身高、体重、大脑、神经、动作技能等方面获得长足的进步；大肌肉的发展已能保证儿童从事各种简单活动；儿童直觉行动思维相当熟练，并逐渐掌握具体形象思维；儿童词汇量迅速增长，基本掌握各种语法结构；儿童开始表现出一定兴趣、爱好、脾气等个性倾向以及与同伴一起玩耍的倾向。

2. 家庭教育指导内容要点

（1）加强儿童营养保健和体育锻炼。指导家长带领儿童积极开展体育锻炼；根据儿童的个人特点，寻找科学合理而又能为儿童接受的膳食方式；科学搭配儿童饮食，做到营养均衡、种类多样、比例适当、饮食定量、调配得当；不断学习关于儿童营养的新理念、新知识。

（2）培养儿童良好的生活和卫生习惯。指导家长与儿童一起制订儿童的家庭生活作息制度；积极运用奖励与忽视并行的方式纠正并消除儿童不良的行为方式与癖好；定期带领儿童进行健康检查。

（3）抓好安全教育，减少儿童意外伤害。指导家长提高安全意识，尽可能消除居室和周边环境中的伤害性因素；以良好的榜样影响、教育、启迪儿童；结合儿童的生活和学习，在共同参与的过程中对儿童实施安全教育，提高儿童的生命意识；重视儿童的体能素质，通过活动提高其自我保护能力。

（4）培养儿童良好的人际交往能力。指导家长关注儿童日常交往行为，对儿童的交往态度、行为和技巧及时提供帮助和辅导；注意培养儿童多方面的兴趣、爱好和特长，增强儿童交往的自信心；开展角色扮演游戏，帮助儿童在家中练习社交技巧，并积极为儿童创造与同伴交往的机会，培养儿童乐于与人交往的习惯和品质。

（5）增强儿童社会适应性，培养儿童的抗挫折能力。指导家长鼓励儿童以开放的心态充分展示自己，同时树立面对挫折的良好榜样；充分利用传播媒介，引导儿童学习面对挫折的方法；适时、适宜地在儿童成长过程中，创设面对变化与应对挫折的生活情境与锻炼机会；在儿童遇到困难时，以鼓励、疏导的方式给孩子必要的帮助与支持。

（6）丰富儿童的感性知识，激发儿童的早期智能。指导家长带领儿童关心周围事物及现象，多开展户外活动，以开阔儿童的眼界，丰富儿童的感性知识；灵活采用个别化教育手段，有针对性地鼓励儿童积极活动，主动参与，积累经验，发展潜能；改变传统的灌输、说教方式，以开放互动的方式，让儿童在玩中学，在操作中探索，在游戏中成长。

二、《全国家庭教育指导大纲》引发的思考

（一）要增强幼儿的体育运动能力

要帮助家长认识到童年期是幼儿长身体的关键期，而运动则是强身健体的一大法宝；要鼓励家长多带孩子到户外去活动（如散步、踏青、捡落叶），使孩子有更多的机会享受空气浴、日光浴；要引导家长多和孩子一起玩游戏（如吹泡泡、放风筝、斗鸡、老鹰捉小鸡），发展孩子走、跑、跳、爬的技能，提高孩子的运动能力。

（二）要培养幼儿的自我服务能力

要帮助家长认识到自我服务是孩子生存的一项基本能力，孩子自己的事情，就应该放手让孩子自己去做；要鼓励家长和孩子一起讨论决定，哪些事情是孩子自己应该做的（如自己穿衣、洗脸、梳头、吃饭、如厕、睡觉，自己整理玩具、图书、书包、床铺，自己挑选喜欢的衣服），并用图文并茂的形式记录下来，张贴在孩子的房间里，时刻提醒孩子努力做到；要指导家长重视表扬孩子的自我服务精神，巩固孩子的自我服务行为，提高孩子的自我服务能力。

（三）要培育幼儿的自我保护能力

要帮助家长认识到儿童年幼无知，不知道什么是危险，不懂得如何避让危险，一定要防患于未然；要指导家长树立安全第一的意识，注意防止意外事故对孩子产生的伤害；要引导家长排除家中的一切安全隐患（如把药品放在孩子伸手摸不到的地方、在阳台和窗台附近不摆放小椅子），给孩子提

供一个安全的空间；要鼓励家长把一些常用的紧急电话号码告诉孩子（如匪警是110，火警是119，急救是120），使孩子知道如何自救、急救，增强自我保护能力。

（四）要提高幼儿的动手操作能力

要帮助家长认识到儿童的智慧在他的手指尖上，手巧才能心灵；要鼓励家长多给孩子提供动手操作的机会（如邀请孩子一起来剥蚕豆、剪毛豆角、摆碗筷、擦桌椅），使孩子能更好地锻炼手部肌肉的灵活性，发展手眼协调的能力，促进大脑的生长发育。

（五）要发展幼儿的社会交往能力

要帮助家长认识到童年期是孩子社会化的重要时期，要注意发展孩子的社会性；要指导家长在日常生活中，重视培养孩子与亲人交往的兴趣、知识和技能，使孩子懂得如何尊重父母、孝敬长辈，以增强孩子纵向交往的能力；要鼓励家长多为孩子创造与同伴交往的机会，使孩子学会分享、合作、谦让，掌握与同伴友好相处的技能、技巧，以提高孩子横向交往的能力。

|第二节| 《关于进一步加强家长学校工作的指导意见》及其思考

一、《关于进一步加强家长学校工作的指导意见》的主要内容

为深入贯彻落实中共中央国务院《关于进一步加强和改进未成年人思

想道德建设的若干意见》和《国家中长期教育改革和发展规划纲要（2010—2020年）》的精神，进一步加强对家长学校规范管理，保障家长学校工作有效开展，2011年1月27日，全国妇联、教育部、中央文明办就进一步加强家长学校工作提出了此意见。

（一）指导思想

各级各类家长学校要遵循党的教育方针和政策，始终坚持德育为先、育人为本的宗旨，以促进儿童健康成长为目标，以提升家长素质为核心，以全国家庭教育工作规划为指导，宣传普及科学的家庭教育理念、知识和方法，组织开展形式多样的家庭教育实践活动，努力提高家庭教育指导服务水平，为构建和谐的家庭和社会环境，培养德、智、体、美全面发展的社会主义建设者和接班人发挥重要的基础作用。

（二）主要任务

家长学校的主要任务是：面向广大家长宣传党的教育方针、相关法律法规和政策，宣传科学的家庭教育理念、知识和方法，引导家长树立正确的儿童观和育人观；组织开展形式多样的家庭教育实践活动，增进亲子之间的沟通和交流，使家长和儿童在活动中共同成长进步；通过多种形式为家长、儿童提供指导和服务，帮助解决家庭教育中的难点问题，提升家长教育、培养子女的能力和水平；增进家庭与学校的有效沟通，努力构筑学校、家庭、社区“三结合”的未成年人教育网络，为儿童健康成长营造良好环境。

（三）组织管理

（1）家长学校要按照阵地共用、资源共享、节俭办学、务求实效的原则，努力达到有挂牌标识、有师资队伍、有固定场所、有教学计划、有活动开展、有教学效果的规范化建设目标。在教学内容上，要依据《全国家庭教育指导大纲》，因地制宜地开展宣传实践和指导服务；在教学形式上，要针对家长、儿童的需求，采取灵活多样的教育和传播手段；在组织管理上，要健全工作机构，完善管理制度，不断提高家长学校办学质量和水平。

（2）幼儿园、中小学校、中等职业学校要把家长学校工作纳入幼儿园、学校工作的总体部署，把家庭教育指导纳入教师岗前培训、在岗培训和骨干培训中，纳入农村中小学现代远程教育中，纳入形式多样的教育教学活动中，纳入研究与督导评估中。

（3）幼儿园家长学校校长，由园领导兼任，与负责具体事务的教师、家长代表等人员共同组成校务管理委员会，负责家长学校日常管理工作；家长学校师资，由幼儿园教师或聘请相关专业人士、志愿者担任，场地可利用现有的活动室、教室等。幼儿园家长学校，每学期至少开展1次家庭教育指导、2次亲子实践活动。有条件的幼儿园要向周边社区延伸家庭教育活动，做好社区0—3岁和未入园儿童的家庭教育指导工作。

（4）街道、社区（村）家长学校校长、家庭教育指导机构负责人，由主管妇联工作的领导兼任，与街道、社区（村）工作人员、志愿者、家长代表等人员共同组成管理委员会，负责家长学校、家庭教育指导机构的日常管理。街道、社区（村）家长学校或家庭教育指导机构，可依托妇女之家、基层文化活动中心（站）、党员活动室等场所，利用节假日和课余时间开展工作，每年至少组织2次家长指导、2次家庭教育实践活动。社区（村）家长学校，要结合家长需求，充分利用农村党员干部现代远程教育网络等资源，宣传家庭教育知识，提供个性化、多元化的指导服务。要建立稳定的师资队伍、志愿服务队伍及专家指导队伍，有条件的地方可由政府购买公益岗，开展家庭教育指导服务。

（四）保障措施

1. 加强对家长学校的指导与管理

各级妇联组织、教育行政部门作为家庭教育工作的牵头单位，负责对家长学校工作进行指导与管理。教育行政部门对幼儿园、中小学校、中等职业学校家长学校工作进行具体指导。妇联组织负责协调推动社会各方面力量，参与指导街道、社区（村）家长学校、家庭教育指导机构工作。机关、企事业单位家长学校由各主办单位负责督导管理。各地文明办要把家长学校工作作为未成年人思想道德建设的重要组成部分，纳入未成年人思想道德建设工作测评体系。各有关部门要相互配合，形成合力，共同推进家长学校建设和发展。

2. 建立家长学校督导评估制度

各级妇联组织、教育行政部门定期对家长学校工作进行督导评估，并把评估结果作为评选表彰工作的重要参考。家长学校评估要以家庭亲子关系的改善、孩子对家长教育行为的评价、家长的受益程度等作为重点指标。同时要结合家长学校的组织管理、教育教学情况，其在提高家庭教育水平和精神文明建设中的作用等内容进行综合评估。各地要从实际出发，结合本地实际开展检查评估。全国妇联、教育部、中央文明办等部门将定期对家长学校进行抽查评估。①

二、《关于进一步加强家长学校工作的指导意见》引发的思考

（一）重视构建和发挥幼儿园家长学校的具体作用

幼儿园要认识到家长学校是宣传普及家庭教育知识、提升家长素质的重要场所，是指导推进家庭教育的主阵地和主渠道；要成立家长学校，聘任优质师资，定期开展活动；要充分发挥家长学校在推进家庭教育中的重要作用，向家长宣传科学育儿的理念和策略，促使家长主动配合幼儿园教育，共同促进幼儿的成长发展。据不完全统计，在2012年，全国52万所中职和中小学幼儿园中，已建立家长学校的约33万所，占中职和中小学幼儿园总数的63.5%，为进一步提高家庭教育水平奠定了良好的基础。

（二）慎重选择和安排幼儿园家长学校的丰富内容

为了丰富家长学校的内容，提升家长学校的服务品质，提高家庭教育的水平，幼儿园家长学校既要向家长宣传教育法规政策，传递先进的家庭教育知识经验；又要帮助家长树立正确的教育观念，掌握科学的教育方法，解决教养子女的各种问题；此外，还要增强家长的教育素养和教育技能，提高家长与教师的沟通能力和合作技巧。例如，为了引导家长更新家庭教育观

① http://www.moe.gov.cn，2014-09-05。

念，扭转重智轻德、重知识轻能力的倾向，家长学校可组织安排题为“望子成龙与望女成凤”的家长沙龙活动，通过引导、研讨、交流和分享，帮助家长认识到当代人才观和成才观，掌握教子成才的内容和策略。

（三）综合设计和运用幼儿园家长学校的多种形式

幼儿园家长学校要通过开展灵活多样的家庭教育实践活动，为家长和儿童提供指导和服务，以提升家长的育儿能力，促进孩子的健康成长。例如，家长学校可通过组织亲子游戏活动，来提高家长对游戏作用的认识，促使孩子在游戏中得到发展；增进亲子互动，密切亲子关系，促进共同成长。

| 第三节 | 《教育部关于建立中小学幼儿园家长委员会的指导意见》及其思考

一、《教育部关于建立中小学幼儿园家长委员会的指导意见》的主要内容

为了贯彻落实《国家中长期教育改革和发展规划纲要（2010—2020年）》，推进现代学校制度建设，完善中小学、幼儿园管理制度，2012年2月17日教育部就建立中小学、幼儿园家长委员会（以下简称家长委员会）工作提出了此意见。

（一）充分认识建立家长委员会的重要意义

中小学生和幼儿园儿童健康成长是学校教育和家庭教育的共同目标。建立家长委员会，对于发挥家长作用、促进家校合作、优化育人环境、建设现代学校制度，具有重要意义。近年来，在教育部门的推动和支持下，一些地方的中小学通过家长委员会动员组织家长参与学校的教育教学活动和管理工作，取得了积极成效。面对教育改革发展的新形势，需要在更大范围推广成功经验，把家长委员会普遍建立起来。

各地教育部门和中小学幼儿园要从办好人民满意教育的高度，充分认识建立家长委员会的重要意义，把家长委员会作为建设依法办学、自主管理、民主监督、社会参与的现代学校制度的重要内容，作为发挥家长在教育改革发展中积极作用的有效途径，作为构建学校、家庭、社会密切配合的育人体系的重大举措，以更大的热情、更有效的措施，创造更好的条件，大力推进建立家长委员会工作。

（二）明确家长委员会的基本职责

家长委员会应在学校的指导下履行职责。

1. 参与学校管理

对学校工作计划和重要决策，特别是事关学生和家长切身利益的事项提出意见和建议。对学校教育教学和管理工作予以支持，积极配合。对学校开展的教育教学活动进行监督，帮助学校改进工作。

2. 参与教育工作

发挥家长的专业优势，为学校教育教学活动提供支持。发挥家长的资源优势，为学生开展校外活动提供教育资源和志愿服务。发挥家长自我教育的优势，交流宣传正确的教育理念和科学的教育方法。

3. 沟通学校与家庭

向家长通报学校近期的重要工作和准备采取的重要举措，听取并转达家长对学校工作的意见和建议。向学校及时反映家长的意愿，听取并转达学校对家长的希望和要求，促进学校和家庭的相互理解。

（三）积极推进家长委员会组建

建立家长委员会，要发挥学校的主导作用，落实学校的组织责任，纳入学校日常管理工作；要尊重家长意愿，充分听取家长的意见，调动家长的积极性和创造性；要根据学校发展状况和家长实际情况，采取灵活多样的组织方式，确保家长委员会工作取得实效。

有条件的公办和民办中小学和幼儿园都应建立家长委员会。学校组织家长，按照一定的民主程序，本着公正、公平、公开的原则，在自愿的基础上，选举出能代表全体家长意愿的在校学生家长组成家长委员会。特别要选好家长委员会的牵头人。要从实际出发，确定家长委员会的规模、成员分工。

家长委员会成员应具有正确的教育观念，掌握科学的教育方法，热心学校教育工作，富有奉献精神，有一定的组织管理和协调能力，善于听取意见、办事公道、责任心强，能赢得广大家长的信赖。

（四）发挥家长委员会支持学校工作的积极作用

家长委员会要针对学校教育和家庭教育的突出问题，重点做好德育、保障学生安全健康、推动减轻中小学生课业负担、化解家校矛盾等工作。

1. 与学校共同做好德育工作

要及时与学校沟通学生的思想状况和班集体情况，经常向家长了解学生在家庭的表现和对学校、教师的看法，与学校和教师一起肯定和表扬学生的进步，解决和化解学生遇到的困难和烦恼，做好思想工作。经常通过家长了解学生所在班级的情况，及时发现班集体风气和同学之间关系存在的问题，推动形成积极向上、温暖和谐、互助友爱的班集体。

2. 协助学校开展安全和健康教育

引导家长履行监护人责任，配合学校提高学生的安全意识和自护能力，支持学校开展体育运动和社会实践活动。对学校的安全工作进行监督，与学校共同做好保障学生安全工作，避免发生伤害事故。

3. 支持和推动减轻学生课业负担

防止和纠正幼儿园教育“小学化”。引导家长积极支持教育部门和学校采取的减轻中小学生课业负担的各项措施，监督学校的课业负担情况，及时向学校提出意见和改进的建议，与学校共同推进素质教育。

4. 营造良好的家校关系

把学校准备采取和正在实施的教育教学改革措施，向家长做出入情入理的解释和说明，争取家长的理解和支持。及时向学校反映家长对学校工作的疑问，帮助学校了解情况，改进工作。多做化解矛盾的工作，把可能出现的问题，解决在萌芽状态。

（五）为家长委员会的建设提供有力保障

地方各级教育部门要切实加强对家长委员会组建工作的领导，把建立家长委员会列入工作议事日程，制订发展规划、工作计划和具体的实施意见和办法。要把建设和组织家长委员会作为教育行政干部和中小学校长的培训内容之一。要深入调查研究，及时总结和推广家长委员会组建、完善、发展工作的好经验、好做法，协调解决出现的问题和遇到的困难，促进和保障家长委员会的健康发展。

学校要为家长委员会开展工作提供必要的条件。完善学校科学民主的决策机制，保障家长委员会有效参与学校管理。完善科学的评价机制，保障家长委员会对学校工作实施有效监督。开放教育教学活动，保障家长委员会参与教育工作。建立学校与家长委员会联席会议制度，定期通报情况，保障沟通渠道畅通，确保家长委员会依法、规范、有序、有效地开展工作。①

二、《教育部关于建立中小学幼儿园家长委员会的指导意见》引发的思考

（一）合理组建幼儿园家长委员会的人员结构

幼儿园家长委员会是由本园儿童家长代表组成的，代表全体家长参与幼儿园的民主管理，支持和监督幼儿园做好教育工作的群众性自治组织，是幼儿园联系家长的桥梁和纽带。

---

① http://www.moe.gov.cn，2014-06-01。

幼儿园家长委员会的成员主要经过三级民主选举产生。（1）班级家长委员会：教师征求本班家长同意后，提名班级家长委员会的候选人，经班级家长会选举产生；（2）年级家长委员会：教师把班级家长委员会成员推荐为年级家长委员会的候选人，由全体候选人选举产生；（3）园级家长委员会：教师把年级家长委员会成员推介为幼儿园家长委员会的候选人，经全体候选人选举胜出。

幼儿园家长委员会成员实行流动制，每学年随着大班儿童的毕业和小班儿童的入园，而对家长进行一次补充和调整。

幼儿园家长委员会是在园长的指导下进行工作的，所有成员的姓名、分工和联系方式，都会张贴在幼儿园门口或大厅的橱窗里，向全体家长公布，以便家长沟通联系。

为了真正发挥幼儿园家长委员会的作用，提高家长委员会的工作效率，教师在对班级家长委员会成员的推介，就显得特别重要。一方面，要考虑到家长的个体特征：首先，要有德性，要公平、公正，乐于奉献；其次，要有爱心，要关心教育，重视教育；再次，要有能力，要能说会道，敢想敢做。另一方面，还要考虑到家长的群体特征：首先是，职务平衡，既要有官员家长，也要有平民家长；其次是，性别平衡，既要有女性家长，也要有男性家长；再次是，辈分平衡，既要有祖辈家长，也要有父辈家长；最后是，学历平衡，既要有高学历家长，也要有低学历家长，以避免使家长委员会成了“官员联谊会”“女神联盟”“老人协会”“大学聚会”的代名词。

（二）充分发挥幼儿园家长委员会的多种作用

家长委员会能够凝聚幼儿园与家庭的核心力量，有助于形成教育的合力，促进儿童的最佳发展。家长委员会的作用主要表现在以下几个方面：

1. 沟通的作用

家长委员会是保证家庭与幼儿园沟通的一座桥梁，要参与幼儿园的管理，就必须全面了解幼儿园的各种情况，深入了解幼儿园的优势和困境，及时了解幼儿园的工作计划和重要举措，传递、通报幼儿园对家长的希望和要求。与此同时，还要听取并转达家长对幼儿园工作的意见和建议，如实反映家长的心愿，以实现双向的互动和交流。

2. 协调的作用

家长委员会是协调家庭与幼儿园关系的一种润滑剂，有助于缓解家园之间的矛盾，消除家园之间的误解，促进园教与家教的有机结合。当家长的一些意见不便直接向幼儿园提出时，就可以通过家长委员会来间接地向幼儿园反映；同样，当幼儿园所采取的一些措施可能使家长难以接受的时候，也可以请家长委员会出面，向家长做解释工作，以增进双方的理解和信任。

3. 谋划的作用

家长委员会就是家长的智囊团，是由家长中的精英分子所组成的，应充分发挥家长的集体智慧，群策群力，为幼儿园的改革发展出谋划策，分工协作，共同完成。例如，当幼儿园准备开展外出参观活动，需要很多家长参与帮助时，家长委员会就可通过自荐和推介的方式，来组建志愿者队伍，这样就会受到教师和儿童的欢迎。

4. 督促的作用

家长委员会不是摆设，不是花架子，而应参与到幼儿园的实际工作中去，号召组织家长对幼儿园的环境和教职工的工作进行监督，发现存在的问题，提出合理化的建议，促使幼儿园不断改进提高。例如，家长委员会可通过听取幼儿园领导干部的工作计划和工作总结、参加幼儿园的亲子活动和开放日活动、观察班级的游戏活动和餐点活动，来全面了解幼儿园的保教工作，提出推动幼儿园教育改革的良策，以提高办园的质量。

5. 反馈的作用

家长委员会虽然主要是由家长代表组成的，但它的目标和幼儿园的目标却是一致的，都是为了促进儿童的健康发展，因此，家长委员会要经常不断地把家长的想法和看法收集起来，并反馈给幼儿园和教师，以维护他们知教、议教、参教的权利。例如，家长委员会可以通过园长信箱、送接交流、家长会议、家长接待日等形式来向园方反应家长的各种需求。与此同时，家长委员会也可把幼儿园的举措及时回馈给家长，以实现家园双方的良性互动，共同发展。例如，可通过家长志愿者的助教活动，鼓励家长发挥自己的一技之长，给幼儿园的教育教学活动提供独特的帮助。

6. 后援的作用

家长委员会是个群英荟萃之地，因而也就成了幼儿园的坚强后盾，既能为儿童的活动提供物力上的帮助，也能为教师的工作提供人力上的支持。例如，家长委员会可以出面邀请家长志愿服务，根据家长的兴趣爱好、职业特长，安排他们担任各班的嘉宾，和教师一起组织科技活动、体育活动、语言活动、数学活动、音乐活动、美术活动、参观活动等，这样既能弥补幼儿园师资的不足，又能丰富儿童的生活。

| 第四节 | 《中国儿童发展纲要（2011—2020年）》及其思考

一、《中国儿童发展纲要（2011—2020年）》的主要内容

2011年7月30日国务院做出了关于印发《中国儿童发展纲要（2011—2020年）》的通知，要求认真贯彻执行。该纲要的主要内容如下：

（一）基本原则

1. 依法保护原则

在儿童身心发展的全过程，依法保障儿童的合法权利，促进儿童全面健康成长。

2. 儿童优先原则

在制定法律法规、政策规划和配置公共资源等方面优先考虑儿童的利益和需求。

3. 儿童最大利益原则

从儿童身心发展特点和利益出发，处理与儿童相关的具体事务，保障儿童利益最大化。

4. 儿童平等发展原则

创造公平社会环境，确保儿童不因户籍、地域、性别、民族、信仰、受教育状况、身体状况和家庭财产状况受到任何歧视，所有儿童享有平等的权利与机会。

5. 儿童参与原则

鼓励并支持儿童参与家庭、文化和社会生活，创造有利于儿童参与的社会环境，畅通儿童意见表达渠道，重视、吸收儿童意见。

（二）儿童与社会环境

1. 主要目标

（1）营造尊重、爱护儿童的社会氛围，消除对儿童的歧视和伤害。

（2）适应城乡发展的家庭教育指导服务体系基本建成。

（3）儿童家长素质提升，家庭教育水平提高。

（4）为儿童提供丰富、健康向上的文化产品。

（5）保护儿童免受网络、手机、游戏、广告、图书和影视中不良信息的影响。

（6）培养儿童阅读习惯，增加阅读时间和阅读量。90%以上的儿童每年至少阅读一本图书。

（7）增加县、乡两级儿童教育、科技、文化、体育、娱乐等课外活动设施和场所，坚持公益性，提高利用率和服务质量。每个街道和乡（镇）至少配备1名专职或兼职儿童社会工作者。

（8）90%以上的城乡社区建设一所为儿童及其家庭提供游戏、娱乐、教育、卫生、社会心理支持和转介等服务的儿童之家。

（9）保障儿童参与家庭生活、学校和社会事务的权利。

（10）保障儿童享有闲暇和娱乐的权利。

2. 策略措施

（1）广泛开展以儿童优先和儿童权利为主题的宣传教育活动，提高公众对儿童权利尤其是儿童参与权的认识。

（2）将家庭教育指导服务纳入城乡公共服务体系。普遍建立各级家庭教育指导机构，90%的城市社区和80%的行政村建立家长学校或家庭教育指导服务点。建立家庭教育从业人员培训和指导服务机构准入等制度，培养合格的专、兼职家庭教育工作队伍。加大公共财政对家庭教育指导服务体系建设的投入，鼓励和支持社会力量参与家庭教育工作。

（3）开展家庭教育指导和宣传实践活动。多渠道、多形式持续普及家庭教育知识，确保儿童家长每年至少接受两次家庭教育指导服务，参加两次家庭教育实践活动。加强家庭教育研究，促进研究成果的推广和应用。

（4）为儿童成长提供良好的家庭环境。倡导平等、文明、和睦、稳定的家庭关系，提倡父母与子女加强交流与沟通。预防和制止家庭虐待、忽视和暴力等事件的发生。

（5）创造有益于儿童身心健康的文化环境。引导各类媒体制作和传播有益于儿童健康成长的信息，增强文化产品的知识性、趣味性。制定优惠政策，鼓励和支持优秀儿童图书、影视、歌曲、童谣、舞蹈、戏剧、动漫、游戏等创作、生产和发行。办好儿童广播电视专题节目，严格控制不适合儿童观看的广播影视节目在大众传媒播出。积极组织适合儿童的文化活动，大力培育儿童文化品牌。加强文化市场监管，加大查处传播淫秽、色情、凶杀、暴力、封建迷信和伪科学的出版物及儿童玩具、饰品的力度。重视少数民族文字少儿读物的创作、译制和出版工作。

（6）规范与儿童相关的广告和商业性活动。严格执行相关法规政策，禁止母乳代用品广告宣传，规范与儿童有关的产品（服务）广告及烟酒广告播出。规范和限制儿童参加商业性演出和活动。

（7）为儿童健康上网创造条件。在公益性文化场所和儿童活动场所建设公共电子阅览室，为儿童提供公益性上网服务。社区公益性互联网上网服务设施，对儿童免费或优惠开放。推行绿色上网软件，加强对网络不良信息的打击和治理，净化互联网环境。加强对互联网上网服务营业场所的管理。互联网上网服务营业场所严格实行消费者实名登记制，并在显著位置设置未成年人禁入标志，不得允许未成年人进入。加大对“黑网吧”的打击力度。家庭和学校加强对儿童上网的引导，防止儿童沉迷于网络。

（8）净化校园周边环境。落实维护校园周边治安秩序、确保校园安全的相关措施，在学校周边治安复杂地区设立治安岗进行巡逻，向学校、幼儿园派驻保安员。校园附近严格按规定设交通警示标志和安全设施，派民警或协管员维护地处交通复杂路段的小学、幼儿园周边道路的交通秩序。加强对校园周边商业网点和经营场所的监管，校园周边200米以内禁设网吧、游戏厅、娱乐场所。

（9）加大儿童活动设施建设。将儿童活动设施和场所建设纳入地方经济社会发展规划，增加彩票公益金对儿童活动设施和场所的投入，加大对农村地区儿童活动设施和场所建设和运行的扶持力度。规范儿童课外活动设施和场所的管理，各类文化、科技、体育等公益性设施和场所对儿童免费或优惠开放，并根据自身条件开辟专门供儿童活动的区域。加强爱国主义教育基地建设。

（10）强化城乡社区儿童服务功能。建立以社区为基础的儿童保护工作运行机制，充分挖掘和合理利用社区资源，动员学校、幼儿园、医院等机构和社会团体、志愿者参与儿童保护。整合社区资源建设儿童活动场所，配备专、兼职工作人员，提高运行能力，为儿童及其家庭提供服务。

（11）为儿童阅读图书创造条件。推广面向儿童的图书分级制，为不同年龄儿童提供适合其年龄特点的图书，为儿童家长选择图书提供建议和指导。增加社区图书馆和农村流动图书馆数量，公共图书馆设儿童阅览室或图书角，有条件的县（市、区）建儿童图书馆。“农家书屋”配备一定数量的儿童图书。广泛开展图书阅读活动，鼓励和引导儿童主动读书。

（12）保障儿童的参与和表达权利。将儿童参与纳入儿童事务和儿童服务决策过程，决定有关儿童的重大事项，吸收儿童代表参加，听取儿童的意见。畅通儿童参与和表达渠道，增加儿童社会实践的机会，鼓励儿童参与力所能及的社会事务和社会公益活动，提高儿童的社会参与能力。

（13）增强儿童环保意识。开展环境和生态文明宣传教育，鼓励儿童积极参与环保活动，引导儿童践行低碳生活和绿色消费。

（14）加强儿童社会工作队伍建设。强化对儿童工作人员的社会工作能力培训，积极发挥社会工作专业人员在为儿童提供服务、维护儿童权益方面的作用。

（15）开展促进儿童发展的国际交流与合作。积极履行联合国《儿童权利公约》等国际公约，扩大多边和双边交流与合作，宣传我国促进儿童发展取得的成就。①

二、《中国儿童发展纲要（2011—2020年）》引发的思考

（一）要重视并维护儿童的各种权利

学前期是儿童成长发展的关键期，教师、家长和社区工作者只有尊重儿童，保护儿童的生存权、发展权、游戏权、学习权、受教育权、娱乐权、休息权等各种权利，满足儿童的需要，发展儿童的潜能，才能形成和谐的教育环境，促进儿童的健康成长。

（二）要重视并指导儿童的家庭教育

家庭是儿童成长的第一所学校，父母是孩子发展的第一任教师。社区中的幼儿园应该通过多种形式，来宣传普及家庭教育的科学知识。例如，在工作日，可向家庭开放幼儿园的宣传栏和展示台、班级的“家长园地”、一日活动和家教沙龙活动；在双休日和节假日，可向家庭开放幼儿园的游戏室、户外活动场地、亲子同乐活动，以提高家长的教育素养，增强家长的教育能力。

（三）要重视并发挥各种公园的作用

公园是政府修建并经营的作为自然观赏区和供公众游玩、观赏、娱乐、休息的公共区域。公园分为城市公园和自然公园，城市公园又分为综合公园（包括市级、区级和居住区级），专类公园（如动物园、植物园、儿童公园、文化公园、体育公园、交通公园、陵园）和花园（包括综合性花园和专类花园，如牡丹园、兰圃）三种类型。教师既应经常带领幼儿到附近的公园里去观看动物、植物、水体、山石、建筑，在草地上游戏、活动、休息；也应鼓励家长在节假日带孩子到公园游乐场去玩耍，如果家庭经济条件许可，除了

① http://www.gov.cn，2014-09-11。

玩玩机械游乐设备（如转马、轨道火车、自控飞机、碰碰车、海盗船），充气游乐设备（如充气的水池、城堡、攀岩、滑梯）以外，还可玩玩水上乐园（如电动船、手摇船、脚踏船、游艇），以丰富儿童的体验，促进儿童的成长。

第五节 《关于指导推进家庭教育的五年规划（2011—2015年）》及其思考

一、《关于指导推进家庭教育的五年规划（2011—2015年）》的主要内容

为了深入贯彻中共中央国务院《关于进一步加强和改进未成年人思想道德建设的若干意见》精神，落实《国家中长期教育改革和发展规划纲要（2010—2020年）》和《中国儿童发展纲要（2011—2020年）》中提出的家庭教育目标，进一步指导和推进家庭教育，积极构建学校、家庭、社会紧密协作的教育网络，全面提高家长素质，促进未成年人健康成长，2012年6月25日，全国妇联、教育部、中央文明办、民政部、卫生部、国家人口计生委、中国关工委共同制定并实施《关于指导推进家庭教育的五年规划（2011—2015年）》。

（一）指导推进家庭教育工作的总体目标

构建基本覆盖城乡的家庭教育指导服务体系，推进完善基本的家庭教

育公共服务，提升家庭教育科学研究和指导服务水平，建立与社会管理创新相适应的家庭教育工作机制，制定完善家庭教育相关法律政策制度，推进家庭教育工作进一步科学化、法制化、社会化。

（二）指导推进家庭教育工作的主要任务

1. 加强家庭教育科学研究，提高家庭教育科学研究的针对性和指导性

应对新形势下家庭教育的新情况、新问题和新特点，依托各级家庭教育学（研究）会开展家庭教育理论研究、应用研究和工作研究，强化研究成果的转化，建立全国家庭教育文库，为决策和实践提供指导服务。国家级和有条件的省区市依据《全国家庭教育指导大纲》，结合实际研制开发多层次的家庭教育辅导资料，形成科学的家庭教育指导内容体系。

2. 推进家庭教育法律政策完善，促进家庭教育立法取得实质性成果

各相关部门围绕家庭教育发展中的重点、难点问题，深入开展调查研究，制定实施家庭教育政策，采取有效措施解决突出问题。组织开展家庭教育立法调研，形成较为成熟的研究成果，积极参与、努力推进家庭教育立法进程；有条件的地方先行尝试，制定出台家庭教育法规条例，为家庭教育事业发展提供制度保障。

3. 拓展家庭教育工作阵地，夯实家庭教育指导服务基础

巩固发展幼儿园、中小学、中等职业学校家长学校，规范化、常态化开展家庭教育指导活动。80%的城市社区和60%的行政村建立家长学校或家庭教育指导服务点，有条件的机关、社会团体、企事业单位创办家长学校，为家长提供及时便利的家庭教育指导服务。省、市、县及乡镇普遍建立家庭教育指导服务阵地。

4. 推进家庭教育工作队伍职业化建设，壮大专兼职家庭教育骨干力量

加强家庭教育骨干系统化培训，推进家庭教育职业岗位培训试点，探索建立家庭教育从业人员职业资格认证制度，提高家庭教育工作队伍职业化水平。师范院校和有条件的高校、研究机构设置家庭教育专业或课程，培养一批家庭教育专业毕业生，充实家庭教育专业力量。充分发挥专家、教师、

儿童工作者、“五老”人员[①]、专业社工、志愿者的作用。省、市、县普遍建立家庭教育专职工作者队伍、专家队伍、社工队伍和志愿者队伍。

5. 规范家庭教育指导工作，扩大家庭教育指导服务覆盖率

规范开展家庭教育指导服务，提升家长参与家庭教育实践活动的比率。幼儿园家长学校每学期至少开展1次家庭教育指导、2次亲子实践活动；中小学家长学校每学期至少组织1次家长指导、1次家庭教育实践活动；中等职业学校家长学校每学期至少组织1次家长指导或家庭教育实践活动。有关部门及各地对人口学校、孕妇学校、新婚夫妇学校和机关、企事业单位家长学校开展家庭教育指导和实践活动做出具体规定。坚持定期组织各级家庭教育讲师团、巡讲团等，深入基层开展家庭教育知识宣讲、咨询服务。

6. 发展家庭教育公共服务，统筹推进家庭教育工作发展

将家庭教育指导服务纳入城乡公共服务体系之中，为城乡家庭提供普惠性的家庭教育指导服务。重视向困境儿童、家庭及贫困地区、少数民族地区提供家庭教育基本公共服务。将家庭教育指导服务纳入农村留守、流动儿童及困境儿童的关爱服务体系建设之中，有条件的地区在学校、社区、乡村设置专业社工岗位，为特殊儿童及家庭提供救助及指导服务。依托家长学校、社区综合服务中心、妇女之家、儿童之家、文化活动站、乡村少年宫、儿童活动中心、儿童福利机构等公共服务阵地，为不同年龄段的儿童及其家庭提供家庭教育指导及关爱帮扶。

7. 重视早期家庭教育工作，大力发展公益性早期家庭教育指导服务

充分发挥托幼园所的专业资源优势，面向社区、家庭，开展形式多样的早期教育指导服务，提高家长科学育儿能力。充分发挥新婚夫妇学校、妇幼保健院、孕妇学校、妇女儿童中心、妇女之家、儿童之家、家庭教育指导站等基层阵地的作用，开展公益性的早期家庭教育宣传普及。

8. 将社会主义核心价值体系融入家庭教育宣传实践，创新深化各类实践活动

围绕促进未成年人思想道德建设，按照普及社会主义核心价值体系的基本要求，传承和弘扬雷锋精神，深化家庭教育宣传实践活动。抓住重大节

---

① 指老干部、老战士、老专家、老教师、老劳模。

日、家庭教育宣传实践月等契机，策划开展主题突出、特色鲜明的家庭教育主题活动和宣传实践活动，培养儿童良好道德行为习惯，促进儿童和家长共同学习成长，形成和谐亲子关系。创新活动的形式和载体，注重提高活动的参与性、互动性，调动家长儿童的主体意识和积极性，着力扩大活动覆盖面，让更多的儿童和家长受益。

9. 拓展家庭教育宣传载体，提高家庭教育信息化水平

充分发挥大众传媒作用，宣传家庭教育正确理念、科学知识方法，引领舆论导向，营造良好社会氛围。加快推进家庭教育信息化建设，各地兴办的家庭教育报刊及广播、电视栏目等，在数量上和质量上进一步提升；办好全国及省区市网上家长学校，组织丰富多彩的公益文化活动，利用新兴媒介技术，为家长搭建信息、服务、互动平台。

10. 发展规范家庭教育社会组织，提高家庭教育社会化程度

健全发展各级家庭教育学（研究）会，鼓励发展各类家庭教育社会组织，延伸家庭教育服务平台，加大各级政府购买服务力度，发展家庭教育公益项目，开展家庭教育应用研究、骨干培训、指导服务，满足家庭教育工作发展需求。推动制定相关法律政策，规范家庭教育指导服务市场，发挥家庭教育学会行业监督和专业指导作用，逐步建立监管评估机制，为其良性发展提供保障。各地、各相关部门加强与服务妇女儿童和家庭的社会组织合作，引入专业社工服务，多措并举，促进家庭教育社会化进程。

（三）指导推进家庭教育工作的保障措施

（1）健全家庭教育工作领导管理体制，积极推进建立由各级党政领导牵头负责，妇联、教育、文明办、卫生、民政、人口计生、关工委等有关部门共同参与的协调领导体制，形成党政领导、妇联和教育部门主抓、多部门合作、社会力量参与的家庭教育工作格局。

（2）开展各级各类家庭教育工作示范试点活动，以点带面，整体推进。不断总结推广家庭、学校、社区相结合的教育模式和创新经验，推动家庭教育与学校教育、社会教育紧密衔接。

（3）建立督查评估、激励表彰制度，制定考核评估指标体系，完善考核评估运行机制，对本规划实施情况进行自查抽查、阶段性总结和专项督

查，及时总结推广典型经验，对家庭教育工作先进典型进行推广表彰。[①]

二、《关于指导推进家庭教育的五年规划（2011—2015年）》引发的思考

（一）加强学前儿童家庭教育的科学研究

1. 要重视开展以儿童为本位的家庭教育科学研究

要以儿童为视角，开展学前儿童家庭教育的科学研究，以提高学前儿童家庭教育科学研究的针对性。例如，可以围绕“男孩子要穷养”和“女孩子要富养”等内容，设计选题，展开研究，探讨性别差异对学前儿童家庭教育的制约作用，以促进孩子个性的更好发展。

2. 要重视开展以家长为主体的家庭教育科学研究

要以家长为视窗，开展学前儿童家庭教育的科学研究，以增强学前儿童家庭教育科学研究的指导性。例如，可以围绕“现在是拼爹时代”和“现在是拼娘时代”等内容，制订选题，展开研究，探讨父亲和母亲在学前儿童家庭教育中的重要作用，以促使家长提高教育能力。

3. 要重视开展以理论为基础的家庭教育科学研究

要以理论为平台，开展学前儿童家庭教育的科学研究，以提升学前儿童家庭教育科学研究的理论性。例如，可以围绕“家庭学”“社会学”“生态学”“心理学”和“教育学”的一些理论流派，拟订选题，展开研究，探讨不同的理念思潮对学前儿童家庭教育的指导作用，以丰富家庭教育的理论体系。

4. 要重视开展以实践为导向的家庭教育科学研究

要以实践为窗口，开展学前儿童家庭教育的科学研究，以加强学前儿童家庭教育科学研究的应用性。例如，可以围绕“小班孩子的入园适应能力”和“大班孩子的入学适应能力”等内容，确定选题，展开研究，探讨学前儿童家庭教育的“疑难杂症”及应对举措，以提高家庭教育的质量。

---

① http://www.moe.gov.cn，2014-06-13。

（二）推进学前儿童家庭教育工作的队伍建设

1. 要充分发挥师范院校的作用

师范院校应设置学前儿童家庭和社区教育的课程，培养热爱学前儿童家庭和社区教育工作的专门人才，以促进学前儿童家庭和社区教育工作队伍的专业化和年轻化。例如，华东师范大学，为学前教育专业不同层次的学生，都设置了有关家庭和社区教育的课程（如为专科生，开设了“学前儿童家庭教育”的必修课；为本科生，开设了“学前儿童家庭和社区教育”的必修课；为硕士研究生，开设了“学前儿童家庭和社区教育研究”的必修课；为博士研究生，开设了“学前儿童家庭和幼儿园及社区的关系研究”的选修课），以帮助学生建立合理的知识结构，萌发对家庭和社区教育工作的兴趣。

2. 要发挥志愿者队伍的作用

各级妇联组织应把热心于学前儿童家庭教育的专家、教师、儿童工作者、“五老”人员（老干部、老战士、老专家、老教师、老劳模）、专业社工组建成一支志愿者队伍，并进行相应的培训和提高，以确保学前儿童家庭教育工作队伍的稳定性、持久性和高效性。例如，上海市闵行区吴泾镇妇联，曾对社区的“五老”人员进行岗前培训，帮助他们获取学前儿童家庭教育指导的基本知识和主要技能。

3. 要重视发挥家教骨干的作用

各级家庭教育学会应重视对学前儿童家庭教育骨干分子进行系统化的培训，合格后才能上岗工作，以提高学前儿童家庭教育工作队伍的规范化和职业化。例如，中国家庭教育学会杭州培训基地（设在浙江省杭州市家庭教育杂志社），近几年来承担了多项全国性家庭教育工作和指导的培训任务，举办了多种培训班，不仅对来自全国各地的妇联和教育部门相关负责人、学校德育老师、家长学校负责人和任课教师、托幼园所负责人和家教负责人、社区家教指导中心负责人、全国家庭教育试验研究基地的指导者和工作者等相关人员进行了专题培训，而且还积极送教下乡下山，壮大了学前儿童家庭教育指导的骨干力量，提升了学前儿童家庭教育指导服务的水平。

第六节 《关于全国博物馆、纪念馆免费开放的通知》及其思考

一、《关于全国博物馆、纪念馆免费开放的通知》的主要内容

2008年1月23日，中共中央宣传部、财政部、文化部、国家文物局联合发布了《关于全国博物馆、纪念馆免费开放的通知》，其主要内容如下。

（一）博物馆、纪念馆免费开放的重要意义

博物馆、纪念馆是陈列、展示、宣传人类文化和自然遗存的重要场所，是国民教育体系的重要组成部分。博物馆、纪念馆向全社会免费开放是党的十七大关于社会主义文化大发展大繁荣的具体实践，是加强社会主义核心价值体系建设和公民思想道德建设的有效手段，是进一步提高政府为全社会提供公共文化服务水平的重要举措，是实现和保障人民群众基本文化权益的积极行动。博物馆、纪念馆免费开放符合世界文物展示业的发展趋势，有利于完善我国现代国民教育体系和履行教育功能，有利于发挥博物馆和纪念馆作为公益性文化机构的社会价值，有利于加强国际文化交流和中华民族优秀文化的宣传推广。

（二）博物馆、纪念馆免费开放的实施范围

全国各级文化文物部门归口管理的公共博物馆、纪念馆、全国爱国主义教育示范基地，全部免费开放。其中，文物建筑及遗址类博物馆暂不实行全部免费开放，继续对未成年人、老年人、现役军人、残疾人和低收入人群等特殊群体实行减免门票等优惠政策；并向社会承诺定期免费日，制定灵活多样的门票制度，如家庭套票、特定时段票等，吸引公众走进博物馆和纪念馆。

（三）博物馆、纪念馆免费开放的保障机制

要以博物馆、纪念馆免费开放为契机，实现“三个结合”：一是与文化体制改革中公益类文化事业单位改革要求相结合，进一步加大博物馆经费保障力度；二是与构建公共财政体制相结合，进一步完善财政投入方式，激励博物馆提高服务能力和服务质量；三是与博物馆运行规律相结合，推进我国博物馆机制改革和管理创新。

（四）博物馆、纪念馆免费开放的工作要求

1. 改善管理和服务，努力满足观众需求

各有关博物馆要积极借鉴已经免费开放博物馆的经验，切实做好免费开放的前期准备。充分考虑免费开放后观众量短时间内急剧增加，对博物馆、纪念馆的管理、运行造成的巨大压力，科学地测算确定博物馆的接待能力，建立每日参观人数总量控制和疏导制度。健全开放服务管理制度，制定突发事件的应急预案，完善应急处理机制。加强媒体宣传，并在博物馆、纪念馆显著位置公示免费开放管理办法、服务项目、开放时间、文明参观须知等制度措施，方便公众了解和监督，引导观众有序、文明参观。同时要努力改善文物安全保护和观众服务设施条件，增加安全、保洁、讲解咨询等服务人员，强化内部管理，加强安全防范，切实保证免费开放的安全、规范、有序。

2. 坚持以人为本，提高展示传播水平

各有关博物馆、纪念馆应以贴近实际、贴近生活、贴近群众作为不懈的追求，准确把握免费开放后观众及其精神文化需求呈现出多层次、多方面、多样式的特点，在展示传播的内容上、形式上更加积极探索和大胆创新，成为文化教育和传播中心，成为公众流连忘返的文化园地。将专业性、学术性和知识性、趣味性、观赏性有机结合，不断创造新的文化样式，实现题材、品种、风格和载体的极大丰富，使陈列展览更具吸引力、感染力，打造公众喜闻乐见的文化品牌。要充分发挥博物馆、纪念馆的社会教育功能，积极推进博物馆进校园、进社区和建设数字博物馆，不断拓展服务领域、方式和手段，提供更加人性化的服务设施和服务项目，努力强化文化的感染力和辐射力。

3. 改革创新，增加博物馆、纪念馆活力

各有关博物馆、纪念馆要以免费开放为契机，认真研究和把握博物馆运行规律，按照国家关于文化事业体制改革的要求和部署，加强体制和机制创新。以深化人事制度改革为突破口，优化内部组织结构，整合内部资源，转变运营方式，完善激励机制，提高运行效率。要采取有效措施、创造有利条件，最大限度地动员社会各方面力量支持参与博物馆志愿者队伍的壮大，使之成为支持免费开放工作及博物馆发展的坚定可信赖的社会力量。

4. 加强管理，切实做好博物馆、纪念馆免费开放的协调、指导工作

要在各级党委、政府的领导下，各级宣传、财政、文化、文物部门要指导、督促各地做好免费开放工作，并对各单位实施情况进行督促检查和考评，对开放中出现的问题和困难及时沟通、协调。各级文物行政部门要发挥行业管理作用，加快完善博物馆、纪念馆管理法律法规和行业标准，建立政府主导、法律规范、社会参与的博物馆管理体系，建立以展示教育、开放服务为核心的评价体系和政府、社会、公众代表相结合的监督体系，开展评估定级和分类指导。①

二、《关于全国博物馆、纪念馆免费开放的通知》引发的思考

（一）重视并充分运用博物馆资源对学前儿童进行启蒙教育

博物馆是征集、保藏、陈列和研究代表自然和人类的实物，并为公众提供知识、教育和欣赏的文化教育机构。我国将博物馆分为历史类（如秦始皇兵马俑博物馆）、艺术类（如故宫博物院）、科技类（如上海科技馆）、综合类（如甘肃省博物馆）这四种类型。幼儿园应认识到博物馆在儿童成长发展中的重要作用，并运用博物馆的独特资源对儿童进行相应的教育。例如，在进行“中国航海日”（7月11日）的主题教育时，上海市的教师就可组织幼儿去浦东新区参观“中国航海博物馆”（图3–1），带领幼儿先看看航海历史馆、船舶馆、海员馆、渔船与捕鱼专题展区，后看看航海与港

---

① http://www.gov.cn，2014-09-01。

口馆、海事与海上安全馆、军事航海馆、航海体育与休闲专题展区，再看看天象馆、4D影院和儿童活动中心，以此来增加儿童的海洋知识，培养他们的航海文化意识和“郑和精神”。再如，在进行爱家乡、爱祖国的教育时，河南省安阳市的教师就可组织幼儿参观“中国文字博物馆”（图3–2），通过观看众多的出土文物的陈列展览，帮助幼儿了解家乡厚重的历史文化，激发幼儿热爱祖国优秀文化遗产的热情；通过在文物保护体验室学习石刻文物拓印及木版年画制作印刷、零距离地接触文物，激发幼儿对地方文化的兴趣，丰富幼儿文物保护的知识。

（二）重视并充分运用纪念馆资源对学前儿童进行启蒙教育

纪念馆是为纪念有卓越贡献的人物或重大历史事件而建立的纪念地，用声、光、电、图、实物等多方面表现事件的精神。例如，在上海市虹口区有个鲁迅纪念馆，这是新中国成立后第一个人物纪念馆，馆内有鲁迅生平陈列、馆藏珍品。教师带领幼儿参观该馆，不仅能够帮助幼儿了解伟大的无产阶级文学家、思想家、革命家鲁迅先生，而且还能培养幼儿的文化意识和博爱精神。再如，在上海市闵行区有个张充仁纪念馆，馆内设“艺坛起步”“东方英才”“画室生涯”“雕塑春秋”“晚霞绚烂”和“德艺留馨”6个展室，以大量图片、报刊、信件、实物、绘画、雕塑代表作品，反映了张充仁先生的艺术人生和卓越的创作成就。教师带领幼儿参观该馆，不仅有助于培养幼儿的雕塑兴趣、绘画技巧、审美能力，而且还有助于培养幼儿的爱国爱乡、自强不息、永攀艺术高峰的精神。

图3-1　中国航海博物馆

图3-2　中国文字博物馆

第七节 《关于推进全国美术馆、公共图书馆、文化馆（站）免费开放工作的意见》及其思考

一、《关于推进全国美术馆、公共图书馆、文化馆（站）免费开放工作的意见》的主要内容

2011年1月26日，文化部和财政部联合颁发了《关于推进全国美术馆、公共图书馆、文化馆（站）免费开放工作的意见》，其主要内容如下。

（一）美术馆、公共图书馆、文化馆（站）免费开放的重要意义

美术馆、公共图书馆、文化馆（站）是政府举办的公益性文化事业单位，是开展公共文化服务的重要场所，是保障人民群众基本文化权益的重要阵地。推动美术馆、公共图书馆、文化馆（站）免费开放，是党的十七大关于社会主义文化大发展大繁荣的具体实践，是加强社会主义核心价值体系建设和公民思想道德建设的有效手段，是进一步提高政府为全社会提供公共文化服务水平的重要举措，是实现和保障人民群众基本文化权益的积极行动。对于提高广大人民群众的思想道德和科学文化素质，保障广大人民群众的基本权益，促进社会和谐稳定具有重要意义。

（二）美术馆、公共图书馆、文化馆（站）免费开放的工作原则

1. 全面推开，逐步完善

贯彻落实中央关于公共文化机构免费开放的要求，全面推动美术馆、公共图书馆、文化馆（站）免费开放。在推进免费开放的过程中，建立与其职能任务相适应的基本文化服务内容和方式，加强管理，深化改革，提升服务能力。

2. 坚持公益，保障基本

免费开放作为政府的重要文化民生项目，免费提供的是与美术馆、公共图书馆、文化馆（站）职能相适应的基本公共文化服务，应由政府予以保障落实。同时，对于基本公共文化服务以外的文化服务项目，要坚持公益性，降低收费标准，不得以盈利为目的。

3. 科学设计，注重实效

紧紧结合美术馆、图书馆、文化馆（站）基本职能，研究确定基本服务项目和内容；以免费开放为契机，加强规范化建设，实现美术馆、公共图书馆、文化馆（站）规章制度健全，职责任务清晰，服务内容明确，公共文化设施的利用率明显提高，免费开放落到实处，切实保障人民群众的基本文化权益。

4. 扩大宣传，树立形象

免费开放的根本目的是让广大人民群众就近方便地参与文化活动，保护群众的基本文化权益。要加强免费开放的宣传工作，通过形式多样的宣传，让更多的群众了解美术馆、公共图书馆、文化馆（站）的功能和作用，吸引广大群众走进文化设施，享受政府提供的公共文化服务，同时树立美术馆、公共图书馆、文化馆（站）的良好社会形象。

（三）美术馆、公共图书馆、文化馆（站）免费开放的基本内容

1. 美术馆免费开放的基本内容

美术馆基本展览实行免费参观。对于少数特殊展览，可根据实际情况实行低票价。

2. 公共图书馆、文化馆（站）免费开放的基本内容

公共图书馆、文化馆（站）免费开放包括两个方面：一是指公共空间设施场地的免费开放；二是指与其职能相适应的基本公共文化服务项目健全并免费向群众提供。基本公共文化服务项目将随着社会的不断发展、政府财力的增长和人民群众精神文化需求的不断增长而发展变化。

（1）公共图书馆免费开放主要包括：一般阅览室，少年儿童阅览室，多媒体阅览室（电子阅览室），报告厅（培训室、综合活动室），自修室等公共空间设施场地免费开放；文献资源借阅、检索与咨询、公益性讲座和展览、基层辅导、流动服务等基本文化服务项目健全并免费提供；为保障基本

职能实现的一些辅助性服务（如办证、验证及存包等）全部免费。

（2）文化馆免费开放主要包括：多功能厅，展览厅（陈列厅），宣传廊，辅导培训教室，计算机与网络教室，舞蹈（综合）排练室，独立学习室（音乐、书法、美术、曲艺等），娱乐活动室等公共空间设施场地的免费开放；普及性的文化艺术辅导培训、时政法制科普教育、公益性群众文化活动、公益性展览展示、培训基层队伍和业余文艺骨干、指导群众文艺作品创作等基本文化服务项目健全并免费提供；为保障基本职能实现的一些辅助性服务（如办证、存包等）全部免费。

（3）文化馆（站）免费开放主要包括：多功能厅、展览厅（陈列厅）、辅导培训教室、计算机与网络教室等公共空间设施场地的免费开放；书报刊借阅、时政法制科普教育、群众文艺演出活动、数字文化信息服务、公共文化资源配送和流动服务、体育健身、青少年校外活动等服务项目健全并免费提供；为保障基本职能实现的一些辅助性服务（如办证、存包等）全部免费。

（四）推进美术馆、公共图书馆、文化馆（站）免费开放的具体举措

1. 取消原有部分收费项目

取消美术馆门票收费，取消公共图书馆办证费、验证费、自修室使用费、电子阅览室上网费，取消公共图书馆、文化馆（站）存包费，限期取消文化馆（站）群众文化艺术辅导和培训费、业余文艺骨干培训费、公益性讲座及展览收费。

2. 完善免费开放公示制度

美术馆、公共图书馆、文化馆（站）要公示免费开放内容，在窗口接待、场所引导、资料提供以及内容讲解等方面创造良好的服务环境，增强吸引力。

3. 制订应急预案

美术馆、公共图书馆、文化馆（站）要切实做好免费开放的前期准备，充分考虑免费开放后可能遇到的各种情况和问题，制定切实可行、严谨细致的免费开放工作方案。要制定突发事件的应急预案，完善应急处置机制，确保免费开放后的公众安全、资源安全、设施设备安全。

4. 加强免费开放的宣传

要开展形式多样的宣传活动，扩大免费开放的公众知晓率，吸引广大

群众走进文化设施，最大限度地发挥美术馆、公共图书馆、文化馆（站）的功能与作用。

（五）美术馆、公共图书馆、文化馆免费开放的保障机制

1. 加强管理，拓展服务领域

要根据群众的需求，结合公共文化事业特点和本地本单位实际，整合业务流程，合理调配资源，改善服务效能。不断拓展服务领域、方式和手段，提供更加人性化的服务设施和服务项目，努力强化文化的感染力和辐射力，最大限度地缓解因免费开放带来的供需矛盾。要尊重和贴近服务对象的文化需求，在实现均等普惠的公共服务基础上，逐步增设多样化服务，重点增加对未成年人、老年人、农民工等特殊人群的对象化服务。

2. 加强监管，建立评估体系

在各级党委、政府的领导下，各级文化、财政部门要指导、督促各地做好免费开放工作，并对各单位实施情况进行督促检查和考评，对开放中出现的问题和困难及时沟通、协调，切实帮助解决免费开放中遇到的困难和问题。各级文化行政部门要发挥行业管理作用，加快完善美术馆、公共图书馆、文化馆（站）业务规范化建设，开展评估定级，加强分类指导，不断提高管理水平和服务能力。要加强宣传，扩大免费开放的社会影响，让更多群众了解美术馆、公共图书馆、文化馆（站）的功能作用，吸引广大群众走进文化设施，共享改革开放带来的文化发展成果。①

二、《关于推进全国美术馆、公共图书馆、文化馆（站）免费开放工作的意见》引发的思考

（一）要重视并充分运用美术馆的资源，提高学前儿童的审美能力

美术馆是专门负责收集、保存、展览和研究美术作品的机构，馆内最常见的展品是视觉艺术作品，摄影、雕塑、插画、装置艺术、工艺美术等也

① http://jkw.mof.gov.cn，2014-09-10。

会经常参与展出，它们都是提高公众文化艺术修养、协助艺术教育、为艺术家创作活动提供交流与借鉴的机会和资料信息的有效手段。例如，中华艺术宫（原名上海美术馆），坐落于上海市浦东新区，当地的幼教工作者一方面要意识到美术馆的独特性，定期组织儿童走进艺术殿堂，与大师作品面对面，感受艺术文化，接受艺术熏陶；另一方面，还要鼓励家长在节假日，多带孩子去参观、去欣赏，以丰富孩子的审美世界，提高孩子的审美情趣。

（二）要重视充分运用公共图书馆的资源，提高学前儿童的阅读能力

公共图书馆主要是指由国家和群众举办、为广大人民群众服务、按行政区划设置并受政府各级文化部门领导的图书馆，包括国家图书馆，省、直辖市、自治区图书馆，地区、市、州、盟等行政区图书馆，县（区）图书馆，乡镇图书馆、街道图书馆，儿童图书馆等。例如，在贵州省图书馆，这幢16层大楼的第1层，就是少年儿童借阅室和少儿借阅部，非常方便小读者来借阅图书；在少年儿童借阅室里面，有的孩子和家长一起阅读，有的孩子和同伴一起阅读，有的孩子独自一人阅读（图3–3）。再如，上海市普陀区图书馆，这个公共图书馆共有16层，其中第7层是少儿多媒体阅览区和玩具图

图3–3　儿童阅读区

图3-4　玩具图书馆

书馆（图3-4），儿童很容易从1层大厅门口乘坐电梯到达这里，可以在图书区看图书，也可以在玩具区玩玩具。为了提高图书馆的吸引力和利用率，该馆的玩具图书馆还招聘了华东师范大学前教育专业的研究生来做志愿者，利用双休日的时间，给在馆的儿童讲故事，和馆里的儿童一起做游戏。因此，幼儿园一定要认识到公共图书馆的重要性，并组织儿童去参观、去学习，以激发儿童的阅读兴趣，为儿童树立热爱阅读的榜样；还要引导家长热爱读书，鼓励家长利用双休日，带着孩子去借书、去还书，以培养孩子良好的阅读习惯，和孩子共同成长。

（三）要重视并充分运用文化馆（站）的资源，增强儿童的文化能力

文化馆（站）是县、市一级的群众文化事业单位，可以开展群众文化活动，并给群众的文娱活动提供场所。幼儿园应重视文化馆（站）在地方文化建设上作出的巨大贡献，充分运用文化馆（站）的文化资源和文化服务，带领儿童去观看文化展览，去参与文化活动，以培养幼儿的文化意识和归属感。

第八节 《国家级烈士纪念设施保护单位服务管理指引》及其思考

一、《国家级烈士纪念设施保护单位服务管理指引》的主要内容

为了进一步加强国家级烈士纪念设施保护单位服务管理工作，规范服务内容，提高管理水平，2014年7月民政部颁发了《国家级烈士纪念设施保护单位服务管理指引》，其主要内容如下。

（一）纪念设施

（1）将烈士纪念设施建设和保护纳入当地国民经济和社会发展规划，提高建设水平，提升服务品质；争取将烈士纪念设施纳入红色旅游经典景区（线路）、爱国主义教育基地，创建A级旅游景区，拓展教育功能，扩大社会影响力。

（2）科学制定烈士纪念设施建设和维修改造规划，建立健全烈士纪念设施管理制度，加强日常管理和修缮，做到设施齐全、功能完备。

（3）协助有关部门划定烈士纪念设施保护范围，设置保护标志，及时制止破坏、污损烈士纪念设施，以及在烈士纪念设施保护范围内进行其他工程建设的行为。

（4）合理设置烈士纪念设施功能区域，对外公布开放时间，标明引导提示标志，完善配套服务用房和设施，为社会公众创造人性化的瞻仰和悼念环境。

（5）烈士纪念馆（堂）要布局合理、主题鲜明、史料翔实，形式和内容统一，运用现代信息技术手段，不断完善和提高布展水平。

（6）烈士纪念碑亭、塔祠、塑像、英名墙等设施要外观完整、清洁；

镌刻的题词、碑文、烈士名录清晰，用字规范，无褪色、脱落。

（7）烈士骨灰堂要保持洁净，烈士骨灰保管完好，摆放整齐有序，烈士基本信息记录完整。

（8）烈士墓区要规划科学、布局合理。烈士墓形制统一、用材优良。墓碑碑文字迹工整，碑文内容应镌刻烈士姓名、性别、民族、籍贯、出生年月、牺牲时间、单位、职务、简要事迹等基本信息。

（二）烈士安葬和祭扫服务

（1）建立健全烈士安葬、凭吊瞻仰、祭扫等制度规定，明确相关礼仪规范标准。

（2）协助当地人民政府和烈士遗属做好烈士安葬工作，确保烈士安葬活动庄严、肃穆、文明、节俭。

（3）积极配合机关、团体、企事业单位和部队开展经常性的烈士纪念和主题教育实践活动，精心组织烈属和社会公众日常祭扫和瞻仰活动，提供必要的祭扫用品，做好引导、讲解等服务工作。

（4）做好烈属的接待工作，按规定申请和落实异地祭扫烈属的食宿等费用。

（5）对年老体弱、身体残疾、少年儿童等特殊群体，要提供人性化服务，方便其进行参观、凭吊、祭扫等活动。有外事接待任务的单位，要配备涉外讲解员。

（6）动员和引导社会力量支持烈士纪念活动，研究制定社会捐赠、志愿服务、义务劳动等方面的制度规定。

（三）专项纪念活动

（1）每年清明节、国庆节等节日和重要纪念日，要积极配合当地人民政府和有关部门承办专项烈士纪念活动。

（2）专项纪念活动开展前，要根据保护单位实际情况，协助县级以上人民政府民政部门提出开展纪念活动的建议方案，健全完善纪念活动计划及应急预案，准备必要的宣传资料和纪念用品。

（3）专项纪念活动实施过程中，按照纪念活动实施方案，组织参加纪念活动人员参观烈士纪念陈列馆（室），瞻仰烈士纪念碑、烈士墓等，做好引导、讲解等服务；积极配合有关部门做好治安维护、交通管理、礼兵仪仗、医疗保障等工作。

（4）专项纪念活动结束时，与新闻媒体共同做好宣传报道工作，对专项纪念活动进行总结，进一步健全完善开展专项纪念活动的相关制度规定。

（四）教育宣传

（1）加强文献史料、烈士英雄事迹的搜集整理和研究编纂，深入挖掘不同历史时期烈士精神的实质内涵，增强教育宣传的针对性和时效性。

（2）注重做好烈士遗物、实物史料的收集、鉴定工作，设立专柜陈列展示馆藏文物和烈士遗物，充分发挥教育功能。对可移动文物要设立专门文物库房，分级建档，妥善保管，做到无丢失、无虫害、无霉变、无锈蚀。

（3）抓住节假日、重要纪念日等参观、祭扫人员集中的有利时机，开展形式多样的主题教育活动，采取专题展览、烈士英雄事迹宣讲、红色经典影视展播等多种形式，广泛宣扬烈士精神和优良传统。

（4）积极开展共建活动，有计划地组织流动小分队，深入机关、企事业单位、社区、农村、学校、驻军等开展巡回展览和宣讲活动，宣传烈士英雄事迹。

（5）加大网络教育宣传力度，定期更新丰富“中华英烈网”展示内容，有条件的可建立专门门户网站，为社会公众提供网上祭扫和学习交流平台。

（6）有条件的可在适当区域，设置以弘扬烈士精神为主题的展板、海报等，配备必要的休闲设施，为群众提供独具特色的红色文化活动场所，将弘扬烈士精神融入群众性文化活动中。

（五）园容园貌

（1）园区规划应布局完整、合理、协调，建筑设施外观整洁，道路平坦干净，保护范围和建设控制地带内无违章建筑。

（2）注重绿化、美化环境，实现园林化。园内花木与纪念设施相协调，四季常青，按照有关规定做好园内珍贵花木的保护工作。

（3）有专人负责公用设施、公共场所的维修保养和清扫保洁工作，确保园区环境干净整洁，供水、供电、卫生等服务设施处于良好状态。

（4）创新园区管理方式，努力实现从封闭、围墙式的管理向开放、人性化的管理方式转变。

（六）绩效评估与奖惩

（1）建立健全服务管理绩效评估工作制度，明确绩效责任、工作目标及保障措施，定期组织绩效评估并及时通报相关情况。

（2）注重改进服务管理质量，通过设立意见箱、留言簿、回访烈属和社会公众、走访开展纪念活动的单位等形式，取得服务质量、内容、方式、需求等多角度的信息反馈。

（3）在园区醒目位置明示服务承诺，自觉接受监督，及时处理服务对象和社会公众的投诉、意见和建议，制定改进方案。

（4）建立健全工作人员奖惩制度，对在烈士褒扬工作中做出显著成绩的个人，按照有关规定给予表彰、奖励；对玩忽职守、徇私舞弊，造成烈士纪念设施、烈士史料或者遗物遭受损失的，依法给予处分；构成犯罪的，依法追究刑事责任。[①]

二、《国家级烈士纪念设施保护单位服务管理指引》引发的思考

（一）请进来，利用节日开展纪念活动

幼儿园可通过国庆节等节日，邀请家长、烈士遗属、烈士纪念设施保护单位工作人员来园，一起开展纪念活动，请他们用图文并茂的形式，给幼儿讲讲烈士的英雄事迹，以培养幼儿对烈士的崇敬之情。

（二）走出去，利用清明节开展祭扫活动

幼儿园可通过清明节等节日，和家长一起，带领幼儿外出参观烈士纪

① http://www.mca.gov.cn，2014-09-18。

念馆（堂）、陈列馆（室），瞻仰烈士纪念碑亭、墓地、塔祠、塑像、英名墙等，让幼儿身临其境，深切感受到烈士的精神和美德。

第九节 《第一批国家级抗战纪念设施、遗址名录》及其思考

一、《第一批国家级抗战纪念设施、遗址名录》的主要内容

2014年8月24日颁布了《国务院关于公布第一批国家级抗战纪念设施、遗址名录的通知》，号召各地区、各有关部门要加强抗战纪念设施、遗址的保护管理，深入挖掘抗战纪念设施、遗址的历史内涵和现实意义，广泛组织开展群众性拜谒、参观和纪念活动，教育引导广大群众特别是青少年充分认清日本法西斯侵略者犯下的罪行，牢记中华民族抵御侵略、奋勇抗争的历史以及中国人民在世界反法西斯战争中作出的巨大牺牲和不可磨灭的历史贡献，学习宣传抗日英烈的英雄事迹，大力培育和弘扬伟大的爱国主义精神，进一步增强民族凝聚力、向心力，为实现中华民族伟大复兴的中国梦提供强大精神动力。

第一批80处国家级抗战纪念设施、遗址名录如下（按行政区划序列排序）。

（一）北京市

1. 中国人民抗日战争纪念馆：位于北京市丰台区宛平城内。

2. 宛平城、卢沟桥：位于北京市丰台区。

3. 平北抗日烈士纪念园：位于北京市延庆县张山营镇韩郝庄村。

（二）天津市

4. 在日殉难烈士·劳工纪念馆：位于天津市北辰区铁东北路。

5. 盘山烈士陵园：位于天津市蓟县官庄镇北盘山南麓。

（三）河北省

6. 华北军区烈士陵园：位于河北省石家庄市桥西区中山西路343号。

7. 苏蒙联军烈士陵园：位于河北省张家口市张北县油篓沟乡狼窝沟村。

8. 潘家峪惨案纪念馆：位于河北省唐山市丰润区火石营镇潘家峪村。

9. 清苑冉庄地道战遗址：位于河北省保定市清苑县冉庄镇冉庄村。

10. 狼牙山五勇士跳崖处：位于河北省保定市易县小莲花峰。

11. 晋冀鲁豫烈士陵园：位于河北省邯郸市邯山区陵园路60号。

（四）山西省

12. 平型关大捷遗址：位于山西省大同市灵丘县白崖台乡。

13. 百团大战纪念馆（碑）：位于山西省阳泉市狮脑山。

14. 八路军总部王家峪旧址和纪念馆：位于山西省长治市武乡县韩北乡王家峪村。

15. 忻口战役遗址：位于山西省忻州市忻府区高城乡忻口村。

16. 左权将军殉难处：位于山西省晋中市左权县麻田镇北艾铺村十字岭。

（五）内蒙古自治区

17. 大青山抗日游击根据地旧址：位于内蒙古自治区呼和浩特市武川县得胜沟乡蘑菇窑村。

18. 世界反法西斯战争海拉尔纪念园：位于内蒙古自治区呼伦贝尔市海拉尔区北山。

19. 诺门罕战役遗址陈列馆：位于内蒙古自治区呼伦贝尔市新巴尔虎左旗阿木古郎镇。

（六）辽宁省

20.“九·一八”历史博物馆：位于辽宁省沈阳市大东区望花南街46号。

21. 中国（沈阳）审判日本战犯法庭旧址陈列馆：位于辽宁省沈阳市皇姑区黑龙江街77号。

22. 阜新万人坑死难矿工纪念馆：位于辽宁省阜新市太平区孙家湾街道新园街1号。

23. 抚顺战犯管理所旧址陈列馆：位于辽宁省抚顺市新抚区宁远街43号。

24. 东北抗联史实陈列馆：位于辽宁省本溪市本溪满族自治县小市镇滨河东路。

（七）吉林省

25. 伪满皇宫博物院暨东北沦陷史陈列馆：位于吉林省长春市宽城区光复北路。

26. 杨靖宇烈士陵园：位于吉林省通化市浑江东岸靖宇山。

（八）黑龙江省

27. 东北烈士纪念馆：位于黑龙江省哈尔滨市南岗区一曼街。

28. 侵华日军第七三一部队罪证陈列馆：位于黑龙江省哈尔滨市平房区新疆大街47号。

29. 孙吴日本侵华罪证陈列馆：位于黑龙江省黑河市孙吴县城东。

30. 侵华日军东宁要塞遗址：位于黑龙江省牡丹江市东宁县三岔口镇。

31.“八女投江”殉难地：位于黑龙江省牡丹江市林口县刁翎镇三家子村。

（九）上海市

32. 上海监狱陈列馆：位于上海市虹口区长阳路147号。

33. 上海淞沪抗战纪念馆：位于上海市宝山区友谊路1号临江公园。

（十）江苏省

34. 侵华日军南京大屠杀遇难同胞纪念馆：位于江苏省南京市建邺区水

西门大街418号。

35. 南京抗日航空烈士纪念馆：位于江苏省南京市玄武区钟山北麓。

36. 中国战区侵华日军投降签字仪式旧址：位于江苏省南京市南京军区大院内。

37. 拉贝故居：位于江苏省南京市鼓楼区广州路小粉桥1号。

38. 抗日山烈士陵园：位于江苏省连云港市赣榆县班庄镇。

39. 刘老庄八十二烈士陵园：位于江苏省淮安市淮阴区刘老庄乡刘老庄村。

40. 新四军纪念馆：位于江苏省盐城市亭湖区建军东路。

（十一）浙江省

41. 大韩民国临时政府杭州旧址纪念馆：位于浙江省杭州市上城区长生路53—55号。

42. 侵华日军细菌战衢州展览馆：位于浙江省衢州市柯城区罗汉井5号。

43. 台湾义勇队纪念馆暨台湾义勇队成立旧址：位于浙江省金华市婺城区酒坊巷84号。

（十二）安徽省

44. 大通万人坑教育馆：位于安徽省淮南市大通区大通街道矿南社区。

45. 新四军军部旧址纪念馆：位于安徽省宣城市泾县云岭镇。

（十三）江西省

46. 庐山抗战纪念馆：位于江西省九江市庐山区牯岭镇河西路506号。

47. 抗日阵亡将士陵园：位于江西省宜春市上高县镜山。

（十四）山东省

48. 胶东革命烈士陵园：位于山东省烟台市栖霞市桃村镇英灵山。

49. 地雷战纪念馆：位于山东省烟台市海阳市文山街11号。

50. 马石山烈士陵园：位于山东省威海市乳山市诸往镇上石硼村。

51. 华东革命烈士陵园：位于山东省临沂市兰山区陵园前街4号。

52. 费县烈士陵园：位于山东省临沂市费县薛庄镇。

53. 台儿庄大战纪念馆：位于山东省枣庄市台儿庄城西南郊。

54. 铁道游击队纪念园：位于山东省枣庄市薛城区临山路。

55. 滕州市烈士陵园：位于山东省枣庄市滕州市大坞镇仁山。

（十五）河南省

56. 彭雪枫纪念馆：位于河南省南阳市镇平县建设东路378号。

57. 吉鸿昌将军纪念馆：位于河南省周口市扶沟县鸿昌大道。

（十六）湖北省

58. 武汉市中山舰博物馆：位于湖北省武汉市江夏区金口街。

59. 张自忠将军纪念馆：位于湖北省襄阳市宜城市襄沙大道55号。

（十七）湖南省

60. 常德会战阵亡将士纪念公墓：位于湖南省常德市武陵区青年路。

61. 厂窖惨案遇难同胞纪念碑和纪念馆：位于湖南省益阳市南县厂窖镇。

62. 衡阳抗战纪念城：位于湖南省衡阳市雁峰区岳屏公园。

63. 南岳忠烈祠：位于湖南省衡阳市南岳区衡山香炉峰。

64. 中国人民抗日战争胜利芷江受降旧址和纪念馆：位于湖南省怀化市芷江侗族自治县芷江镇七里桥村。

65. 飞虎队纪念馆：位于湖南省怀化市芷江侗族自治县芷江机场东。

（十八）广东省

66. 十九路军淞沪抗日阵亡将士陵园：位于广东省广州市天河区水荫路113号。

67. 东江纵队纪念馆：位于广东省惠州市博罗县罗浮山景区。

（十九）广西壮族自治区

68. 昆仑关战役旧址：位于广西壮族自治区南宁市兴宁区昆仑镇。

（二十）海南省

69. 琼崖红军云龙改编旧址：位于海南省海口市琼山区云龙镇云龙墟。

（二十一）重庆市

70. 八路军重庆办事处旧址：位于重庆市渝中区。

71. 重庆大轰炸惨案遗址：位于重庆市渝中区磁器街。

72. 库里申科烈士墓园：位于重庆市万州区西山公园。

（二十二）四川省

73. 赵一曼纪念馆：位于四川省宜宾市翠屏区翠屏山。

（二十三）贵州省

74. 二十四道拐抗战公路：位于贵州省黔西南布依族苗族自治州晴隆县晴隆山。

（二十四）云南省

75. 腾冲国殇墓园、腾冲滇西抗战纪念馆：位于云南省保山市腾冲县。

76. 龙陵抗日战争纪念馆：位于云南省保山市龙陵县龙山路。

（二十五）陕西省

77. 西安事变纪念馆：位于陕西省西安市碑林区建国路69号。

78. 延安革命纪念馆：位于陕西省延安市宝塔区桥沟镇王家坪村。

79. 瓦窑堡革命旧址：位于陕西省延安市子长县。

80. 洛川会议纪念馆：位于陕西省延安市洛川县永乡冯家村。①

① http://www.mca.gov.cn，2014-09-19。

二、《第一批国家级抗战纪念设施、遗址名录》引发的思考

（一）高度重视国家级抗战纪念设施、遗址的教育功能

这些国家级抗战纪念设施、遗址，都具有强大的教育功能，幼儿园应从当地的实际情况出发，因地制宜，通过生动活泼的形式加以运用，充分发挥其在儿童成长发展中的作用，以便在幼小的心田中早日播下热爱和平、反对战争的种子。

（二）充分运用当地的国家级抗战纪念设施、遗址

幼儿园可以结合特定的节日和纪念日，组织幼儿参观当地的国家级抗战纪念设施、遗址。例如，上海市虹口区的幼儿园，可以组织幼儿就近参观“上海监狱陈列馆”；上海市宝山区的幼儿园，可以带领幼儿就近参观“上海淞沪抗战纪念馆”。幼儿园还可以结合电影、电视剧，指导家长带孩子参观当地的国家级抗战纪念设施、遗址。例如，山东省烟台市的幼儿园，可指导家长在参观“地雷战纪念馆”之前，和孩子一起看看电影《地雷战》；山东省枣庄市的幼儿园，可指导家长在参观“铁道游击队纪念园”之前，和孩子一起看看电视连续剧《铁道游击队》，以丰富孩子的感性知识，激发孩子的瞻仰兴趣，培养孩子的爱国情怀。

|第十节| 《关于做好烈士纪念日纪念活动的通知》及其思考

一、《关于做好烈士纪念日纪念活动的通知》的主要内容

2014年8月31日，第十二届全国人民代表大会常务委员会第十次会议将9月30日设立为烈士纪念日。中央要求，各地区各部门要做好烈士纪念日纪念活动。2014年9月25日中共教育部党组要求各级各类学校组织开展好烈士纪念日纪念活动。

（一）组织参加公祭烈士活动

烈士纪念日当天，各地教育部门和学校要组织广大青少年学生积极参加当地组织的公祭烈士活动，组织学生瞻仰烈士陵园和烈士墓，向烈士墓敬献鲜花，深切缅怀烈士的不朽功绩，永远铭记烈士的英名和壮举，增强历史责任感和使命感。

（二）组织开展寻访烈士足迹活动

通过了解烈士生平事迹、看望烈士遗属、拜访老战士、读烈士传记等活动，引导青少年学生了解中国近现代史特别是中国革命史和中国共产党历史，感受革命先烈的丰功伟绩，懂得是无数革命先烈的前赴后继、奋勇献身，才有我们国家今天的繁荣富强、文明进步和人民的幸福生活。

（三）营造学习烈士精神的浓厚氛围

要在烈士纪念日前后，掀起集中开展学习弘扬烈士精神主题教育活动的热潮。结合中小学思想品德、高校思想政治理论课及语文、历史等课程教学，宣传烈士事迹。利用升国旗、主题党日、班团队会、文艺活动等形式，

讲述烈士故事。通过专题报告会、网上祭英烈、专题展览、阅读活动、征文比赛、微电影创作等多种形式，大力开展学习烈士精神主题活动。充分利用板报、橱窗、走廊、校史陈列室、广播电视网络等设施，广泛宣传烈士精神。

（四）认真组织，突出实效

各地各校要加强对烈士纪念日纪念活动的组织领导，认真研究制定具体实施方案，统筹各方力量，细化明确分工安排，精心抓好各项纪念活动的落实，确保纪念活动庄严、肃穆、隆重，增强纪念活动的感染力，触动学生心灵，提高活动效果。①

二、《关于开展烈士纪念日纪念活动的通知》引发的思考

（一）要充分认识开展烈士纪念日纪念活动的意义

为民族独立、人民解放和国家富强、人民幸福英勇牺牲的烈士，是中华民族的骄傲。幼儿是祖国的未来，民族的希望，是社会主义建设者和接班人。深入开展烈士纪念日纪念活动，缅怀烈士功绩，弘扬烈士精神，对幼儿进行爱国主义、集体主义和社会主义教育，培育和践行社会主义核心价值观，为实现中国梦而不断奋斗，具有重要现实意义和深远历史意义。

（二）要精心组织、周密安排纪念日的各项纪念活动

1. 向烈士墓敬献鲜花

幼儿园可在烈士纪念日当天，组织师生向烈士墓敬献鲜花，永远铭记烈士的英名和壮举，进一步增强历史责任感和使命感。

2. 开展网上纪念活动

幼儿园可在烈士纪念日前后，利用现代信息技术手段，开辟校园网缅怀纪念烈士栏目，观看学习烈士英雄事迹，进一步激发幼儿的爱国热情，凝

① http://www.moe.gov.cn，2014-09-29。

聚奋进力量。

3. 组织参观瞻仰活动

幼儿园要因地制宜，充分利用烈士纪念设施、爱国主义教育基地、国防教育基地等红色资源，组织师生开展形式多样的参观瞻仰、祭奠烈士等活动。

4. 学习烈士英雄事迹

幼儿园要利用一日活动、主题教育、节日教育等多种形式，对幼儿进行良好的品德教育，既可以邀请老红军、老八路和烈士后人来园，给幼儿讲述烈士英雄事迹，以激发幼儿爱英烈的情感；也可以走出去，拜访老红军、老八路和烈士后人，听他们讲解烈士英雄故事，以培养幼儿学英烈的行为。

关键词回顾

幼儿园与家庭、社区合作共育的法规政策

1. 家庭教育指导大纲
2. 家长学校工作
3. 家长委员会
4. 中国儿童发展纲要
5. 家庭教育五年规划

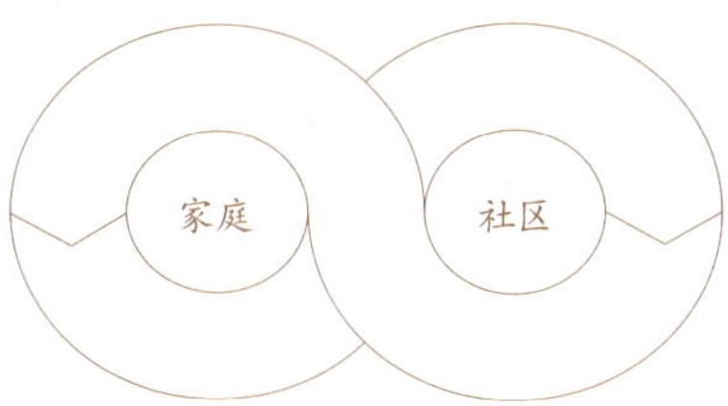

1. 博物馆、纪念馆免费开放
2. 美术馆、公共图书馆、文化馆（站）免费开放
3. 烈士纪念设施
4. 抗战纪念设施、遗址
5. 烈士纪念日纪念活动

复习思考

① 你是如何看待《全国家庭教育指导大纲》的？

② 你是如何看待《关于进一步加强家长学校工作的指导意见》的？

③ 你是如何看待《教育部关于建立中小学幼儿园家长委员会的指导意见》的？

④ 你是如何看待《中国儿童发展纲要（2011—2020年）》的？

⑤ 你是如何看待《关于指导推进家庭教育的五年规划（2011—2015年）》的？

⑥ 你认为博物馆对学前儿童的发展有哪些重要的教育作用？

⑦ 你认为纪念馆对学前儿童的发展有哪些独特的教育作用？

⑧ 你认为美术馆对学前儿童的发展有哪些独特的教育价值？

⑨ 你认为公共图书馆对学前儿童的发展有哪些独特的教育价值?

⑩ 你认为文化馆(站)对学前儿童的发展有哪些独特的教育价值?

⑪ 你认为烈士纪念设施对学前儿童的发展有哪些重要的影响?

⑫ 你认为抗战纪念设施、遗址对学前儿童的发展有什么影响?

⑬ 你是如何看待《关于做好烈士纪念日纪念活动的通知》的?

拓展阅读推荐书目

① 中国学前教育研究会编,《中华人民共和国幼儿教育重要文献汇编》,北京师范大学出版社,1999年。

② 祁型雨著,《利益表达与整合:教育政策的决策模式研究》,人民出版社,2006年。

③ 王晓辉著,《比较教育政策》,江苏教育出版社,2009年。

④ 邓旭著,《教育政策执行研究》,教育科学出版社,2010年。

⑤ 褚宏启主编,《教育政策学》,北京师范大学出版社,2011年。

⑥ 李生兰等著,《学前教育法规政策的理解与运用》,南京师范大学出版社,2012年。

网上浏览

① http://www.moe.gov.cn

② http://www.gov.cn

③ http://www.mca.gov.cn

第四章

幼儿园与家庭、社区合作共育的理论流派

家庭系统理论
符号互动理论
生物生态学理论
需求层次理论
后现代课程理论

在这幅图片中:

你看到了什么？你想到了什么？

学习目标

① 了解生物生态学理论、需求层次理论的基本观点。

② 掌握家庭系统理论、符号互动理论的主要观点。

③ 学会运用后现代课程理论分析家园社区合作共育活动。

学习重点与难点

○ 学习重点／掌握家庭系统理论及其启示。

○ 学习难点／掌握后现代课程理论及其启示。

学习建议

① 结合过去所学习的普通心理学、教育心理学、儿童心理学的知识，思考需求层次理论对家园社区合作共育的启示。

② 结合过去所学习的课程论、教学论、学前教育学的知识，思考后现代课程理论对家园社区合作共育的启示。

第一节 家庭系统理论及其启示

一、家庭系统理论的主要内容

家庭系统理论主要由阿克曼、杰克逊、米努钦、博文等人提出，该理论认为，家庭是一个系统，所有成员都是这个系统中必不可少的一分子，他们相互联系、相互制约。该理论主要包括以下几个方面的内容。

1. 边界

家庭有分内的事和分外的事。有的家庭对外界事物持开放的态度，允许信息的进出，表现出弹性和创新的景象；而有的家庭则对外界事物持封闭的态度，不许信息的流动，表现出僵化和保守的迹象。

2. 角色

每个家庭成员都扮演着自己的角色，都通过一定的言语和行为来进行互动。

3. 规则

每个家庭都有自己的家风、家规；家规的表现形式是多种多样的；不同的文化下有不同的家规。

4. 层级

家庭是有辈分等第的，是有一家之主的；家庭的层次结构是会发生变化的，家庭成员的地位也会随之改变。

5. 气氛

家庭的物质环境和精神环境都会影响孩子的成长；家庭精神环境的质量主要是由儿童和家庭成员的信仰所决定的。

6. 平衡

当家庭发生变化的时候，就会影响家庭的平衡；家庭的不一致性会使家庭陷入困境；家庭的一致性虽然很难维系，但却必须做到，因为它有助于孩子建立安全感和信任感。

二、家庭系统理论给予的启示

家庭系统理论启示我们，在提升家园社区合作共育的质量时，需要注意如下几点。

1. 要认识到家庭的边界，尊重每个家庭的育儿方式

幼儿园和社区应从家庭的实际情况出发，考虑家长的心愿，尊重家长的意见，通过不同的方式与家长沟通协商。比如，教师在进行家庭访问之前，一定要了解家长的心态，尊重家长的意愿，不能强迫家长在某个时段等待教师的来访。

2. 要认识到儿童的角色，为每个儿童创设游戏的机会

幼儿园和社区应创设开展各种游戏活动的环境，促使幼儿在不同的游戏活动中扮演不同的角色，以帮助幼儿更加全面深刻地认识社会，加速社会化的进程。

3. 要认识到园规、社规和家规的不同，学会区别对待

教师应意识到幼儿园、社区和家庭是不同的，它们各自所建立的规则也是有区别的；要向家长说明班级的规则、场馆的规则，并了解家庭的规则，通过与家长的沟通和分享，来帮助幼儿建立规则意识，规范儿童的行为，以促进儿童的和谐发展。

4. 要重视家庭的层次结构，把握家庭结构变化的脉搏

教师可以通过幼儿家庭的联系人，来推断幼儿家庭的权威者，以充分发挥其在幼儿成长中的独特作用；通过幼儿的角色游戏，来理解幼儿所在家庭成员之间的辈分等第关系，以便为幼儿构建民主、平等的亲子关系。

5. 要了解家庭的教育信念，为家庭提供所必需的帮助

教师可以通过讨论会、家长沙龙、家教咨询等形式，鼓励家长畅所欲言，来了解家长的价值观、生育观、儿童观、教育观、成才观，并给家庭提供适宜的指导和及时的帮助，以促进幼儿个性的健康发展。

6. 要保持教育的一致性，为儿童提供稳定的成长环境

教师可以通过建立一日生活作息制度、班级常规，来保证幼儿在园生活的平稳性和恒定性，以减少家庭生活的变化可能给幼儿带来的消极影响。

第二节 符号互动理论及其启示

一、符号互动理论的主要内容

符号互动理论主要由美国社会学家布鲁默等人提出。该理论认为：符号在社会互动中起着桥梁作用；人与人之间的互动实际上就是符号互动；人的行为都是有意义的，且会发生变化，意义的确立依赖互动的情境和互动的双方；人们通过扮演别人的角色，站在别人的角度来解说行为的意义，并指导自己的行动；人们通过别人对自己的评价来认识自己，升级自我意象。[①]

二、符号互动理论给予的启示

符号互动理论启发我们，在提高家园社区合作共育的质量时，需要注意以下几点。

① 郑杭生.社会学概论新修[M].北京:中国人民大学出版社，2001:164-166.

1. 要充分发挥各种符号在家园社区合作共育活动中的重要作用

教师不仅可以利用文字、图画等符号与家长、社区人士主动交流，如通过图文并茂的形式，来全面布置家长学校讲座的环境，热情欢迎每一位家长、社区人士的到来；还可以利用表情、手势、姿态、声音等与家长、社区人士积极沟通，如声情并茂地向家长传递孩子在园的多种信息。

2. 要深刻分析不同伙伴在家园社区合作共育活动中的行为特征

在开放日活动中，教师既应注意观察家长、社区人士在生活活动、教学活动中的言谈举止，也应注意观察家长、社区人士在游戏活动、体育活动中的行为表现，以客观分析家长、社区人士的行为特征，全面探寻家长、社区人士的价值观、儿童观和教育观。

3. 要创造条件让各种伙伴在家园社区合作共育活动中尽情表现

教师既应为家长、社区人士提供参加园内合作活动的时机，也应为家长、社区人士提供参与园外共育活动的机会，这样，不仅能使他们全面地展现自己的聪明才智，而且还便于教师观察他们，搭建与他们持续对话的平台，实现合作共育。

4. 要以各位伙伴为中心安排丰富多彩的家园社区合作共育活动

教师应把握家长、社区人士的心态，了解他们的需要，围绕他们的兴趣，开展多种多样的共育活动。比如，小班幼儿家长非常关心孩子在园的生活情况，教师就可以“我有一双能干的手”为主题，向家长重点开放幼儿的生活活动，让家长耳闻目睹孩子自己吃早点、如厕、洗手、吃午饭、脱衣午睡的全过程。

5. 要及时了解和反思各位伙伴对家园社区合作共育活动的评价

教师应善于倾听家长、社区人士的心声，深入了解他们对教育活动的不同看法、对班级环境的各种评论，并加以反思，吸收他们的合理建议，以不断提高自己的教育能力，促进自己的专业成长。

第三节 生物生态学理论及其启示

一、生物生态学理论的主要内容

生物生态学理论主要是由美国学者布朗芬布伦纳提出的，该理论认为，儿童的发展受到生态环境的影响，这种生态环境由以下几个系统组成。

1. 微观系统

微观系统即儿童生活的场所及其周围环境（如幼儿园、家庭、社区），对儿童的发展有着极大的影响。

2. 中间系统

中间系统即处于微观系统里的两个事物之间的关系（如幼儿园与家庭的关系、幼儿园与社区的关系），对儿童的发展具有巨大的影响。

3. 外层系统

外层系统即儿童父母工作的场所、家庭的生活条件、各种视听媒体等，对儿童的发展起着潜移默化的作用。

4. 宏观系统

宏观系统即儿童所处的社会文化背景（如价值观、信仰、政治改革、经济发展），对儿童的成长会产生重要的影响。

5. 时代系统

时代系统即儿童生活的时代，对儿童的成长会产生一些影响。①

这些系统是互相联系的，共同制约着儿童成长的步伐；儿童的发展过程是其不断地扩展对生态环境的认识的过程，从家庭到幼儿园再到社会；儿

① Couchenour D, Chrisman K. Families, schools, and communities: together for young children[M]. Albany, NY: Delmar, 2000: 6-8.

童生态环境的变化对其发展具有十分重要的作用。

二、生物生态学理论给予的启示

生物生态学理论启示我们，在提高家园社区合作共育的质量时，应该注意以下几点。

1. 增加合作共育的频率

幼儿园应该多与家庭、社区保持联系，增加双向互动的次数，以优化儿童成长的外部环境，促进儿童的最佳发展。

2. 重视合作共育的活动

幼儿园在设计家园社区合作共育的活动时，要从儿童所在的家庭和社区的实际情况出发，尊重家庭的文化背景，考虑社会的关键事件。

3. 丰富合作共育的内容

幼儿园在选择家园社区合作共育的内容时，要不断扩展儿童对外部世界的认识，不仅要帮助儿童愉快地从家庭生活走向幼儿园的生活，而且还要帮助儿童顺利地步入小学的生活，以提高儿童的社会适应能力，使儿童将来能成为一个对社会有用的人。

4. 尊重合作共育的伙伴

幼儿园在邀请家园社区合作共育的帮手时，要尊重家长和社工的人格，关心家长和社工的特点，并给予相应的指导和帮助，以缔造良好的伙伴关系。

5. 扩展合作共育的场所

幼儿园在安排家园社区合作共育的场所时，既要利用幼儿园的场地，也可利用家长工作的场地、各种社会场馆，以全面发挥各种场所的独特优势，促进儿童更好地发展。

6. 巧用合作共育的媒体

幼儿园在使用家园社区合作共育的媒介时，要善于运用现代科技手段，以激发儿童的兴趣，提高活动的质量。

第四节　需求层次理论及其启示

一、需求层次理论的主要内容

需求层次理论主要是由美国心理学家马斯洛提出的，该理论认为，个体成长发展的内在力量是动机，而动机则是由不同层次和级别的需求所组成的，人的需求可以分为五个层次，从低到高，逐级递升。

1. 生理的需求

这是人们对衣、食、住、行的需求，这是最原始、最基本的需要，若得不到满足，则会有生命危险。这种需求是推动人们行动的最强大的动力。

2. 安全的需求

这是人们对人身安全、劳动安全、职业安全、家庭安全的需求，它比生理需求更高一级，当人们的生理需求得到满足以后，就会产生这种需求。每个人都希望拥有安全感。

3. 社交的需求

这是人们对情感和归属的需求，它比生理的和安全的需求更高一级，更加细微，它与一个人的性格、经历、教育、信仰等因素有关。每个人都希望得到别人的理解、关心和爱护，都渴望得到友情、亲情和爱情。

4. 尊重的需求

这是人们对自我尊重和被人尊重的需求，它比社交的需求更高一级。当人们的这种需求得到满足以后，就有助于建立自信心。每个人都应自尊，同时也希望得到别人的尊重。

5. 自我实现的需求

这是人们充分发挥自己的潜能，使自己成为自己所期望的那种人的需求，这是最高层次的需求。每个人都有自己的理想，但实现的途径却可能不同。

每个人都有多种需求，当某一层次的需求得到满足以后，就会去追求更高层次的需求；个体对不同层次的需求与满足，决定着个体发展的境界和程度；各层次的需求是相互联系、互为依赖的。

二、需求层次理论给予的启示

需求层次理论启示我们，在提升家园社区合作共育的质量时，需要注意如下几点。

1. 要了解和满足家庭的需求

不同的家庭有不同的需求，幼儿园要根据家庭的结构和经济条件、家长的职业和文化程度、孩子的年龄和发展水平等条件，开展丰富多彩的合作共育活动，满足不同类型家庭、不同层次家长、不同发展水平儿童的不同需求，引导家长和儿童向高层次需求方向发展，以增强家庭的凝聚力。

2. 要考虑和满足社区的需求

不同的社区场所有不同的需求，幼儿园要根据社区的特点、社工的特长，开展“走出去”和“请进来”的合作共育活动，满足不同场馆、不同社工、不同时期的不同需求，激励人们向高层次需求方向迈进。

| 第五节 |

后现代课程理论及其启示

一、后现代课程理论的主要内容

后现代课程理论主要是由美国课程论专家多尔创建的。该理论认为，教师扮演着“平等者中的首席”这一独特的角色：作为平等者中的首席，“教师的作用没有被抛弃；而是得以重新构建，从外在于学生情境转化为与这一情境共存”。要从“情境性框架”中而不是从“机器式框架”中去认识教师的这一特殊作用，因为在“机器式框架”中，“教师是他人价值的强加者，最多是解释者”；而在“情境性框架”中，“教师是内在于情境的领导者，而不是外在的专制者”，这就有助于建立“没有人拥有真理而每个人都有权利要求被理解的迷人的想象王国”；① 如果要使课程能真正成为“协作活动和转变的过程”，那么教师就不仅应扮演课程的“实施者”的角色，而更应扮演课程的“创造者”和“开发者”的角色。②

二、后现代课程理论给予的启示

后现代课程理论启示我们，在提升家园社区合作共育的质量时，需要注意如下几点。

---

① ［美］小威廉姆·E. 多尔. 后现代课程观[M]. 王红宇，译. 北京：教育科学出版社，2000：238.

② ［美］小威廉姆·E. 多尔. 后现代课程观[M]. 王红宇，译. 北京：教育科学出版社，2000：23.

1. 要正确看待教师在与家庭合作共育中的作用，摈弃各种权威性的角色意识

教师在与家长合作共育时，要扮演好以下几种角色：教师是儿童家长来园的迎宾者；教师是儿童所在家庭隐私的保护者；教师是儿童家长心声的倾听者；教师是儿童家长意见的采纳者；教师是儿童家长施教的合作者；教师是儿童家庭教育的指导者；教师是儿童家庭教育指导的研究者；教师是儿童家长参教的评价者。[①]

2. 要充分发挥教师在与社区合作共育中的作用，鼓励各种民主化的角色行为

教师在与社区人士合作共育时，要扮演好以下几种角色：教师是社区教育资源价值的认识者；教师是社区教育资源类别的发现者；教师是社区教育资源整合的设计者；教师是社区教育资源开发的邀请者；教师是社区教育资源运用的行动者；教师是社区教育资源展示的参与者；教师是社区教育资源效能的评价者。[②]

---

① 李生兰. 幼儿园与家庭、社区合作共育的研究[M]. 上海：华东师范大学出版社，2013：14-21.

② 李生兰. 幼儿园与家庭、社区合作共育的研究[M]. 上海：华东师范大学出版社，2013：40-48.

关键词回顾

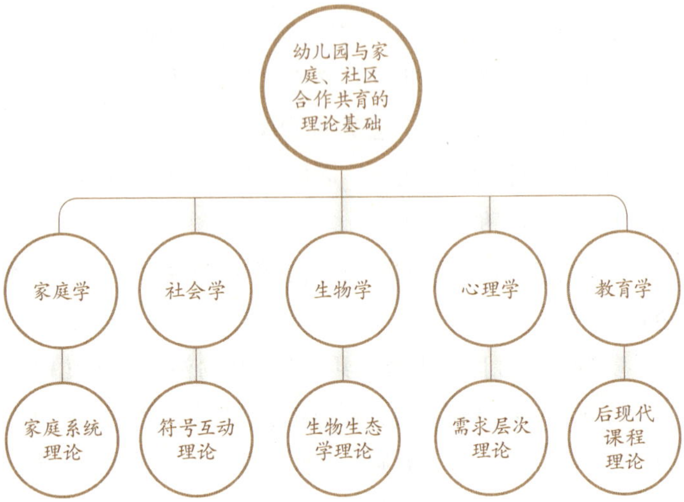

复习思考

① 简述家庭系统理论的主要观点及给你的启示。
② 简述符号互动理论的主要观点及给你的启示。
③ 简述生物生态学理论的主要观点及给你的启示。
④ 简述需求层次理论的主要观点及给你的启示。
⑤ 简述后现代课程理论的主要观点及给你的启示。
⑥ 你认为，在幼儿园的家长工作中，应如何运用家庭系统理论？
⑦ 你认为，在班级的家长工作中，应如何运用后现代课程理论？
⑧ 你认为，在幼儿园的社区工作中，应如何运用后现代课程理论？
⑨ 试用某种理论，来分析幼儿园的家长参教活动。
⑩ 试用某种理论，来分析幼儿园的参观郊游活动。

拓展阅读推荐书目

① 钟启泉、汪霞、王文静编著，《课程与教学论》，华东师范大学出版社，2008年。
② 郑杭生主编，《社会学概论新修》（第4版），中国人民大学出版社，2013年。
③ 李生兰著，《幼儿园与家庭、社区合作共育的研究》（第2版），华东师

范大学出版社，2013年。

④ 李生兰著，《学前儿童家庭教育与活动指导》，华东师范大学出版社，2014年。

⑤ ［美］小威廉姆·E.多尔著，王红宇译，《后现代课程观》，教育科学出版社，2000年。

⑥ ［美］麦休尼斯著，风笑天等译，《社会学》（第11版），中国人民大学出版社，2009年。

网上浏览

① http://www.cnsece.com

② http://www.bjchild.com

③ http://www.age06.com

④ http://www.women.org.cn

第五章 幼儿园与家庭、社区合作共育的主要形式

《家长手册》
家庭访问
家长园地
送接交流
家长会议
家长沙龙
亲子活动
家长开放日
家长志愿者

在这幅图片中:

你看到了什么？你想到了什么？

学习目标

① 了解送接交流、家长会议的主要特点。

② 掌握家庭访问、家长沙龙、亲子活动、家长开放日、家长志愿者的组织策略。

③ 学会设计《家长手册》，学会布局“家长园地”。

学习重点与难点

○ 学习重点／掌握亲子活动的实施策略。

○ 学习难点／掌握家长沙龙的组织策略。

学习建议

① 浏览当地幼儿园的网站，查找有关家长工作的各种信息，归纳家长工作的形式。

② 进入某所幼儿园，旁观送接交流，观察“家长园地”，旁听家长会议、家长沙龙，参与亲子活动、家长开放日活动。

第一节 《家长手册》

一、《家长手册》的地位和作用

《家长手册》是一本汇集幼儿园各种信息的参考书，是一种便于家长浏览、翻阅的工具书，是幼儿园通过书面形式与每位家长进行个别沟通的一种重要形式。

《家长手册》可以是电子版，上传到幼儿园的网站上，以便现在的家长和未来的家长随时查阅，了解自己所需要的各种信息；也可以是纸质版，幼儿园在每学年招生时，分发给家长，使家长有充足的时间去阅读，了解幼儿园的各种情况，为今后配合幼儿园的教育打下良好的基础；还可以在每学期报名时，发给家长，提醒家长去阅读。此外，还可以在每个学期里，告诉家长，遇到问题时，自己及时打开阅读，以便找到解决问题的良策。

二、《家长手册》的目录和内容

《家长手册》应像图书、杂志一样，设立目录，以便家长迅速查找自己想看的信息。

《家长手册》的目录可以包括以下几个栏目及内容。

1. 真诚欢迎

向家长表示热烈的欢迎，使家长感到宾至如归。

2. 办园理念

向家长说明幼儿园的办园理念，使家长知道科学的儿童观和教育观。

3. 规章制度

向家长说明幼儿园的各项规章制度，如收费制度、晨检制度、接送制度、安全制度、卫生制度、作息制度等。

4. 各项活动

向家长介绍孩子在幼儿园的各项活动，使家长知道不同年龄班的孩子的区角活动、游戏活动、体育活动、教学活动、点心活动、午餐活动、午睡活动、如厕活动、娱乐活动都有所不同，可在班级看到一日活动时间安排表。

5. 营养膳食

向家长介绍孩子在幼儿园的营养膳食，使家长知道不同年龄班的孩子，每天的食谱不同，可在大厅看到实物样品。

6. 师资队伍

向家长介绍幼儿园的保教人员，使家长知道园长、保健老师、班级教师和保育员都是经过培训才能上岗的，都能够胜任自己的工作。

7. 家长工作

向家长介绍幼儿园与家庭联系的多种形式，使家长知道应参加家长会、家长学校、家长开放日，做家长志愿者。

三、《家长手册》的形式和使用

《家长手册》制作好以后，幼儿园不能把它当成摆设，而要发挥其应有的作用。为此，需要注意如下几点。

1. 把好封面设计关

《家长手册》的封面，不论是彩色的，还是黑白的，都应尽可能做到图文并茂，可通过幼儿园的标志图案或儿童的图画和照片，来吸引家长的注意力，提高家长的阅读兴趣;《家长手册》的厚薄要适中，使家长能有时间去阅读，并提升阅读的质量。

2. 把好内容安排关

《家长手册》的内容，首先，要讲究普遍性，做到全面、丰富，以满足多数家长了解幼儿园的需要；其次，要讲究通俗性，做到深入浅出，以适合不同文化程度家长的需要；最后，还要讲究可能性，做到短小精悍，以符合拥有不同业余时间的家长的需要。

3. 把好写作风格关

《家长手册》的呈现，一方面要考虑家长的阅读心理，用自然、生动、有趣的笔调来书写各项内容，以减轻家长的心理压力，增加家长的亲切感、轻松感和愉悦感；另一方面还要考虑家长的理解水平，用通俗易懂的语言来加以表达，而不能使用大量的教育术语和专业词汇，以便家长理解各项内容和具体要求。

第二节 家庭访问

一、家庭访问的重要作用

家庭访问简称家访，是幼儿园通过面对面的形式与每个家庭进行个别交流的一种重要形式，有助于增进双方的了解，巩固双边的关系，促进教师、家长和幼儿的共同成长。

家庭访问有助于促进教师的专业成长，使教师能更好地了解幼儿及其家长和家庭环境，设计出更适合家庭的教育活动。

家庭访问有助于提升家长的教育能力，使家长能更便捷地与教师深入互动，和教师具体探讨促进孩子个性发展的教养活动。

家庭访问有助于推动幼儿的和谐发展，使幼儿能增强自尊心和自信心，增强入园的适应性、轻松性和愉悦性。

二、家庭访问的准备工作

1. 确立家访的目的

不论教师什么时候进行家访，都要把目的定位在促进幼儿的发展上。教师如果想在开学前进行家访，可通过电话向家长提出家访的请求，告诉家长家访的目的是为了增进彼此的了解，帮助幼儿更快更好地适应班级的生活。教师如果想在学期中进行家访，可通过电子邮件、短信等方式向家长提出家访的请求，告诉家长家访的目的是为了了解孩子最近的情况，使孩子知道班级发生的大事以及小朋友们的期盼。

2. 协商家访的时间

教师要用民主的态度，和家长协商家访合适的时间。教师可以向家长提出几个日期和时段，请家长从中加以选择；也可以请家长提出几个日期和时段，由教师从中进行选择。这样，就能使家访在双方都认为是合适的时间里顺利进行并有效完成。

3. 商量家访的地点

家访本该是在幼儿的家庭中进行的，但如果家长不同意，那么教师就要灵活处理，让家长选择见面、讨论和交流的地点，是在家长的工作单位，还是在家庭附近的公园、茶馆、咖啡馆等。

4. 带上家访的物品

教师去家访时，可带上一些物品，如幼儿园简介、班级相册、儿童图画书、儿童玩具，这样，教师在和家长交谈时，幼儿可在旁边看相册、看图书、玩玩具。

三、家庭访问的过程推进

1. 开始环节

教师的穿戴要大方得体；要按照约定的时间，准时到达；要彬彬有礼，向家长和幼儿问好；要把自己看成客人，服从家长的安排；要尊重家长，认可家长的价值观，不评头论足。

2. 中间环节

教师可以把幼儿园简介递给家长，先向家长说明幼儿园的办园理念和规章制度；再向家长描述孩子在班级的常规活动和特色活动中的表现；最后再向家长提出想看看孩子、和孩子一起玩玩的要求。

教师可以把玩具拿出来，给幼儿玩；也可以把图画书拿出来，和幼儿一起看看，并告诉幼儿，等他到班级来时，就请他给全班小朋友讲讲这个图画故事书。

教师可以邀请家长一起来玩玩具，看图书；向家长说明游戏和图书在幼儿成长中的重要性，并推介一些好玩具和好绘本，鼓励家长多开展亲子游戏、亲子共读的活动。

3. 结束环节

教师要向家长和幼儿表示感谢，邀请家长来园参观访问，欢迎幼儿来班参加活动。

四、家庭访问的后续活动

教师要充分利用家庭资源，开展相应的教育活动，以巩固与家庭的友好关系。

总之，教师要重视家访工作，妥善扮演好各种角色。（1）在家访前：教师要注意扮演好发起者、策划者、协商者、采纳者的角色，向家长提出家访的请求，预设家访的目的、时间和地点，征询家长的意见，采纳家长的合理建议。（2）在家访中：教师要注意扮演好客人、随从的角色，把自己视为幼儿和家长的伙伴，尊重家庭的文化，理解家庭的需要，不对家庭环境作出任何否定的评价，不喧宾夺主，不控制访问。（3）在家访后：教师要注意扮演好致谢者、设计者和邀请者的角色，向家长表示衷心的感谢，设计能充分利用家庭资源的各种活动，热忱邀请家长来班级和幼儿一起分享参加活动的快乐。

第三节 家长园地

一、家长园地的主要作用

家长园地也叫家园之窗、家园之桥、家园快递、家园在线、你我牵手、家园联系栏、家园碰碰车、家园一线牵、家园同心树、亲亲一家人、家长总动员、宝贝总动员、幼儿连着我和你等。

家长园地是教师在自己班级门外边的墙壁上，专门开辟出的一块空间，在这里可以通过张贴班级的教育计划和活动安排、教师的教案和玩具制作、家长的育儿经验、儿童的美术作品，向家长介绍教育的目标、内容和方法，帮助家长理解幼儿园的教育，掌握科学育儿的策略，配合教师做好班级工作。图5-1中的“家园风帆”就是家长园地。

二、家长园地的丰富栏目

教师既可以根据班级教育工作的需要，来设置几个栏目，例如，“每月教育计划”“本周活动安排”“一日作息制度”“主题教育方案”，以帮助家长了解班级的重大事件；也可以根据班级家长工作的需要，来设立几个栏目，比如，“请您关注”“请您配合”“向您致谢”“请您告诉我”“家教有方”“成长聊吧”，以帮助家长获取科学的育儿经验。此外，还可以根据班级幼儿的成长进步设计栏目，例如，“精彩瞬间”“明星宝宝”“晒晒宝贝”“我很棒”“我学会了”“我进步了”，以帮助家长了解孩子的最新情况。

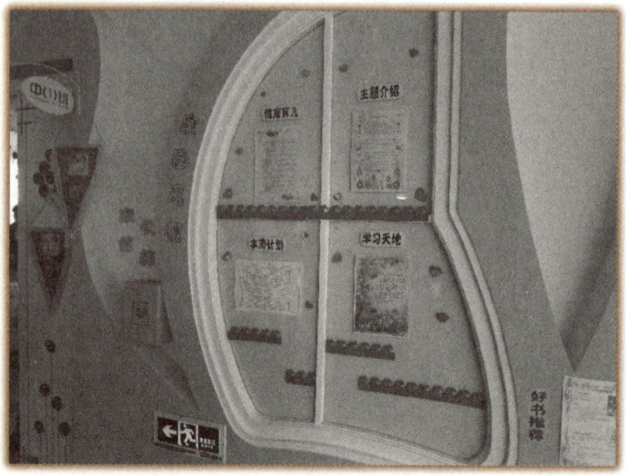

图5-1 家长园地

三、家长园地的实用内容

教师在家长园地上所呈现的内容，要考虑到幼儿的年龄特点，不同的年龄班，应有所不同，做到重点突出，具体实用。例如，在小班的家长园地上，教师可以多张贴一些“玩具制作和亲子游戏”的信息；在中班的家长园地上，可多张贴一些“优秀绘本和亲子共读”的信息；在大班的家长园地上，则可多张贴一些“毕业长大和入学准备”的信息。这样，就能吸引更多的家长前来观看，并觉得收获很大。

四、家长园地的独特形式

教师在布置家长园地的时候，要注意形式上的新颖独特：一要做到色彩鲜艳，以吸引家长阅读的兴趣；二要做到图文并茂，以提高家长阅读的效率；三要做到文字简洁，以增强家长阅读的信心；四要做到造型别致，以强化家长阅读的毅力；五要做到立体构造，以缓解家长阅读的疲劳；六要做到不断更新，以维系家长阅读的动力；七要做到双向互动，以捍卫家长参与的权利。

总之，教师在提升家长园地的质量时，要注意处理好传统与现代的关系、稳定与变化的关系、内容与形式的关系、观看与参与的关系，以真正实现家园合作共育。

|第四节| 送接交流

一、送接交流的主要作用

送接交流是家长早晨把孩子送到幼儿园、傍晚来园把孩子接回家的时候，教师与其进行的一种面对面的极其频繁的交流（图5-2），有助于教师和家长及时沟通信息，全面了解幼儿的状况，准确把握教育的契机，以促进幼儿更好地成长发展。

二、送接交流的真诚态度

在家长送接孩子时，教师对家长，要热情友好，真诚大方；对幼儿，要面带微笑，主动打招呼，并蹲下身来，搂抱一下幼儿；使家长放心，幼儿开心。

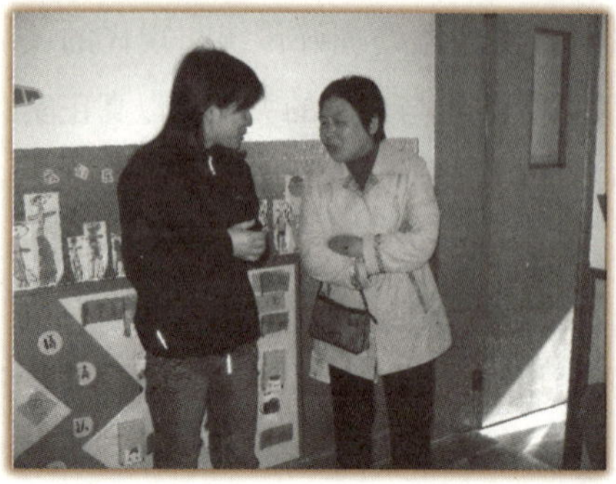

图5-2 送接交流

三、送接交流应聚焦于幼儿

教师在和家长交流时，一定要以幼儿为中心，时刻围绕着幼儿来谈论各种事件，这样家长才会有兴致倾听和分享。例如，面对小班幼儿的家长，教师可多说说孩子在生活能力上的提高；面对中班幼儿的家长，教师可多讲讲孩子在游戏活动中的进步；面对大班幼儿的家长，教师可多谈谈孩子在学习习惯上的养成。这样，家长就会乐于和教师谈论孩子在家中的各种事情。

四、送接交流的焦点访谈

教师在和家长交谈时，一定要意识到，时间有限，必须采取“短平快”的策略，抓住要点，长话短说，“速战速决”；一定要多讲讲幼儿的成长和进步，针对幼儿的缺点和不足，向家长提出几条改进的建议。此外，还要善于倾听家长的心声，鼓励家长多说说孩子在家里的表现，使教师能全面地了解幼儿。

总之，教师在与家长送接交流时，要多站在家长的角度考虑问题，教师的“良苦用心”必将能赢得家长的“百般放心”，这样，大家就会觉得“话很投机”“心心相印”，越谈越欢，携手共进。

| 第五节 | 家长会议

一、家长会议的重要作用

家长会议是由园长或年级组长、教师发起、组织的，面向全园或全年级、全班家长，向他们介绍幼儿园或年级、班级的具体情况，并与他们进行交流与互动的会议。这是园长或年级组长、教师通过口头语言，面对面地对家长进行集体指导的一种重要形式，有助于提高家长的教育素养，增强家长的合作意识，共同为幼儿的成长与发展贡献力量（图5–3）。

二、家长会议的多种类型

家长会议的类型多种多样，从规模上来看，有全园家长会议、年级家长会议和班级家长会议；从时间上来看，有学期初期的家长会议、学期中间的家长会议、学期末期的家长会议；从年龄上来看，有大班幼儿家长会议、中班幼儿家长会议、小班幼儿家长会议；从发展上来看，有优秀幼儿家长会议、中等幼儿家长会议、迟缓幼儿家长会议；从辈分上来看，有祖辈家长会议、父辈家长会议；从父母上来看，有双亲家长会议、父亲会议、母亲会议；从性别上来看，有男性家长会议、女性家长会议；从地域上来看，有本地家长会议、外地家长会议；等等。

三、家长会议的准备工作

家长会议的准备工作主要包括以下几个方面。

图 5-3　家长会议

1. 思考并确定会议的议题

学期初期的全园家长会议，主要是由园长向全园家长介绍幼儿园的基本情况、教育目标、教育内容、教育方法、办园特色等。

学期中间的班级家长会议，主要是由带班教师向全班家长介绍班级的主要情况、幼儿已取得的进步、今后的努力方向、请家长协助的事宜等。

2. 撰写并发放会议的请帖

要提前撰写好邀请信，放在幼儿园的网站上，或打印出来，张贴在家长园地上，或让幼儿带回家去，使家长知道家长会议的具体时间、地点和事件，提前安排好自己的工作，抽空来参加。

3. 安排并布置会议的环境

不论是在多功能厅举行的全园家长会议，还是在教室进行的全班家长会议，都需要布置一下环境，如“欢迎家长来开会”的横幅能使家长感受到幼儿园和教师的热情友好；可以调试好多媒体设备，在屏幕上打出“家长，欢迎您来开会”，缓解家长的心理压力；也可以将桌椅摆放成一个大圆圈，使大家都能平等地围坐在一起，彼此能看到对方，以利于更好地交流和分享。

四、家长会议的主要环节

（1）主持人欢迎家长的到来，感谢家长的参与；

（2）主持人向家长介绍今天做主题发言的嘉宾园长或教师、家长；

（3）主持人邀请嘉宾园长或教师、家长进行主题发言；

（4）主持人鼓励家长自由发言、提出问题、共同研讨；

（5）主持人感谢嘉宾园长或教师及家长，并感谢全体家长的参与和分享。

总之，家长会议应该重视儿童性，所有的议题都应紧紧地围绕着幼儿的发展来确定，以促进家园双方的理解，达成共识；还应该重视双向性，不要使家长会议成为园长、教师的一言堂，而要鼓励各位家长畅所欲言，以促进家园双方的互动，形成合力。

|第六节| 家长沙龙

一、家长沙龙的主要作用

家长沙龙是由幼儿园教师发起、组织家长参与的一种家庭教育研讨活动，教师提出问题，鼓励家长畅所欲言，分享彼此的看法和做法，达成教育共识。这种活动能在轻松自由的氛围中，提高家长的参与能力，增进家长之间的了解和互动，促进家长相互学习，共同提高（图5-4）。

图5-4　家长沙龙

二、家长沙龙的多种类型

家长沙龙的类型多种多样，如按家长的称谓来分，有父亲沙龙、母亲沙龙、爷爷和外公沙龙、奶奶和外婆沙龙；如按幼儿的年龄来分，有小班幼儿家长沙龙、中班幼儿家长沙龙、大班幼儿家长沙龙；如按幼儿的发展来分，有幼儿健康沙龙、幼儿社交沙龙、幼儿才艺沙龙、幼儿语言发展沙龙、幼儿情感发展沙龙、幼儿科学探索沙龙，等等。例如，在母亲沙龙里，可针对“如何打造健康漂亮的宝宝”这一主题，鼓励妈妈们七嘴八舌，各抒己见，相互碰撞，对话交流，打造出不同版本的健康漂亮小宝贝。

三、家长沙龙的组织实施

1. 确立好主题

主题是家长沙龙的起点，关系到沙龙活动的方向。教师在确立主题时，可以从幼儿园教育的实际需要出发，也可以从家庭教育中普遍存在的具体问题出发，此外还可以从本班幼儿成长与发展的重点、难点出发，这样才能激发大多数家长的兴趣，促使家长乐于参与。例如，小班开学初的家长沙龙活动的主题，可围绕“如何帮助孩子更好地适应幼儿园的生活”这一主要问题来确立。

2. 选好主持人

主持人是家长沙龙的灵魂，关系到沙龙活动的进程。主持人一定要非常熟悉本次沙龙活动的主题，具有丰富的知识经验、独特的教育见解，能引领讨论的进程；还要有良好的口语表达能力和组织能力。幼儿园可先安排经验丰富的骨干教师来当沙龙活动的主持人，为家长树立模仿的榜样，然后再邀请家长轮流担此重任，以真正发挥家长沙龙的作用。

3. 请家长参加

家长是家长沙龙的主人，关系到沙龙活动的成功与否。主持人要通过多种形式广泛邀请家长参加，比如，在幼儿园入口处这个非常显眼的地方，张贴一张图文并茂的沙龙活动的海报，吸引家长观看、参与；还要了解家长的心态和倾向，鼓励家长参与和发言，可重点指导几位家长代表做好发言的准备工作，并告知家长发言的大概时长。

4. 布置好环境

环境是家长沙龙的平台，关系到沙龙活动的氛围。家长沙龙活动应该使家长们能在轻松愉快的氛围中，进行交流和研讨。可通过桌椅的摆放、花草的陈列、会场的音乐等手段，来营造和谐宽松的环境，以减少家长的紧张感，增强家长的自信心。

5. 掌控好活动

掌控好家长沙龙的活动过程，关系到沙龙活动的质量。作为主持人，首先，要简单介绍本次沙龙活动的主题，感谢、欢迎来参与活动的家长，活跃气氛，营造平等对话的场景；其次，要引导、鼓励几位家长代表积极发言，无拘无束地打开话题；再次，要注意调控家长发言的内容和时间，以免偏离本次活动的主题，保证所有家长都能各抒已见；最后，要保持中立，促使家长踊跃发言，畅所欲言。此外，还要简短归纳和总结本次沙龙活动，感谢各位家长的奉献和参与。

总之，为了提高家长沙龙活动的质量，教师要本着尊重、平等、合作的原则，与家长进行沟通和分享，争取家长的理解和支持，鼓励家长积极参与，以共同促进幼儿的成长与发展。

| 第七节 | 亲子活动

一、亲子活动的重要价值

亲子活动是幼儿园专门面向家长和幼儿所开展的一种独特的教育活动，通过教师、家长和幼儿的三方互动，来密切家园关系和亲子关系，形成和谐的大家庭；通过寓教于乐、寓教于游戏，来增强家长的育儿能力，促进幼儿的快乐成长（图5–5）。

二、亲子活动的多种类型

亲子活动的类型多种多样，以活动主体为标准，可以分为父子（女）活动、母子（女）活动等；以活动空间为标准，可以分为亲子室内活动、亲子室外活动等；以活动内容为标准，可以分为亲子游戏活动、亲子体育活动、亲子智力活动、亲子科技活动、亲子才艺活动、亲子娱乐活动等；以活动媒体为标准，可以分为亲子动口活动、亲子动脑活动、亲子动手活动等。

三、亲子活动的实施要求

1. 重视趣味性

教师在拟定亲子活动时，一定要考虑幼儿的年龄特点、性别特点和个性特点，努力使各种亲子活动走向科学化、生活化、游戏化、音乐化、亲情化，以吸引家长和幼儿积极参与活动，促进幼儿在玩中学习、玩中成长。

图5-5 亲子活动

2. 重视指导性

教师在开展亲子活动时，不仅要引发活动的开始、提供活动的材料、掌控活动的进程，而且还要给予家长和幼儿一定的指导和帮助，使他们知道这个亲子活动应该如何进行下去，才能取得最大的效益。

3. 重视互动性

教师在组织亲子活动时，一定要为家长和幼儿提供足够的互动时间、宽广的互动空间、丰富的互动材料、愉快的互动氛围，通过广泛而深入的双向互动，来促进幼儿在体力、认知、语言、情感、社会性、审美能力上的全面发展。

4. 重视主动性

教师在设计亲子活动时，应考虑并尊重家长的意愿，以民主、平等的态度对待家长，了解他们对活动的需要，共同商讨亲子活动方案；教师在组织亲子活动时，应注意发挥家长的作用，帮助家长适时从配角转换为主角，从幕后走向台前，不仅参与活动，而且还要主持活动、评价活动，通过自身的发展，来带动孩子的成长。

5. 重视独立性

教师在进行亲子活动时，一定要提醒家长，注意培养孩子的独立性，相信孩子，放手让孩子去做，给孩子提供更多的锻炼机会，让孩子体验到成功的乐趣，以促进孩子人格的健全发展。

总之，在开展亲子活动时，教师要注意通过生动、活泼、实用、有效的形式，来促进家长和幼儿的交流互动，真正提高家园合作共育的质量。

|第八节| 家长开放日

一、家长开放日的重要作用

家长开放日是指教师在特定的日子里，向全班家长开放班级内外的各种教育教学活动。这是一种生动、形象、直观的家园联系形式，使家长身临其境，耳闻目睹幼儿园一日或半日活动，来加深对幼儿园及幼儿特点的了解，对教师工作的认识，以便更好地实现家园合作共育（图5-6）。

二、家长开放日的准备工作

1. 确立开放日的时间

教师每学期至少应向家长开放一次活动，这既可以放在学期中间进行，也可以放在学期结束时举行；既可以放在上午进行，也可以放在下午进行。

2. 发出开放日的邀请

教师要提前写好邀请信，欢迎家长来参与；可以把邀请信放在班级的家长园地上或QQ聊天室里，让家长看，也可让幼儿把邀请信带回家，给家长看，使家长知道开放日的具体时间、地点和活动安排。

图5-6 家长开放日

3. 布置开放日的环境

教师要尽可能地把教室装扮得漂亮一些、温馨一些。教师可在班级门口，挂上“欢迎家长来参加开放日活动”的条幅；也可在空中、墙壁上，悬挂一些彩带和气球，彰显喜气洋洋的景象，营造轻松愉快的气氛。

三、家长开放日的实施过程

1. 热情欢迎、接待每位家长

教师要注意自己的穿着打扮和言谈举止，热情欢迎每位家长，使家长感到自然、舒适，而无任何压力。

2. 指导家长观看孩子活动

首先，教师要指导家长全面观看孩子的各种活动，从室内的桌面游戏活动，到室外的体育活动、早操活动，再到室内的如厕活动、点心活动、学习活动、游戏活动、午餐活动、午睡活动，帮助家长认识到幼儿园的教育内容是丰富多彩的，活动形式是多种多样的，既要注意室内活动与室外活动的相互交替，也要注意动态活动与静态活动的相互结合，还要注意生活活动与游戏活动、学习活动的相互融合，以促进幼儿身心的和谐发展。其次，教师要提醒家长，适时参与孩子的某项活动，成为孩子的玩伴。最后，教师要告诫家长，不能包办孩子的活动，使孩子失去动脑、动口、动手的机会。

四、家长开放日的总结评价

1. 感谢家长全程参与

教师要真诚地感谢每位家长的到来和参与，并希望家长今后能继续支持班级工作，共同促进孩子的发展。

2. 鼓励家长讨论、交流

教师可指导家长针对所看到的各项活动，进行讨论和交流，鼓励家长大胆地说出自己的观感，和大家分享孩子的进步和不足，对班级工作提出改进的建议。

总之，教师在提升家长开放日的质量时，首先，要注意全面性，既应面向全体幼儿，也应面向全体家长。其次，要注意参与性，鼓励家长适时参与到某项活动或某个环节中去，和孩子亲密接触，以提高参与的比率和效率。最后，要注意实效性，使家长能“高兴而来，满意而归”，今后还想再来、多来。

|第九节| 家长志愿者

一、家长志愿者的重要价值

家长志愿者是义务为幼儿园提供服务而不获取报酬的家长。家长志愿者是家园合作共育的一种独特形式，越来越受到家园双方的认可。家长志愿者不仅能使教师更好地了解儿童及其家庭，对儿童进行个别化的教育；而且还能使家长更好地认识自己，了解孩子，配合教师的工作；此外还能增强幼儿的自信心，发展幼儿的社会性，促进幼儿快乐成长（图5-7）。

二、家长志愿者的邀请招聘

1. 每学年邀请招聘

每学年报名时，幼儿园可以通过《家长手册》来邀请招聘家长志愿者（图5-7），使家长认识到他们的贡献是很有价值的；他们志愿服务的形式是

图5-7　家长志愿者

多种多样的，他们既可以给教师当帮手，辅助节日活动，也可以帮助教师，联络其他家长。幼儿园还可以在大厅设立邀请招聘台，摆放志愿者登记表，请家长自愿填写，以此来了解家庭成员的业余时间、兴趣爱好、特长强项。

2. 每学期邀请招聘

每学期开学时，教师可以通过班级家长会议来邀请招聘家长志愿者，帮助他们了解志愿服务的必要性和可能性，促使他们满怀信心地参与其中，为幼儿的发展献计献策，贡献力量。

3. 每月邀请招聘

每个月开始时，教师可以通过家长开放日来邀请招聘家长志愿者，因为这一天会有很多家长来观看孩子的活动，有的家长在无意识间已经成为教师的帮手，主动帮助教师组织活动，积极参与孩子的活动。教师如果能及时地向家长发出邀请，那么就能强化家长参教的行为。

4. 每周邀请招聘

每周开始时，教师可以通过家长园地来邀请招聘家长志愿者，请求家长给予支持和帮助，参与到相应的活动中去。例如，在开展“我是环保小卫士”的主题教育时，教师可在家长园地上张贴求助信，请求家长给班级捐赠一些可循环使用的废旧物品，或来班级和孩子们一起利用废旧物品制作玩具等。

5. 每天邀请招聘

每天入园、离园时，教师可以通过送接交流来邀请、招聘家长志愿者，鼓励他们定期或不定期地来班级做志愿者，为幼儿的成长奉献爱心。

三、家长志愿者的岗前培训

1. 园级培训指导

为了充分发挥全园家长志愿者的作用，园长要对他们进行上岗前的入园教育，通过集中培训和分层指导，使他们能了解幼儿园的公共环境、基础设施、教育目标、教育途径、规章制度、保教人员、家长工作、志愿者章程，以便日后能胜任志愿者工作。

2. 班级培训指导

为了更好地发挥全班家长志愿者的作用，教师还要对他们进行上岗前的入班教育，通过详细说明和具体指导，使他们能认识到个人与集体的关系，了解班级的日常规范和活动安排，掌握观察孩子的知识和技能，学会选择适合自己的志愿者工作。

四、家长志愿者的工作安排

1. 以心愿为本位

教师要尊重家长志愿者的需要和愿望，给他们提供多种参与的机会，鼓励他们自由选择。例如，教师既要认同他们为全班幼儿阅读图书，也要认可他们和小组幼儿一起做游戏，此外还要支持他们教个别幼儿制作玩具。

2. 以时间为基础

教师要考虑到家长志愿者的业余时间，为他们安排灵活多样的时间表，促使他们的奉献成为可能。例如，教师既要欢迎他们在早晨送孩子来园时，参与桌面游戏活动；也要欢迎他们在中午时分，旁观孩子的进餐活动和午睡活动；此外，也要欢迎他们在傍晚接孩子回家时，参与户外游戏活动。

3. 以兴趣为中心

教师要考虑到家长志愿者的兴趣爱好，为他们设计趣味盎然的活动，吸引他们参与其中。例如，许多家长志愿者都喜欢“秀一秀”的娱乐活动，教师就可以在下午安排“全家都来秀”的活动，鼓励家长在接孩子时，和孩子一起秀一把。

4. 以经验为平台

教师要关注家长志愿者的职业经验，邀请他们参与班级的独特活动，为他们施展才华提供舞台。例如，在进行“地铁”交通工具的主题教育时，教师就邀请身为地铁安检员的幼儿母亲，来到班级做志愿者，和大家一起分享她在地铁上工作的职业经验。

五、家长志愿者的表彰奖励

幼儿园要表彰奖励家长志愿者的工作，强化他们志愿服务的精神，以带动更多的家长来做志愿者。园长可以在幼儿园的网站上、家园小报上，张榜公布家长志愿者的名单，感谢他们的努力，使他们获得成功感；教师可以在班级的聊天室里、家长园地里，张贴感谢信，宣传家长志愿者的事迹，鼓励他们再来奉献。

总之，教师在提高家长志愿者队伍的质量时，首先，要注意全面性，广招“达人”和“能人”，使更多的家长能成为志愿者；其次，要注意独特性，因人而异，充分发挥每位家长志愿者的才华和潜能；最后，要注意鼓励性，多从正面表彰家长志愿者，使他们形成志愿服务的自豪感、成功感和光荣感。

关键词回顾

表5-1 幼儿园与家庭合作共育形式比较表

序号	形式	口头	书面	个别	集体	静态	动态	其他
1	《家长手册》		●	●		●		
2	家庭访问	●		●			●	
3	家长园地		●	●		●		
4	送接交流	●		●			●	
5	家长会议	●			●		●	
6	家长沙龙	●			●		●	
7	亲子活动	●			●		●	
8	家长开放日	●			●		●	
9	家长志愿者	●		●			●	

复习思考

① 你认为《家长手册》应该包括哪些内容?
② 你认为进行家庭访问时应该注意哪些事项?
③ 你认为应该怎样提高“家长园地”的吸引力?
④ 你认为应该如何提高送接交流的质量?
⑤ 你认为应该如何召开班级的家长会议?
⑥ 你认为应该如何组织家长沙龙的活动?
⑦ 你认为应该如何提高亲子活动的质量?
⑧ 你认为应该如何提升家长开放日的质量?
⑨ 你认为应该如何发挥家长志愿者的作用?

拓展阅读推荐书目

① 李生兰著,《幼儿园家长开放日活动的研究》,华东师范大学出版社,2008年。
② 张建卫著,《家长参与:家校协同的心理学研究》,首都师范大学出版社,2012年。
③ 李生兰著,《学前儿童家庭教育与活动指导》(第3版),华东师范大学出版社,2014年。

④ 罗良忠著，《新媒体环境下家校沟通方式的创新研究》，复旦大学出版社，2014年。

网上浏览

① http://jzschool.bjedu.cn
② http://www.jiangsuedu.net
③ http://edu.adc.ah.chinamobile.com
④ http://gswsjzxx.china.com.cn
⑤ http://www.haomahaoba.com

第六章

幼儿园与家庭、社区合作共育的教学活动方案

绘本《我爸爸》
绘本《爸爸，我要月亮》
绘本《世界上最好的爸爸》
绘本《给爸爸的吻》
绘本《像爸爸一样》
绘本《做游戏》
绘本《我妈妈》
绘本《我讨厌妈妈》
绘本《我永远爱你》
绘本《我爱爷爷》
歌曲《爱我你就抱抱我》
歌曲《一对好朋友　快乐父子俩》

在这幅图片中:

你看到了什么？你想到了什么？

学习目标

① 了解与家庭、社区有关的绘本、歌曲。

② 掌握与家庭、社区有关的绘本、歌曲的教学活动方案。

③ 学会设计与家庭、社区有关的绘本、歌曲的教学活动方案。

学习重点与难点

○ 学习重点／掌握与家庭有关的绘本、歌曲的教学活动方案。

○ 学习难点／掌握与社区有关的绘本、歌曲的教学活动方案。

学习建议

① 寻找自己喜欢的与家庭或社区有关的一本绘本或一首歌曲。

② 尝试设计一个与家庭或社区有关的绘本或歌曲的教学活动方案。

| 第一节 |

绘本《我爸爸》教学活动方案

一、活动目标

1. 帮助幼儿掌握观察的方法，提高幼儿观察画面“我爸爸”的能力。

2. 帮助幼儿学会“爸爸……像……一样……”的句型，增强幼儿的语言表达能力。

3. 激发幼儿关爱爸爸的情感，促使幼儿体验亲子之情的温暖甜蜜。

二、活动准备

1. 仔细阅读绘本《我爸爸》[①]（图6–1），了解该书及作者的影响。

2. 制作绘本《我爸爸》课件，以便在课堂上播放，使大家都能看清楚。

3. 在班级“家长园地”上，简介这本书和作者[②]，张贴教学活动方案和时间，邀请父亲来参与活动。

4 . 准备一个洋娃娃玩具。

---

① ［英］安东尼·布朗. 我爸爸［M］. 余治莹，译. 石家庄：河北教育出版社，2007.

② 画家安东尼·布朗荣获2000年国际安徒生大奖。英国《卫报》称赞他是“天才”；英国《独立报》评价该书“插图令人激赏难忘，用书本鲜见的方式颂扬了父母”；英国《妇女界》称许该书“全天下的父母和孩子都会爱上它”。

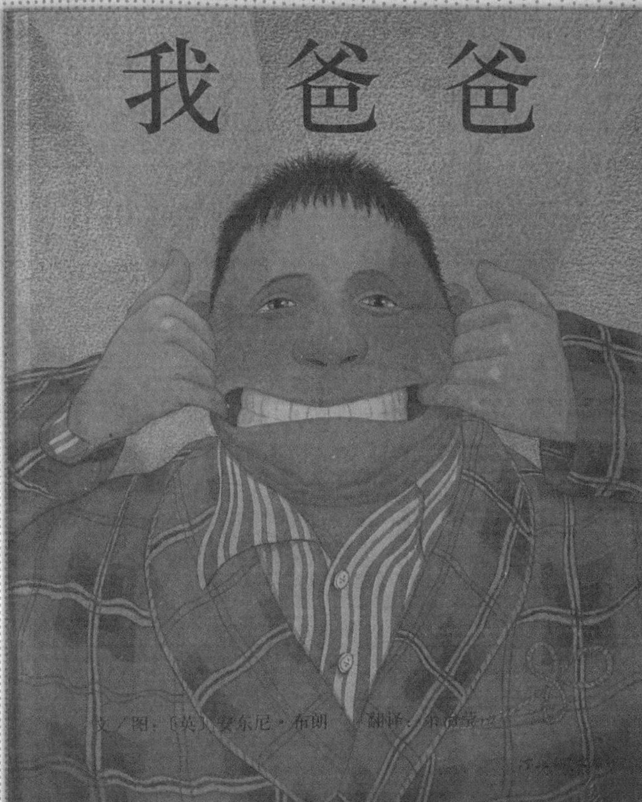

图6-1　绘本《我爸爸》

三、活动过程

（一）激发幼儿交流

教师引导幼儿和父亲轻声交谈，然后向大家介绍自己爸爸的外貌特征、兴趣爱好和本领才华。

（二）观看讲解绘本

1. 播放绘本封面课件：我爸爸喜欢搞笑

（1）教师演示。边出示洋娃娃玩具，边播放封面课件，告诉大家，这就是洋娃娃的爸爸。

（2）教师提问。你们看杰克的爸爸帅不帅？酷不酷？棒不棒？

（3）教师小结。杰克认为他的老爸很帅！很酷！很棒！为什么呢？让我们一起来看看。

2. 播放绘本内容片段1：我爸爸勇敢、能干

（1）教师讲述。边依次播放绘本课件，边指导幼儿观察画面，边进行说明：因为他老爸什么都不怕，连坏蛋大野狼都不怕（提醒幼儿注意观看这是什么动物）；因为他老爸可以从月亮上跳过去；因为他老爸还会走高空绳索；因为他老爸还敢跟大力士摔跤；因为他老爸在运动会比赛中跑了第一名（提醒幼儿注意观看“爸爸”第一个冲过终点线）。

（2）教师小结。在幼儿讲述的基础上，教师进行小结：他老爸真的很棒！他老爸真的很勇敢，不怕大野狼；他老爸还有许多本领，四项全能（能跳，能走，能摔，能跑）。

（3）教师引导。幼儿和爸爸一起来练习走、跑、跳、摔，一起来展示自己的运动才能。

3. 播放绘本内容片段2：我爸爸刚柔并济

（1）教师讲述。播放绘本课件，引导幼儿观察，讲解各种原因：因为他老爸吃得像马一样多；因为他老爸游得像鱼一样快；因为他老爸像大猩猩一样强壮；因为他老爸像河马一样快乐；因为他老爸像房子一样高大；因为他老爸有时又像泰迪熊一样柔软；因为他老爸像猫头鹰一样聪明；因为他老爸有时候也会做一些傻事。

（2）教师小结。幼儿先发言，教师后总结：他老爸真的很棒！他老爸吃得像马一样多，游得像鱼一样快；他老爸的身体像大猩猩一样壮、像房子一样高、像泰迪熊一样软；他老爸的心情像河马一样快乐；他老爸的大脑像猫头鹰一样聪明；他老爸也会做傻事。

（3）教师指导。幼儿和爸爸一起来学习句型“爸爸……像……一样……”；幼儿说一句赞赏爸爸的话。

4. 播放绘本内容片段3：我爸爸多才多艺

（1）教师讲述。继续播放绘本课件，鼓励幼儿观察，共同分析原因：因为他老爸是个伟大的舞蹈家，因为他老爸也是个了不起的歌唱家，因为他老爸踢足球的技术一流；因为他老爸常常逗得他哈哈大笑。

（2）教师小结。幼儿先发言，教师后总结：他老爸真的很棒！他老爸是个舞蹈家、歌唱家；他老爸球踢得好，他老爸会搞笑。

（3）教师引导。幼儿说说爸爸平时是怎样逗自己开心的；幼儿说一句赞赏爸爸的话。

5. 播放绘本尾部：我爸爸永远爱我

（1）教师总结。边播放绘本课件，并加以小结：杰克说他爱爸爸，他爸爸也爱他！（永远爱他。）

（2）教师鼓励。幼儿和爸爸说句悄悄话：“我爱你！”“我也爱你！”

（三）交流绘本观感

教师鼓励幼儿和爸爸一起分享交流观看绘本后的感想。

（四）创编家庭绘本

1. 教师鼓励幼儿为自己的爸爸画一张像，并写上一句话（不会写的字，请爸爸帮助）。

2. 教师在班级展示幼儿的绘画作品，并请幼儿介绍自己的爸爸。

四、活动延伸

1. 区角活动

教师在班级的阅读区，为幼儿提供字幅“我爱爸爸”，促使幼儿既有机会从左往右读：“我爱爸爸”，也有机会从右往左读：“爸爸爱我”。

2. 家庭活动

教师鼓励父亲在家庭生活中，多和孩子接触，多和孩子游戏，加强亲子互动，密切亲子关系；帮助孩子了解自己，为孩子树立良好的榜样，促进孩子的成长。

|第二节| 绘本《爸爸，我要月亮》教学活动方案

一、活动目标

1. 引导幼儿仔细观察，培养幼儿的观察能力。
2. 鼓励幼儿大胆想象，培养幼儿的想象能力。
3. 帮助幼儿丰富词汇，提高幼儿的表达能力。
4. 促使幼儿理解图画，强化幼儿的爱父情感。

二、活动准备

1. 阅读绘本《爸爸，我要月亮》[①]（图6–2）。

2. 制作绘本《爸爸，我要月亮》课件。

3. 制作月相变化示意图。

4. 邀请、鼓励幼儿父亲参与教学活动。

三、活动过程

（一）导入绘本

我们每个人都有爸爸，我们都对爸爸提出过这样或那样的要求；我们都爱自己的爸爸。

（二）观看绘本

1. 播放绘本封面课件

教师引导幼儿仔细观察：你看到了什么？

教师小结：我们大家都看到了月亮、星星，还有梯子。

教师鼓励幼儿与父亲交流：请问问你们的爸爸，这张图画上写的是什么字？

教师和幼儿及父亲一起阅读：上面写的是《爸爸，我要月亮》。

教师引导幼儿大胆想象：这是什么意思？你想到了什么？

2. 播放绘本内容课件

教师边播放课件边导入故事内容：我们大家一起来看看这本书的故事……

教师边讲述边提问：晚上，小茉莉在家里看到月亮离他很近，就想到了什么呢？

教师引导：请小朋友们先和你们的爸爸交流一下，再告诉我们大家。

① ［美］艾瑞·卡尔. 爸爸，我要月亮［M］. 林良，译. 济南：明天出版社，2011.

图6-2　绘本《爸爸，我要月亮》

教师小结：小茉莉很想和月亮一起玩，但她摘不到月亮，她就想请爸爸把月亮摘下来。

教师边讲述边提问：爸爸是怎样帮助小茉莉的呢？爸爸搬来的梯子有多长呀？

教师引导：请小朋友们先和你们的爸爸交流一下，再告诉我们大家。

教师小结：爸爸扛来了一把好长好长的梯子，并架在一座好高好高的山上，努力地向上爬呀爬。

教师边讲述边提问：爸爸拿到月亮了吗？爸爸带回来的月亮是什么样子的呢？

教师引导：请小朋友们先和你们的爸爸交流一下，再告诉我们大家。

教师小结：月亮太大了，拿不下来，爸爸只好等到月亮变成了下弦月，才把月亮带回家来，给小茉莉玩。

（三）理解绘本

教师提问：小朋友，你们觉得图画中小茉莉的爸爸是个怎样的爸爸呢？你们的爸爸又是个怎样的爸爸呢？爸爸喜欢你们吗？你们喜欢爸爸吗？

教师引导：请小朋友们和自己的爸爸交流一下，说说悄悄话，表达一下自己对爸爸的爱。

教师小结：这架长长的、看不到两头的梯子，架在了小茉莉和爸爸的中间，梯子的一端在地面上，藏着小茉莉的心愿；梯子的另一端在月亮上，藏着爸爸对小茉莉的厚爱！梯子有多长，爸爸的爱就有多长！爱是一架长长的梯子！

（四）了解月相

教师边提问边引导：小朋友，你们知道月亮的变化吗？请你们问问自己的爸爸：月亮会有什么样的变化？

教师边播放边讲解：这是月相变化示意图，月亮有阴晴圆缺的自然现象。

（五）总结升华

教师总结及引导：爸爸都深深地爱着我们，我们小朋友要对爸爸说一说："爸爸，我好爱您！""爸爸，我永远爱您！"

四、活动延伸

1. 语言活动

教师鼓励幼儿和同伴用"好长好长""好高好高""太大"等词语说话。

2. 美术活动

教师指导幼儿用连环画来表现月亮阴晴圆缺的自然现象。

3. 亲子活动

教师引导幼儿回到家中，和爸爸、妈妈分享、交流、表达对彼此的关爱。

第三节　绘本《世界上最好的爸爸》教学活动方案

一、活动目标

1. 帮助幼儿了解故事的主要内容，使幼儿意识到熊爸爸对熊宝宝的爱。
2. 帮助幼儿理解每个爸爸都很爱自己的孩子，使幼儿感受到父爱的伟大。

二、活动准备

1. 绘本《世界上最好的爸爸》①（图6–3）。

2. 制作绘本《世界上最好的爸爸》课件。

3. 通过多种形式邀请幼儿父亲参与教学活动。

三、活动过程

（一）播放绘本封面课件

教师提问。小朋友们，你们看到了什么？你们知道这个图画故事书的名字叫什么吗？

教师提示。请小朋友们先问问自己的爸爸，然后再举手发言。

教师小结。这本图画故事书的名字就叫《世界上最好的爸爸》。

（二）播放绘本内容课件

1. 不想睡觉

教师提问。边引导幼儿观看图画边讲解，然后提问：熊爸爸叫小熊来睡觉，小熊不想睡觉，为什么呢？

教师小结。幼儿发言后，教师加以说明，因为小熊想出去找小伙伴们玩。

教师提问。小熊为什么要说爸爸是个“坏爸爸”呢？

教师小结。幼儿发言后，教师加以说明，因为爸爸早就呼呼大睡了，没有陪它出去找小伙伴们玩。

教师提问。你们觉得小熊的爸爸好不好呀？为什么？你们觉得自己的爸爸好不好？为什么？

教师引导。小朋友们和你们的爸爸交流一下，然后告诉我们大家。

教师提示。你们知道小熊出门后，会遇到谁呢？我们大家一起来看一看。

① ［荷］阿兰德·丹姆，文. 亚利克斯·沃尔弗，图. 世界上最好的爸爸[M]. 漆仰平，爱桐，译. 贵州：贵州人民出版社，2007.

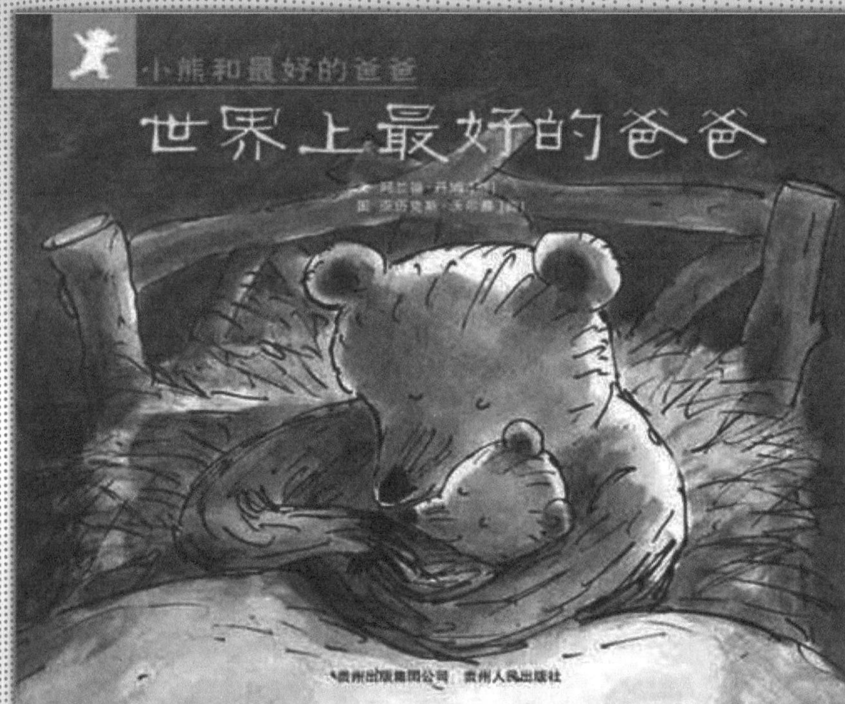

图6-3 绘本《世界上最好的爸爸》

2. 一遇黑鸟

教师提问。边引导幼儿观看图画边讲解，然后提问：小熊遇到了谁？黑鸟认为它的爸爸烦不烦？

教师小结。幼儿发言后，教师说明：不烦，因为它总是给黑鸟带来好吃的。

教师提问。小熊喜欢黑鸟爸爸喂它吃东西吗？

教师小结。幼儿发言后，教师说明：不喜欢，不想吃那些东西。

教师设问。看看小熊又遇到谁了？

3. 二遇狐狸

教师提问。边引导幼儿观看图画边讲解，然后提问：小熊又遇到了谁？它会和狐狸说些什么呢？狐狸认为它的爸爸怎么样呢？它的爸爸会为它做些什么呢？

教师小结。幼儿发言后，教师说明：如果它的毛脏了，它爸爸会给它舔干净。

教师提问。小熊喜欢狐狸爸爸舔它吗？为什么不喜欢？

教师设问。看看小熊又遇到谁了？

4. 三遇蟾蜍

教师提问。边引导幼儿观看图画边讲解，然后提问：小熊又遇到谁了？它会和蟾蜍说些什么呢？蟾蜍认为它爸爸怎么样呢？它爸爸会为它做些什么呢？

教师小结。幼儿发言后，教师说明：如果它想去哪里，它爸爸就背它去哪里。

教师提问。小熊喜欢蟾蜍爸爸背它吗？为什么不喜欢？

教师设问。看看小熊又遇到谁了？

5. 四遇小鹰

教师提问。边引导幼儿观看图画边讲解，然后提问：小熊又遇到谁了？它会和小鹰说些什么呢？小鹰认为它爸爸怎么样呢？它爸爸会为它做些什么呢？

教师小结。幼儿发言后，教师说明：它爸爸正在教它怎样才能飞起来。

教师提问。小熊喜欢小鹰爸爸教它学飞吗？为什么不喜欢？

教师设问。看看小熊又遇到谁了？

6. 五遇小猴

教师提问。边引导幼儿观看图画边讲解，然后提问：小熊又遇到谁了？它会和小猴说些什么呢？小猴说它爸爸会为它做些什么呢？

教师小结。幼儿发言后，教师说明：如果它要摔下来的话，如果它有危险的话，它爸爸会马上拽住它。

教师提问。小熊喜欢小猴爸爸教它吗？为什么不喜欢？

教师设问。看看小熊又遇到谁了？

7. 六遇企鹅

教师提问。边引导幼儿观看图画边讲解，然后提问：小熊又遇到谁了？它会和企鹅说些什么呢？企鹅说它爸爸会为它做些什么呢？

教师小结。幼儿发言后，教师说明：它会让企鹅暖暖乎乎、快快乐乐地长大。

教师提问。小熊喜欢小企鹅爸爸这样对它吗？为什么不喜欢呢？

教师设问。看看小熊又遇到谁了？

8. 七遇鸵鸟

教师提问。边引导幼儿观看图画边讲解，然后提问：小熊又遇到谁了？它会和鸵鸟说些什么呢？鸵鸟说它爸爸会为它做些什么呢？

教师小结。幼儿发言后，教师说明：它会让鸵鸟快跑。

教师提问。小熊喜欢鸵鸟爸爸这样对它吗？为什么不喜欢？

9. 简单小结

教师总结。先提问后小结：小熊一路上遇到了哪些好朋友？小熊先后遇到了黑鸟、狐狸、蟾蜍、小鹰、小猴、企鹅、鸵鸟这7个小伙伴。

（三）播放绘本结尾课件

教师提问。先引导幼儿观看，后提出问题：小熊最后喜欢自己的爸爸了吗？为什么小熊会说它的爸爸是世界上最好的爸爸呢？

教师小结。幼儿发言后，教师加以总结：喜欢；因为它爸爸说，等它睡醒了以后，就带它去捉鱼。

（四）幼儿夸奖爸爸

教师提问。小朋友们，听了小熊的故事以后，你们觉得你们的爸爸也是世界上最好的爸爸吗？你们也来说一说你们的爸爸都对你们说过什么，都为你们做过什么。

教师指导。小朋友们，请先问问你们的爸爸，再跟大家说。

教师鼓励。小朋友们，请邀请你们的爸爸，一起来表演一下小熊的故事。

四、活动延伸

（1）开展绘画活动或建构活动，帮助幼儿画出或搭出小熊外出寻找好朋友一起游玩的路线图。

（2）开展表演活动，鼓励幼儿选择角色，表演小熊外出寻找好朋友或与爸爸相亲相爱的情景。

第四节 绘本《给爸爸的吻》教学活动方案[①]

一、活动目标

1. 帮助幼儿理解故事内容，并使幼儿愿意表达自己的想法。
2. 帮助幼儿初步了解爸爸的关爱，增进幼儿与爸爸的感情。

① 本方案由上海市宝山区小鸽子幼稚园教师、幼儿园一级教师杨爱华，上海市宝山区小鸽子幼稚园园长、中学高级教师吴晓兰提供。

二、活动准备

1. 购买绘本《给爸爸的吻》[①]（图6–4），制作多媒体课件。

2. 帮助幼儿认识自己的爸爸，了解爸爸平时生活中对自己的关心。

3. 收集幼儿与爸爸的生活照片。

三、活动过程

（一）看图画故事书——激发阅读兴趣

1. 教师提问

（1）教师播放课件，引导幼儿观看。孩子们，今天我带来了一本有趣的书，我们一起来看看吧，你看到了什么？

（2）这么好看的图片，还有一个好听的故事呢，故事的名字就叫《给爸爸的吻》。

（3）那么“吻”是什么意思呢？什么叫“吻”呢？

2. 教师小结

原来“吻”就是“亲一亲”的意思，可以亲亲小脸蛋、小鼻子、小额头。“吻”表示他很喜欢你。

让我们一起来听故事吧！

（二）理解故事内容——互动体验情感

1. 教师播放课件，观看第2—4页，并讲述、提问

（1）讲述。到了该睡觉的时候，熊宝宝可不想这么早就上床睡觉去。他不愿意去洗澡，也不想给爸爸、妈妈一个晚安吻。“嘿，小家伙，去给妈妈一个晚安吻好吗？也吻爸爸一个。然后，乖乖洗澡，上床睡觉去吧。”“我才不要呢！”不过熊宝宝还是慢吞吞地走到妈妈面前，给了妈

---

① ［澳大利亚］弗朗西斯·沃茨，文．［英］戴维·利格，图．给爸爸的吻[M]．熊怡然，译．武汉：湖北美术出版社，2007.

图6-4 绘本《给爸爸的吻》

妈一个深深的吻。

（2）提问。熊宝宝给了妈妈一个吻，那你们猜猜看：熊宝宝会去吻爸爸吗？我们接着听故事。

2. 教师播放课件，观看第5页，并提问、小结

（1）提问：咦，发生什么事情啦？熊宝宝吻爸爸了吗？你是从哪里看出来的？

（2）小结：是呀，熊宝宝没有吻爸爸，爸爸很失望。

（3）提问：那熊宝宝不肯吻爸爸，爸爸心里会怎么想呢？

（4）播放录音：熊爸爸心想，宝宝为什么不肯吻我呀？难道是宝宝觉得我不爱他吗？

（5）小结：熊爸爸到底对小熊好不好呢？让我们来看看熊宝宝小时候和爸爸之间的故事吧。

3. 教师播放课件，观看第6—9页，并提问、小结

（1）先看第6页，提问：你看到了什么？旁边都是雨，小熊的身上有雨吗？爸爸情愿自己淋雨也不让宝宝淋雨，爸爸好吗？小结：是呀，爸爸会用身体为我们遮风挡雨。

（2）再看第7页，提问：小熊在干什么？爸爸会怎么做？会说什么？小结：是呀，爸爸的手大而有力，能够保护我们。

（3）再看第8页，提问：发生什么事情啦？熊爸爸会怎么做？爸爸没有扶它？为什么？小结：原来爸爸是希望熊宝宝能变得勇敢。

（4）再看第9页，小结：是呀，熊宝宝终于明白了爸爸的爱，他吻了爸爸，还给了爸爸一个大大的、大大的拥抱！

四、活动延伸

1. 思考活动

教师提问：你们的爸爸平时有对你们很严厉的时候吗？爸爸这样是因为爱你们吗？教师小结：爸爸的爱，有时候是温柔的，他会帮我们买玩具，会帮我们洗衣、做饭；但爸爸的爱，有时候也是严厉的，当你做错事的时

候，当你不听话的时候，爸爸会教育你。这就是爸爸对我们不同的爱。

2. 实践活动

教师提问：你爱爸爸吗？怎样让爸爸知道你有多爱他？教师小结：这么多的好办法，可以告诉爸爸我们很爱你。今天就有个小任务，我们回家去，都和爸爸说一句话：爸爸我爱你；并且要给爸爸一个吻和一个大大的拥抱，好吗？

第五节 绘本《像爸爸一样》教学活动方案①

一、活动目标

1. 使幼儿能和爸爸一起阅读，理解绘本，尝试大胆讲述狮子宝宝和爸爸长相、本领的不同之处。

2. 感受狮子宝宝对爸爸的喜爱、崇拜之情，激发幼儿对自己的爸爸喜爱、崇拜之情，融洽父子（女）之情。

---

① 本方案由浙江省杭州市文华幼儿园教师、幼儿园一级教师王莉，浙江省杭州市文华幼儿园园长、中学高级教师王连提供。

二、活动准备

1. 为每位幼儿准备一本绘本《像爸爸一样》[①]（图6–5）。

2. 制作绘本《像爸爸一样》课件。

3. 邀请幼儿的爸爸到现场参与活动。

三、活动过程

（一）谈话导入

请幼儿和自己的爸爸一起上课。

（二）理解绘本内容

1. 分页欣赏绘本，观察图片，讨论大狮子的样子。

提问：大狮子长得什么样子？

2. 观察狮子宝宝的样子，比较狮子爸爸和宝宝有什么不同。

提问：狮子宝宝在哪里？狮子宝宝和狮子爸爸长得像吗？有什么地方不一样？

3. 欣赏绘本课件，教师讲述，狮子宝宝有哪些地方和爸爸一样。

提问：说说自己与爸爸不一样的地方，希望什么地方长得像爸爸一样？

（三）亲子共读绘本

1. 这本书有个好听的名字，请爸爸把书的名字念给宝宝听（《像爸爸一样》，观看课件）。

2. 请爸爸和宝宝一起阅读，感受狮子宝宝对爸爸的喜爱、崇拜之情。

3. 请每个幼儿说说自己爸爸的本领，激发幼儿对爸爸的喜爱、崇拜之情。

提示：狮子爸爸有很多本领，都教给了狮子宝宝，那你的爸爸有什么本领呢？

---

① ［英］大卫·梅林，文/图. 像爸爸一样［M］. 林听，译. 武汉：湖北美术出版社，2007.

〔英〕大卫·梅林/文·图
林昕/译
DOLPHIN MEDIA PICTURE BOOK GARDEN
海豚绘本花园
像爸爸一样
湖北长江出版集团
湖北美术出版社

图6-5　绘本《像爸爸一样》

4. 请幼儿和爸爸一起观看、表演狮子爸爸和宝宝的亲子之情。

（1）观看

狮子爸爸带狮子宝宝捕猎，一大群蜜蜂追着狮子爸爸。

爸爸和宝宝一起看，狮子爸爸怎么啦？（看课件。）

狮子爸爸受伤了，不开心了，狮子宝宝会怎么做呢？（教师引导宝宝、爸爸共同参与。）

平时你的爸爸也有不开心的时候，你是怎么让爸爸开心的呢？

我们来看看狮子宝宝是怎么哄爸爸开心的。（看课件。）

（2）表演

请爸爸们来学学狮子爸爸，受伤了，不开心了。宝宝给爸爸挠挠痒痒，逗爸爸开心，让爸爸感受宝宝的爱！

爸爸开心了，给宝宝一个感谢的亲吻吧！

（3）小结

希望爸爸能和宝宝多一点相处的时间，爸爸心里的爱要多表现出来一点，让宝宝感受到你的爱。

四、活动延伸

（1）教师指导幼儿和爸爸一起“玩大吊车游戏”：爸爸双手做大力士状，幼儿双手握住爸爸的大手，悬挂在爸爸的手臂上，爸爸带着孩子活动。

（2）教师鼓励家长时时处处给孩子树立好榜样，多和孩子一起说说、做做、玩玩。

|第六节|

绘本《做游戏》教学活动方案[①]

一、活动目标

1. 指导孩子和爸爸一起仔细阅读绘本中的游戏画面。
2. 鼓励孩子和爸爸一起探索其中两个游戏的具体玩法。
3. 促使幼儿体验亲子活动的快乐。

二、活动准备

1. 阅读绘本《做游戏》[②]（图6-6）。
2. 制作绘本《做游戏》课件。
3. 邀请幼儿父亲来参加活动。

三、活动过程

（一）骑大马入场，激发幼儿与父亲一起参与活动的兴趣

1. 引导

小朋友们，骑着爸爸这匹“大马”，我们出发！

---

① 本方案由浙江省杭州市文华幼儿园教师、幼教高级教师曹艳芬，浙江省杭州市文华幼儿园园长、中学高级教师王连提供。

② ［荷］阿兰德·丹姆，文.［荷］亚历克斯·沃尔弗，图. 做游戏[M]. 漆仰平，爱桐，译. 贵州：贵州人民出版社，2007.

图6-6 绘本《做游戏》

2. 提问

小朋友们，骑大马的游戏好玩吗？

小朋友们，你们还记得和爸爸一起看过的一本小熊和爸爸一起做游戏的书吗？书的名字是什么？你最喜欢和爸爸玩哪个游戏？爸爸最喜欢和孩子玩哪个游戏？

3. 提醒

让我们一起再回顾一下这本书的几个画面！

（二）仔细观察画面，理解绘本中游戏的玩法并加以创编

1. 边播放课件边提问

（1）提问：小熊和爸爸在玩什么游戏？接着他们又玩了什么游戏？这是什么游戏？小熊做了一个什么动作？爸爸是怎样帮助它的？

（2）提示：小朋友，你能像小熊这样做飞机吗？爸爸能把孩子举起来了吗？

（3）做游戏：请小朋友和爸爸找一个安全、不会碰撞到的地方一起试一试！集体做飞行游戏。

2. 创编游戏不同玩法

（1）提问：除了像刚才这样开飞机，还有其他什么方法可以开飞机？

（2）探索：小朋友和爸爸自由探索。

（3）展示：小朋友和爸爸轮流展示。

3. 边播放课件边提问

（1）提问：这个游戏的名字是什么？小熊先怎样做的？接着小熊的头朝哪里的？爸爸是怎样帮助小熊的？

（2）展示：邀请个别幼儿进行展示，爸爸倒计时。

4. 创编游戏不同玩法

（1）提问：小朋友们，除了像小熊爸爸这样倒栽葱，你和爸爸商量还有什么方法可以让自己的头朝下，并且支撑的时间更长？

（2）展示：幼儿和父亲展示，并说说与同伴的动作有什么不同。

（三）整理放松，帮助幼儿回味与父亲一起游戏的乐趣

1. 先让幼儿放松

刚才我们都玩得很开心，爸爸们给宝贝们准备了一个大摇篮，快躺上去休息一下吧！（提醒爸爸摇摆手臂，和孩子说说悄悄话，孩子亲吻爸爸。）

2. 再让爸爸放松

孩子们，我们也让爸爸放松放松吧！（鼓励小朋友们给自己的爸爸进行按摩，让爸爸开心一下。）

四、活动延伸

提醒小朋友和家长，回到家里，再好好读读这本图画故事书，再好好玩玩里面的各个游戏。

第七节 绘本《我妈妈》教学活动方案

一、活动目标

1. 引导幼儿认真、仔细观察图片，培养幼儿的观察能力。
2. 鼓励幼儿大胆讲述画面内容，发展幼儿的表达能力。
3. 引导幼儿回想妈妈的关爱，缔结幼儿的爱母情结。

二、活动准备

1. 反复阅读绘本《我妈妈》①（图6–7），了解该书及作者的影响力。

2. 制作绘本《我妈妈》课件。

3. 在班级“家长园地”上，呈现绘本《我妈妈》教学活动方案及时间安排，邀请幼儿母亲来参与活动。

4. 洋娃娃玩具。

三、活动过程

（一）幼儿分享交流

教师鼓励幼儿向大家介绍自己的妈妈，夸一夸自己的妈妈。

（二）播放绘本封面：我妈妈真棒

1. 教师播放课件，呈现绘本封面，引导幼儿观察，说说看到了什么。

2. 教师小结，告诉幼儿：这是洋娃娃的妈妈，她真的很棒！

3. 教师引导：为什么说妈妈很棒呢？让我们一起来看看吧。

（三）播放绘本片段1：妈妈手真巧

1. 教师播放课件，呈现妈妈的巧手：妈妈是个手艺特好的大厨师，也是一个很会杂耍的特技演员；不但是个神奇的画家，还是全世界最强壮的女人！妈妈真的很棒！

2. 教师引导幼儿仔细观察各张图片，感受妈妈的手很巧，坚信妈妈真的很棒！

3. 教师鼓励幼儿和自己的巧手妈妈悄悄交流一下，然后告诉大家她妈妈的巧手表现在哪些地方。

---

① ［英］安东尼·布朗，文/图．我妈妈［M］．余治莹，译．石家庄：河北教育出版社，2007.

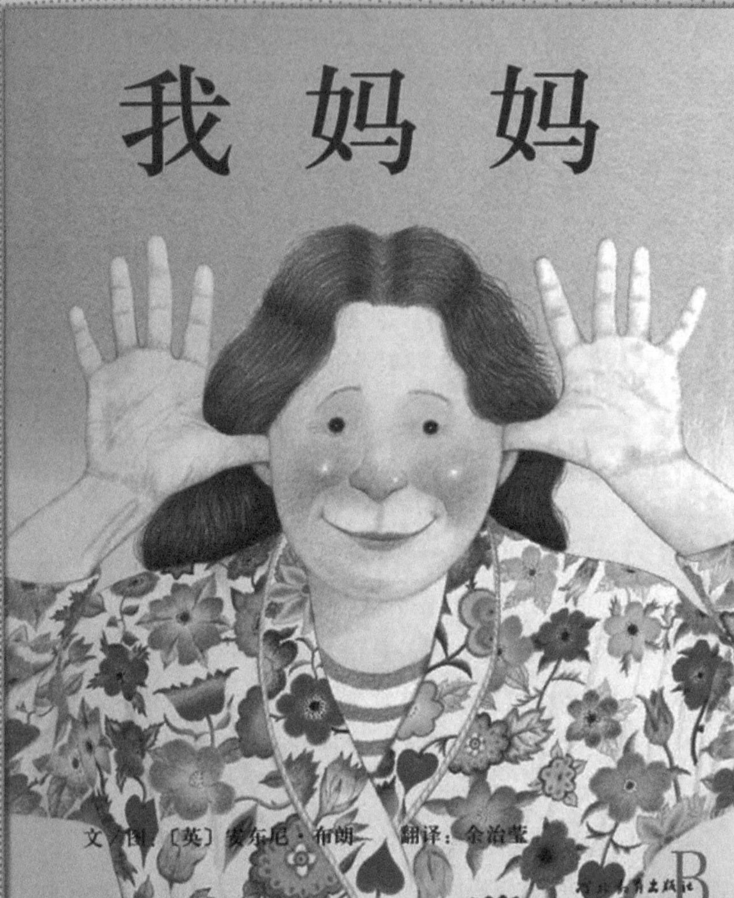

图6-7　绘本《我妈妈》

（四）播放绘本片段2：妈妈关爱我

1. 教师播放课件，呈现妈妈的爱心：妈妈是一个有魔法的园丁，她能让所有的东西都长得很好；她也是一个好心的仙子，我难过时，总是把我变得很开心；她的歌声像天使一样甜美，但吼起来像狮子一样凶猛。妈妈真的、真的很棒！

2. 教师引导幼儿仔细观察各张图片，理解妈妈的爱心，相信妈妈真的很棒！

3. 教师鼓励幼儿说说自己的妈妈是如何关爱自己的；当自己难过的时候，妈妈是怎样哄自己开心的；当自己不听话的时候，妈妈是否也像狮子一样大喊大叫的。

（五）播放绘本片段3：妈妈太美了

1. 教师播放课件，呈现妈妈的柔美：妈妈像蝴蝶一样美丽，还像沙发一样舒适，像猫咪一样温柔，有时候也像犀牛一样强悍。妈妈真的、真的、真的很棒！

2. 教师引导幼儿仔细观察各张图片，理解妈妈的柔美，相信妈妈真的很棒！

3. 教师鼓励幼儿说说自己的妈妈是如何美丽，如何温柔的，并用动作加以表现。

（六）播放绘本片段4：妈妈超爱我

1. 教师播放课件，呈现妈妈的最爱：不管我妈妈是个舞蹈家，还是个航天员；也不管她是个电影明星，还是个大老板，她都是我妈妈；我妈妈是一个超人妈妈，常常逗得我哈哈大笑。我爱她，而且你知道吗，她也爱我！（永远爱我。）

2. 教师引导幼儿仔细观察各张图片，认识到不管妈妈变成什么样子，她都是我的妈妈，我最爱的妈妈，妈妈也最爱我！

3. 教师鼓励幼儿和自己的妈妈拥抱一下，说说悄悄话——我爱你！我也爱你！我永远爱你！——感受温暖的母爱。

四、活动延伸

（1）教师鼓励幼儿在家里，和妈妈一起阅读这本图画故事书，用语言和动作来表现妈妈的才华和爱心。

（2）教师启发幼儿在家里，用自己的画笔给妈妈画一张像，并写上一句夸奖妈妈的话。

| 第八节 | 绘本《我讨厌妈妈》教学活动方案

一、活动目标

1. 帮助幼儿理解小兔子对妈妈的“讨厌”和爱戴。
2. 帮助幼儿用适宜的方式表达对妈妈的爱心。

二、活动准备

1. 借阅绘本《我讨厌妈妈》[①]（图6–8）。
2. 制作绘本《我讨厌妈妈》课件。
3. 邀请幼儿妈妈来班级参加教学活动。

① ［日］酒井驹子，文/图. 我讨厌妈妈[M]. 彭懿，译. 海口：南海出版公司，2010.

图6-8 绘本《我讨厌妈妈》

三、活动过程

（一）播放封面课件，激发幼儿的兴趣

1. 教师提问：我们小朋友都很喜欢自己的妈妈，因为妈妈是我们最亲的人，也是最爱我们的人，可是这只小兔子却说："有时我觉得妈妈……好讨厌！"小朋友们和妈妈一起想一想、猜一猜，小兔子为什么会这样说呢？

2. 教师引导：小朋友们，仔细看看封面，这只小兔子交叉手臂，气呼呼地盯着桌上的饼干，鼻子都气红了。它妈妈到底犯了什么错，让小兔子如此生气呢？

（二）播放内容课件，帮助幼儿理解

1. 小兔子的六大讨厌

讨厌一

教师提问：小朋友们，仔细看看，小兔子为什么会生气呢？它的妈妈为什么没有给它做饭呢？

教师小结：小兔子的妈妈就喜欢睡懒觉！星期天的早上，睡呀，睡呀，睡，睡也睡不醒。小兔子肚子饿了啦。

讨厌二

教师提问：小朋友们，仔细看看，小兔子为什么又生气了呢？

教师小结：每天晚上，小兔子妈妈就知道自己看电视剧，不让小兔子看动画片。

讨厌三

教师提问：小朋友们，仔细看看，小兔子为什么又生气了呢？

教师小结：小兔子妈妈说生气就生气。

讨厌四

教师提问：小朋友们，仔细看看，小兔子为什么又生气了呢？

教师小结：小兔子妈妈就知道催小兔子快点、快点，可她自己却慢吞吞的。

讨厌五

教师提问：小朋友们，仔细看看，小兔子为什么又生气了呢？

教师小结：小兔子妈妈来幼儿园接小兔子总是迟到，还忘记洗衣服，小兔子今天穿的袜子就是昨天穿过的那双。

讨厌六

教师提问：小朋友们，仔细看看，小兔子为什么又生气了呢？

教师小结：小兔子妈妈还说不能跟它结婚，说就是等它长大了，也没有办法跟它结婚，说就是等它长得再大、再大、再大，也没有办法跟它结婚。可是小兔子只想跟妈妈结婚呀。所以，小兔子很讨厌妈妈。

2. 小兔子的离家出走

教师提问：小朋友们，仔细看看，小兔子在干什么？

教师小结：小兔子决定不要这样的妈妈了，它要走了，一个人！走得远远的，走得远远的。它说："再见了，妈妈！"它"砰！"一声把门摔上，就离家出走了。

教师提问：小朋友们，仔细看看，小兔子怎么又回来了呢？

教师讲述：—妈妈问小兔子："怎么啦，忘了什么东西了吗？"小兔子说："我忘了拿球，我要带走的。对了，妈妈……"妈妈问："什么？"小兔子问："又见到我，妈妈高兴吗？"妈妈说："当然高兴了！"

3. 小兔子的3双袜子

教师提问：小朋友们，再仔细看看，最后一页，上面画的是什么？

教师小结：上面挂着小兔子的3双袜子，一定是妈妈听到了小兔子的抱怨，醒来之后干的家务活。

（三）引导亲子互动，密切亲子感情

教师提问：小兔子还生妈妈的气吗？还讨厌妈妈吗？它还会离家出走吗？

教师小结：当我们小朋友不高兴的时候，我们可以跟妈妈好好说，不能乱发脾气，更不能离家出走，要体谅妈妈。小兔子终于懂得了妈妈的爱，还对妈妈表达了自己的爱。

教师提问：你们的妈妈也很爱你们，你们也爱你们的妈妈，那你们想对自己的妈妈说些什么呢？做些什么呢？

教师引导：你们可以把美丽的话说给坐在身后边的妈妈听，给妈妈一个亲吻和拥抱。我们都很爱“讨厌”的妈妈。

四、活动延伸

（1）教师鼓励幼儿和妈妈在班级分享、交流，表达彼此的关爱。

（2）教师在班级创设“娃娃家”，鼓励幼儿扮演不同的角色，表达自己的爱心。

（3）教师鼓励家长和孩子共读这本书，培养孩子的感恩之心。

（4）教师启发家长多和孩子谈心—如“你觉得爸爸、妈妈有什么地方会让你觉得很“讨厌”？你觉得爸爸、妈妈有什么地方会让你觉得很感激？——促使孩子珍惜父母的爱。

第九节 绘本《我永远爱你》教学活动方案

一、活动目标

1. 培养幼儿对亲子绘本的兴趣，提高幼儿的阅读能力。
2. 促使幼儿感受母爱的伟大，学会表达自己对妈妈的爱。

二、活动准备

1. 购买绘本《我永远爱你》[①]（图6–9）。

2. 制作绘本《我永远爱你》课件。

3. 在班级“家长园地”上，张贴绘本《我永远爱你》的教学活动方案和教学时间，鼓励幼儿妈妈来班级参与活动。

4. 歌曲《世上只有妈妈好》。

三、活动过程

（一）呈现绘本封面课件，激发兴趣

1. 提问与观察：你们在图片上看到了什么？它们是谁？它们在干什么？

2. 讲述与提问：是的，小熊和妈妈紧紧地抱在了一起。你们想一想，小熊心里的感觉会是怎样的？

3. 提问与引导：当你们被妈妈抱着的时候，你们会有什么样的感觉？你们感受到妈妈的爱了吗？你们觉得很幸福吗？请你们现在和妈妈拥抱一下。

4. 小结：这本书有一个很美的名字叫《我永远爱你》。

（二）呈现绘本内容课件，分层讲解

1. 分享赏析课件1

边看图边讲解：小熊想给妈妈做早餐，一不小心打碎了妈妈最心爱的碗，它很担心妈妈会说它，就问妈妈：“是不是只有我乖的时候，你才爱我？”

边提问边引导：你们猜一猜，妈妈会怎么说呢？请跟你们的妈妈交流一下。

边看图边讲解：妈妈说，“我永远爱你呀”。小熊又问，“要是我做了不好的事情，你也爱我吗？”妈妈说，“那我还是会爱你的”。

---

① ［英］牡丹·刘易斯，文.［英］彭妮·艾夫斯，图. 我永远爱你［M］. 金波，审译. 北京：外语教学与研究出版社，2006.

图6-9　绘本《我永远爱你》

2. 分享赏析课件2

边看图边讲解：小熊又问，“要是我打枕头仗时，把里面的羽毛都弄出来了，你还会爱我吗？”

边提问边引导：你们猜一猜，妈妈会怎么说呢？请跟你们的妈妈交流一下。

边看图边讲解：妈妈说，“我会永远爱你的，可你必须把所有的羽毛都捡回来”。

3. 分享赏析课件3

边看图边讲解：小熊又问，“要是我把新买的颜料罐子弄翻了，把小妹妹的身上弄得绿一块、红一块、蓝一块的，你还会爱我吗？”

边提问边引导：你们猜一猜，妈妈会怎么说呢？请跟你们的妈妈交流一下。

边看图边讲解：妈妈说，“我会永远爱你的，可你得给她好好洗个澡”。

4. 分享赏析课件4

边看图边讲解：小熊又问，“要是我忘了关冰箱的门，结果小妹妹把里面所有东西都拖出来了，你还会爱我吗？”

边提问边引导：你们猜一猜，妈妈会怎么说呢？请跟你们的妈妈交流一下。

边看图边讲解：妈妈说，“我会永远爱你的，可是喝下午茶的时候我们就不能吃点心了”。

5. 分享赏析课件5

边看图边讲解：小熊又问，“要是我把奶奶做的麦片粥都倒在头上了，你还会爱我吗？”

边提问边引导：你们猜一猜，妈妈会怎么说呢？请跟你们的妈妈交流一下。

边看图边讲解：妈妈说，“我会永远爱你的，可是你必须再喝一碗奶奶的麦片粥”。

6. 分享赏析课件6

边看图边讲解：小熊又问，“如果我把你最心爱的碗打碎了，你还会爱我吗？”

边提问边引导：你们猜一猜，妈妈会怎么说呢？请跟你们的妈妈交流一下。

边看图边讲解：妈妈说，“你知道，我永远爱你”。

7. 分享赏析课件7

边看图边讲解：妈妈惊讶地看到自己最心爱的碗被打碎了；小熊边哭边说：“对不起，你说过会永远爱我的。我爱你。”妈妈抱着小熊说：“我当然爱你呀。”

边提问边引导：你们猜一猜，小熊想到了一个什么样的好办法？请跟你们的妈妈交流一下。

边看图边讲解：小熊手捧着一个自制的彩碗送给妈妈。

边提问边引导：你们看一看，这个碗上写着什么字呢？妈妈看到后，又会对小熊说什么呢？请跟你们的妈妈交流一下。

边看图边讲解：妈妈看到碗上写着“阿力爱妈妈”。妈妈很高兴，笑着说：“这是我最心爱的碗！”

（三）理解绘本内容，举一反三

1. 小结与交流

小熊是个好孩子，虽然犯了很多错误，但它并没有撒谎，只是很担心妈妈的反应。妈妈不厌其烦地对他说：“我永远爱你。”但又要求它对自己的行为负责，尽可能去弥补。小朋友们，你们做错事的时候，妈妈是怎么说你们的？请跟你们的妈妈交流一下。

2. 讨论与练习

小朋友们，你们都爱自己的妈妈，你们想对妈妈说些什么呢？能为妈妈做些什么呢？请跟你们的妈妈互动一下。

四、活动延伸

1. 共同欣赏歌曲

教师和幼儿及家长一起欣赏歌曲《世上只有妈妈好》，教师鼓励幼儿和妈妈边唱边跳。

2. 启发亲子对话

教师鼓励幼儿和妈妈交流，用“要是……，你还会爱我吗？”“我会永远爱你，可是……”等句型进行对话。

| 第十节 | 绘本《我爱爷爷》教学活动方案[①]

一、活动目标

1. 使幼儿在听听、看看、讲讲、玩玩的过程中，理解画面内容。

2. 使幼儿体验和小动物朋友一起给爷爷帮忙的乐趣，培养幼儿爱爷爷的美好情感。

二、活动准备

1. 绘本《我爱爷爷》[②]（图6–10）。

2. 绘本《我爱爷爷》课件。

---

① 本方案由上海市青浦区徐泾幼儿园园长、中学高级教师、上海市特级园长杭爱华，上海市青浦区徐泾幼儿园教师、幼儿园高级教师、青浦区学科示范教师朱燕提供。

② ［澳］安娜·沃克，文/图. 我爱爷爷［M］. 蒲蒲兰，译. 北京：连环画出版社，2013.

图6-10 绘本《我爱爷爷》

三、活动过程

（一）猜谜语导入绘本

1. 猜谜语，引入绘本

教师说谜面：今天老师请来了一个小客人，猜猜它是谁？“一匹马，真奇怪，浑身上下有斑纹。”幼儿猜测谜底。

教师呈现课件画面1，引导幼儿用礼貌用语和小斑马欧利耶打招呼。

教师提问：除了小斑马来了，还有谁来了呀？

教师呈现爷爷画面，播放爷爷粗粗的嗓音：“宝宝，我要到菜园去啦，你来帮帮忙好吗？”

教师提问：这是谁呀？你怎么知道它是欧利耶的爷爷的？

教师引导幼儿从眼镜、身高来猜测这是爷爷。

2. 提出问题，引导观察

教师提问：爷爷请欧利耶做什么事情啦？爷爷有一个大大的花园。你们家有没有花园呀？花园里有些什么？

教师引导幼儿联系生活，回忆花园里有些什么。

过渡语：瞧，爷爷的花园那么大，一个人帮不过来，我们和欧利耶一起去给爷爷帮忙吧。

（二）看看讲讲理解画面

1. 路遇小鸭子

教师呈现课件画面2，提示幼儿跟着欧利耶和爷爷一起做小推车动作，去花园。

教师呈现课件画面2，提示幼儿和小鸭子打招呼。

引导幼儿一起讲述：爷爷有个大菜园，爷爷要我去帮忙。带上小鸭子一起去帮忙。

2. 路遇小青蛙

教师呈现课件画面3，哼唱“我爱爷爷”，提示幼儿跟着欧利耶和爷爷一起做小推车动作，去花园。

教师呈现课件画面3，提示幼儿和青蛙打招呼。

教师引导幼儿一起讲述：爷爷有个大菜园，爷爷要我去帮忙。带上小青蛙一起去帮忙。

3. 来到花园里

教师讲述：哇，花园到了，好大的花园呀。

教师呈现课件画面4，提问：爷爷在做什么？欧利耶在花园里帮爷爷干什么呀？提示：浇浇水，除除草，小小花儿长得好。

教师呈现课件画面5，提问：欧利耶还帮爷爷做了什么事情？鼓励幼儿边学欧利耶挖坑、播种，边说：挖个坑呀，播个种呀，一起劳动真快乐。

教师呈现课件画面6，讲述：哇，花园的小花都开啦！

教师提问：你们有没有帮爷爷做过事情呀？

教师引导幼儿回忆自己帮助爷爷做过的事情，激发幼儿爱爷爷的美好情感，强化幼儿帮爷爷做事的良好行为。

（三）边听录音边读书

教师引导：我们和欧利耶一起帮爷爷去花园里做了好多事情，真开心。我把这个开心的故事藏在了一本有趣的书里，我们一起来看看。

（四）边听音乐边跳舞

教师引导：我还把欧利耶和爷爷的故事，编成了好听的歌曲。我们大家一起来跟着欧利耶和爷爷唱唱、跳跳吧。

四、活动延伸

1. 在班级的“娃娃家”里，给幼儿提供机会，表现祖孙情。
2. 在班级的种植园地里，给幼儿提供机会，进行挖坑播种。
3. 在家里，给幼儿提供机会，帮助大人做点力所能及的小事。

| 第十一节 |

歌曲《爱我你就抱抱我》教学活动方案①

一、活动目标

1. 使幼儿在与父母共同欣赏、学习这首歌的过程中，体验父母爱的温暖，从而进一步激发幼儿爱父母、爱家庭的情感。

2. 帮助家长学习以“夸一夸”“抱一抱”“亲一亲”等方法，来表达自己对孩子的爱，融洽亲子关系。

二、活动准备

1. 教师在班级公共邮箱中向家长发送《爱我你就抱抱我》的音乐、书面邀请函，请家长来园参与活动。

2. 歌曲《爱我你就抱抱我》及播音设备。

3. 给每个幼儿准备一个玩具娃娃。

4. 设计好座位，使每个幼儿都能和自己的爸爸或妈妈坐在一起，或坐在爸爸或妈妈的腿上；全班幼儿围坐成一个大圆圈。

---

① 本方案由上海市宝山区小鸽子幼稚园园长、中学高级教师、上海市优秀园丁吴晓兰提供。

三、活动过程

（一）欣赏歌曲

1. 教师讲述

今天，我们要和爸爸、妈妈一起做游戏，我们先听一首好听的歌曲。

2. 教师提问

这首歌曲的名称是什么？你从这首歌曲中听到了什么？

3. 教师提示

我们再来听一遍，这次可以和爸爸、妈妈一起，随节奏做动作。

4. 教师小结

你们真棒！刚才我们都听到了“爱我你就陪陪我，爱我你就亲亲我，爱我你就夸夸我，爱我你就抱抱我”。我还看到了爸爸、妈妈在抱抱、亲亲宝贝们，你们真的很爱自己的宝宝。

（二）学习律动

1. 教师示范

请爸爸、妈妈学着老师的动作，和您的孩子亲亲、抱抱；宝贝们也可以跟着爸爸、妈妈一起动起来呦！

2. 教师提问

你喜欢爸爸（或妈妈）亲亲你、抱抱你吗？我们和爸爸、妈妈一起唱歌、游戏，你们愉快吗？

3. 教师引导

请爸爸、妈妈和班级中任意一个孩子亲亲、抱抱。

4. 教师小结

《爱我你就抱抱我》这首歌曲真好听！爸爸、妈妈“夸一夸”“抱一抱”“亲一亲”我们的宝贝，就能让我们的宝贝更健康、更幸福！

四、活动延伸

（1）教师在班级的“娃娃家”里，摆放足够的玩具娃娃，让幼儿抱抱娃娃，亲亲娃娃。

（2）教师在每天送接交流的时间里，鼓励家长多和孩子亲亲、抱抱。

（3）教师鼓励家长每天在家里，多“夸一夸”“抱一抱”“亲一亲”“背一背”“举一举”孩子等。

|第十二节| 歌曲《一对好朋友　快乐父子俩》教学活动方案[①]

一、活动目标

1. 帮助幼儿熟悉旋律，学唱歌曲，体会浓浓的父子之情。

2. 鼓励幼儿乐意用动作、表情、歌声来表达对“大头儿子和小头爸爸”的喜爱。

3. 引导幼儿根据旋律，创编歌词，表达对其他家庭成员的爱。

① 本方案由西藏民族学院讲师、华东师范大学学前教育系博士研究生张玮提供。

二、活动准备

1.“大头儿子”“小头爸爸”的头饰。

2.《一对好朋友　快乐父子俩》课件。

3.《一对好朋友　快乐父子俩》音乐及播放设备。

三、活动过程

（一）导入活动

教师播放课件，引导幼儿认识、熟悉歌曲中的人物关系与特点。（大头儿子：幼儿园小朋友，聪明，淘气，心地善良。小头爸爸：上班族，爱家庭，爱孩子。）

（二）学唱歌曲

1. 教师示范演唱。

2. 教师引导幼儿回忆歌词，理清歌词顺序：大头儿子，小头爸爸，一对好朋友，快乐父子俩。儿子的头大，手儿小；爸爸的头小，手儿很大；大手牵小手，走路不怕滑，走呀走呀走走走走，转眼儿子就长大！

3. 教师教唱，幼儿跟唱。

4. 教师分发头饰，幼儿按角色，演唱歌曲。

（三）创编歌曲

教师引导幼儿说出其他家庭成员（如妈妈、爷爷、奶奶、哥哥、姐姐等）及特点，根据歌曲旋律创编歌词，体验创作的快乐。

四、活动延伸

（1）教师鼓励幼儿讲述爸爸、妈妈对自己的爱，以及自己如何关心父母和家人。

（2）教师帮助幼儿记录创编的歌词，在班级的“家长园地”里展示出来。

关键词回顾

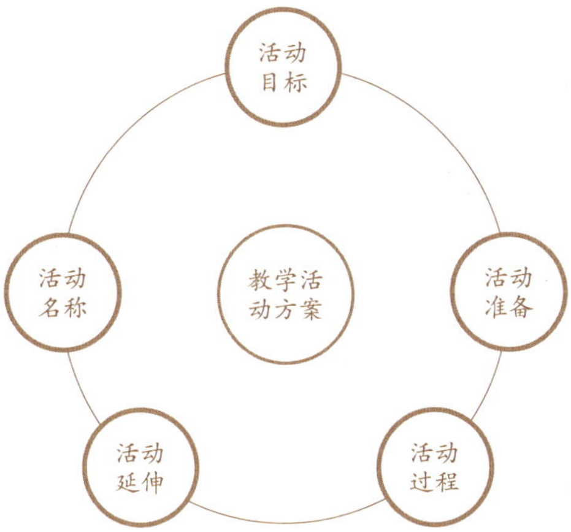

复习思考

① 教学活动方案主要由哪几个部分组成？

② 试以某个反映家庭或社区的绘本为例，设计一个教学活动方案。

③ 试以某个反映家庭或社区的歌曲为例，设计一个教学活动方案。

拓展阅读推荐书目

① 李生兰著，《幼儿园与家庭、社区合作共育的研究》（第2版），华东师范大学出版社，2013年。

② 李生兰著，《学前儿童家庭教育与活动指导》（第3版），华东师范大学出版社，2014年。

③ ［英］麦克布雷尼文，［英］婕朗图，梅子涵译，《猜猜我有多爱你》，明天出版社，2005年。

④ ［英］艾伦著，李小强译，《小威向前冲》，贵州人民出版社，2008年。

网上浏览

① http://www.age06.com

② http://www.bjchild.com

③ http://www.sdchild.com

第七章 幼儿园与家庭、社区合作共育的参观活动方案

长风公园
上海消防博物馆
张充仁纪念馆
徐家汇源
社区文化中心
图书馆
中国航海博物馆
超市
邮政局
敬老院
玻璃博物馆
淞沪抗战纪念馆
小学
农场
蟠龙古镇
地铁2号线徐泾站
西湖公园
大韩民国临时政府旧址纪念馆
华北军区烈士陵园
秦始皇兵马俑博物馆

在这幅图片中:

你看到了什么？你想到了什么？

学习目标

① 了解各个参观活动方案。
② 掌握参观活动方案主要由活动目标、活动准备、活动过程、活动延伸等部分组成。
③ 学会设计参观当地某个场所的活动方案。

学习重点与难点

○ 学习重点／掌握参观活动方案的基本结构。
○ 学习难点／掌握参观活动方案的设计创新。

学习建议

① 参观自己感兴趣的某个社区场所。
② 尝试自己设计一个参观活动方案。

| 第一节 | 参观长风公园活动方案

一、活动目标

1. 引导幼儿认识长风公园（图7-1）的主要景点，鼓励幼儿在大草坪上玩耍，培养幼儿喜爱到公园游玩的情感。

2. 促使家长意识到长风公园也是教育孩子的重要场所，学会运用不同的公园等社区场所，来促进孩子的快乐成长。

二、活动准备

1. 教师在网上寻找有关长风公园的信息（它被国家建设部、中国公园协会选为中国百家名园之一，是上海市大型的综合性公园、唯一的山水公园），了解它的地理位置（如位于普陀区大渡河路、枣阳路），交通情况(很方便，附近有多条公交线路和地铁线路)，开放时间，进出大门（有4个），主要景点等。

2. 教师先去长风公园实地观看，和工作人员预约商讨带幼儿来游览的事情，争取工作人员的支持和配合。

3. 教师通过送接交流、家长园地、QQ群、微信朋友圈等形式，邀请家长参加长风公园的游玩活动，并帮助照看幼儿。

4. 教师告诉幼儿将要去长风公园游玩，提醒幼儿记着穿上运动鞋，带上外出用品和画板、照相机，以便随时记录、拍照。

图7-1　长风公园

三、活动过程

（一）走到公园

1. 教师和家长带领幼儿走出园门，提醒幼儿要注意交通安全，要走人行道；过马路时要看交通灯，要走斑马线。

2. 教师和家长引导幼儿站在长风公园的大门口（如在枣阳路上），仔细观看公园的名称及其大门的造型。

（二）进入公园

1. 教师和家长带领幼儿走进长风公园的大门，启发幼儿寻找公园的“示意图”。

2. 教师和家长指导幼儿观察“长风公园·长风海洋世界AAAA级景区示意图”，给幼儿讲一讲《上海市公园管理条例》“便民措施”“开放时间”“公共服务热线”，要求幼儿文明游园，做个文明的小游客；让幼儿找一找现在所处的位置，公园各个景点的位置；让幼儿说一说先想去哪里看看、玩玩。

3. 教师和家长带领幼儿在长风公园里的各个主要景点（如铁臂石景、银锄碧波、青枫绿洲、夕阳晚照、岁寒三友、迎春池、睡莲池、荷花池、钓鱼池、黑松山、牡丹苑、杜鹃苑、月季苑、玉兰苑、樱花苑、曲廊、画廊、“地下少先队”群雕、“雷锋”铜像）走一走，看一看，认一认（如指示牌、景点的名称），说一说（如自己喜欢的银锄湖），画一画（如自己感兴趣的铁臂山），拍一拍（如自己认为值得保存的少年先锋队员群雕）。

4. 教师和家长带领幼儿在长风公园里的大草坪上坐下来，休息一下；躺在草地上，晒晒太阳；唱唱歌，跳跳舞，做做游戏。

（三）离开公园

1. 教师和家长带领幼儿从长风公园的另一个大门（如在大渡河路上）走出去，回到幼儿园，使幼儿感受“条条大路通罗马”。

2. 教师和家长引导幼儿边走边说说参观长风公园的见闻和感想，说说有哪些地方好玩。

四、活动延伸

1. 教师在班级的建筑区里，投放多种废旧物品，如大纸板箱、大塑料架、盆景、娃娃，以激发幼儿搭建“公园”的兴趣。

2. 教师和家长在班级的科学区里，增加几盆花草，指导幼儿进行观察记录。

3. 教师和家长带领幼儿在班级的种植园地里，种花、种菜、浇水、除草。

|第二节| 参观上海消防博物馆活动方案

一、活动目标

1. 帮助幼儿了解上海消防博物馆（图7–2）的环境、设施和设备（如消防装备、消防车和自动化消防装置），以丰富幼儿的消防知识，增强幼儿的自我保护能力。

2. 帮助幼儿了解消防队员的工作，以萌发幼儿尊敬消防队员的情感，促使幼儿学习消防队员英勇顽强的精神。

二、活动准备

1. 教师在网上查找消防博物馆的信息，知道它的地理位置（位于长宁区中山西路229号），了解它的开放时间和交通路线。

2. 教师实地参观消防博物馆，知道馆中的布局，并预约将带幼儿来参观，希望得到支持和帮助。

3. 教师通过家长园地、送接交流、手机信息等多种形式，邀请家长加入进来，共同组织好幼儿的参观活动。

4. 教师带领幼儿在幼儿园里寻找有关消防的器械，激发幼儿参观消防博物馆的兴趣；提醒幼儿参观时，可带上绘画板或照相机。

图7-2 上海消防博物馆

三、活动过程

1. 教师和家长带领幼儿来到“上海消防博物馆”门前，帮助幼儿认识中文名称和英文名称（SHANGHAI FIRE MUSEUM）。

2. 教师和家长带领幼儿走进博物馆大厅，引导幼儿观看水枪、消防玩具模型柜台、蒸汽消防车等。

3. 教师和家长在讲解员的陪同下，带领幼儿边从一楼走到二楼边看云梯，参观“火灾的历程—消防科普教育馆”：御火者的脚步、火灾的探究、虚拟火灾实验室、虚拟火场、4D影院。请讲解员利用宣传图文版及虚拟火场，向幼儿介绍“什么是火”“什么是火灾”以及“火灾应对及自救逃生”等知识与技能，帮助幼儿学习正确的火场逃生方式。

4. 教师和家长在讲解员的陪同下，带领幼儿边看云梯边从二楼走到三楼，参观“城市导火者—消防历史展示馆”。请讲解员带领观看各种各样的消防器材藏品（如木制双筒人力泵、消火栓、内燃机消防车、灭火弹、电话、手摇式防空报警器等），以及消防队、消防服装、消防英雄及消防头盔等。

5. 教师和家长及幼儿一起向讲解员表示感谢，下楼回到大厅。

6. 教师提醒家长和幼儿可以在高大的蒸汽消防车旁拍照或画张像，也可以在多排水枪旁拍照或画张像。

7. 教师提醒家长和幼儿可以在咨询台拿本消防宣传手册，回园或回家后再仔细阅读。

四、活动延伸

1. 教师和幼儿在班级共同阅读消防宣传手册，并谈谈参观上海消防博物馆的收获。

2. 教师在班级的活动区里，增加材料，引导幼儿搭建“上海消防博物馆”，玩消防队员的游戏。

3. 教师和幼儿一起演习火警，学习使用灭火器，强化消防知识，巩固消防技能。

4. 教师鼓励家长带领孩子参观家庭附近的“消防站”，加深孩子对消防队员的认识。

| 第三节 | 参观张充仁纪念馆活动方案

一、活动目标

1. 通过参观，使幼儿知道张充仁爷爷是上海人，是个爱国艺术家，并为他的艺术成就而感到骄傲和自豪。

2. 通过参观，强化幼儿的美术兴趣，增强幼儿的绘画技能，培养幼儿的雕塑能力。

二、活动准备

1. 教师在网上查看张充仁纪念馆（图7–3）的各种信息，知道它被国家文物局评估定级为国家三级博物馆，被上海市文物管理委员会认定为上海市百家博物（纪念）馆之一；知道它坐落在闵行区七宝镇蒲溪广场75号。

2. 教师自己先去张充仁纪念馆参观一下，并预约带领幼儿来参观的事情，请馆员到时给予帮助和讲解。

3. 教师通过家长园地、送接交流等多种形式，邀请家长一同来参观，使家长意识到社区纪念馆等场馆也是教育孩子的重要资源。

4. 教师提醒幼儿参观张充仁纪念馆时，可带上小画板、照相机。

三、活动过程

1. 教师和家长带领幼儿来到张充仁纪念馆门前，引导幼儿认识纪念馆的名称、造型（为砖木结构庭院式二层楼明清建筑）；指导幼儿仔细观看张爷爷雕塑，学着张爷爷的样子，摆个姿势，拍张照片，再跟着爸爸、妈妈认读一下张爷爷的名言“以我之手，塑作人生，斧凿千秋”；启发幼儿在右侧寻找“参观须知”和服务窗口、领票处。

2. 教师和家长给幼儿讲讲纪念馆门前的“参观细则”，要求幼儿遵守参观秩序，服从馆内工作人员的引导和指挥；爱护展厅设施，不触摸展品，不在馆内追逐打闹、大声喧哗；小心玻璃及门槛，不爬靠、不挤压玻璃展柜。

3. 教师和家长组织幼儿来到纪念馆入口处，要求幼儿排好队，拿着入场券，主动和验票员打招呼，讲文明，懂礼貌。

4. 教师和家长及讲解员一起带领幼儿参观，站在大厅里，观看张先生铜像，听讲解员介绍：张先生是位雕塑艺术大师，一生潜心研究雕塑、绘画技巧，执着追求艺术真谛，他的雕塑创作及艺术教育硕果累累，盛名中外，是我国当代雕塑艺术奠基人之一。

5. 教师和家长及讲解员一起带领幼儿穿过右边的长廊，从楼下的各个展室走到楼上的各个展室（如饮誉欧洲、走出土山湾、求学比利时、在法国工作室、

图7-3　张充仁纪念馆

充仁画室、画室春秋、泼彩人生、雕塑泰斗、晚霞绚烂）逐一观赏；请讲解员给大家重点介绍国际雕塑大师张先生的雕塑作品、绘画、实物和相关书报照片等珍贵资料，以及生平事迹和艺术成就，颂扬张先生在将近一个世纪，享誉大半个地球，用神奇之手塑绘一件件传世杰作，以赤诚之心追求艺术的精神。

6. 教师和家长及幼儿向讲解员致谢，感谢她的服务和帮助。

7. 教师鼓励家长根据孩子的兴趣爱好，再带着孩子去某个展室转一转，仔细地看一看所喜欢的某个展品（如雕塑《儿童哨》，如水彩画《卖花女》，如油画《赤子》)，也可在画板上画下自己喜爱的某个展品。

8. 教师和家长带领幼儿走到天井出口处，观赏大雕塑，并以此为背景，大家一起拍张全班集体照和家庭亲子照。

四、活动延伸

1. 教师在回园后的谈话活动中，和幼儿一起分享参观张爷爷纪念馆的心得、体会。

2. 教师在班级的区角活动中，给幼儿提供大量的橡皮泥，鼓励幼儿塑造自己心目中的张爷爷形象，或像张爷爷一样塑造自己喜爱的形象。

| 第四节 |

参观徐家汇源活动方案[①]

一、活动目标

1. 结合上海旅游节，使幼儿意识到海派文化源自徐家汇。
2. 通过参观，使幼儿感受“徐家汇源”不同的建筑风格。

二、活动准备

1. 教师上网寻找上海旅游图。
2. 教师自制“徐家汇源”导游图。
3. 教师事先去“徐家汇源”，实地考察其交通、客流情况等。

三、活动过程

（一）参观前

教师组织幼儿讨论：上海旅游节开幕了，你们想不想去“徐家汇源”参观游览？参观游览时应注意哪些事项？

（二）参观中

1. 教师引导幼儿观察“徐家汇源”的交通标志。

① 本方案由上海市徐汇区望德幼儿园教师、幼儿园一级教师钱钟婧提供。

2. 教师带领幼儿参观藏书楼——闻书香。

教师边带领幼儿参观边提问：为什么要造徐家汇藏书楼？你们知道它有什么特别的用处吗？

3. 游览徐家汇天主堂。

教师边带领幼儿游览边提问：徐家汇天主堂的建筑有什么特别的地方？人们在教堂里干什么？

4. 探究徐家汇观象台。

教师边引导幼儿观察边提问：徐家汇观象台的建筑有什么与众不同的地方？它与我们的生活有什么关系？

5. 游览光启公园。

教师边指导幼儿欣赏徐光启雕塑边提问：你们认识他吗？你们听说过他的故事吗？

（三）参观后

教师组织幼儿讨论与比较："徐家汇源"建筑和我们平时看到的建筑有什么不一样的地方？在经过"徐家汇源"时应该注意些什么？

四、活动延伸

教师在班级活动区中，创设"徐家汇源"环境，并提供相应的材料，鼓励幼儿自由地表达和表现。

第五节 参观社区文化中心活动方案①

一、活动目标

1. 帮助幼儿了解社区文化中心是一个休闲、学习、娱乐、健身的好地方。
2. 扩展孩子的生活经验，促使幼儿学习遵守社会基本规则。
3. 丰富亲子业余生活，进一步增进亲子感情。

二、活动准备

1. 了解社区文化中心的场所和设施，安排好参观路线。
2. 和社区文化中心相关部门做好沟通协调工作。
3. 安排好车辆，确定往返路线与时间，确保幼儿的安全。
4. 邀请家长参加活动。

三、活动过程

1. 教师向幼儿介绍参观的地点和要求，告诉幼儿社区文化中心是个安静的地方，进入大楼以后要保持安静，认真听解说员讲解。

2. 教师和家长带领幼儿排队上车，在车内帮助幼儿入座、系好安全带，告诉幼儿不能把头和手伸出窗外。

---

① 本方案由上海市普陀区梅川幼儿园园长、幼儿园高级教师、上海市园丁奖获得者李莹提供。

3. 教师和家长带领幼儿依次下车，引导幼儿注意观看文化中心所处的路段，文化中心大楼的颜色、造型，提醒幼儿有礼貌地与工作人员打招呼，并轻轻地走进大楼。

4. 教师提醒大家在文化中心的大厅集合，听工作人员介绍文化中心的概况和整体布局。

5. 教师和工作人员带领大家依次参观文化中心里的图书馆、健身中心、早教中心、小剧场。

6. 教师和工作人员把幼儿分成小组，让他们分别进入不同的场所进行参观体验。（1）图书室：参观成人和幼儿的图书馆，观察不同年龄段儿童图书的异同点，观看图书是怎样分类摆放的，鼓励幼儿说说为什么要这样摆放，引导幼儿观看图书馆里的人们是怎样认真、专注地看书的，感受图书馆安静的气氛，观察书架上的提示牌，知道进入图书馆的规则。（2）健身中心：观看健身中心有哪些设施，讨论哪些是供成人使用的，哪些是供幼儿使用的，讨论指示牌的作用，讨论人们为什么要到健身中心来锻炼身体，以帮助幼儿提高安全意识，使幼儿知道生命在于运动。（3）小剧院：参观小剧场，观察剧场内的设施、座位的排列顺序，引导幼儿学会对号入座，观察剧场内的标志，知道进入剧场要安静，看表演时不能随意走动。（4）早教中心：参观早教中心，观察早教中心的设施，引导幼儿和弟弟、妹妹做游戏，学会主动交往。

7. 教师提醒幼儿和家长在大厅集合，并向文化中心的工作人员表示感谢。

8. 教师和家长整理队伍，组织幼儿上车回园。

四、活动延伸

1. 教师鼓励幼儿说说参观社区文化中心的感受。

2. 教师鼓励家长经常带孩子去文化中心学习、娱乐。

3. 教师提醒家长为孩子办一张社区图书馆借书证，每月借阅图书，并拿到幼儿园里来分享交流。

第六节

参观图书馆活动方案①

一、活动目标

1. 使幼儿知道图书馆是个藏书、借书、读书的好地方。
2. 使幼儿体会到安静阅读的氛围，知道怎样借阅图书。
3. 使幼儿知道要爱护图书，鼓励幼儿在图书馆进行阅读。

二、活动准备

1. 和图书馆联系参观事项。
2. 制订参观路线图。
3. 激发幼儿参观的兴趣。

三、活动过程

（一）参观前

教师简单地向幼儿介绍要参观的图书馆，并提出具体的参观要求，告诉幼儿图书馆是个安静的地方，进入图书馆以后要保持安静，看到感兴趣的图书要按照图书馆的借阅程序去借阅图书，要认真听老师及工作人员的介绍。

---

① 本方案由上海市西凌第一幼儿园教师、幼儿园一级教师、教育学硕士张玲提供。

（二）参观中

1. 教师带领幼儿排队进入图书馆

在进入图书馆之前，教师提醒幼儿要保持安静，要轻轻走路，要学会用眼睛去观察，要仔细看看图书馆的环境和我们幼儿园图书馆的环境、班级图书角的环境有什么不同，并积极主动地和图书馆的工作人员打招呼。

2. 教师邀请图书馆工作人员带领幼儿参观

教师和工作人员带领幼儿参观不同年龄段儿童的阅览室，如儿童阅览室、青少年阅览室、成人阅览室；引导幼儿发现不同年龄段儿童的阅览室里摆放的图书是不一样的，在儿童阅览室中，让幼儿进行半小时左右的自由阅读，切身体会在阅览室里的阅读氛围。

教师带领幼儿观察不同区域的书架上所摆放的图书，如自然科学、外文书籍、工具图书、童话故事、文艺小说等，引导幼儿发现图书有多种分类的方法。

教师带领幼儿观察图书馆工作人员的工作内容，如整理图书，修复书籍，给新书贴标签，在书库中搜索某一本图书，帮助人们借阅图书。

教师请工作人员教幼儿怎么将图书放回书架，并让幼儿帮助工作人员整理、修补图书。

3. 教师和幼儿向图书馆工作人员致谢

在结束参观活动前，教师提醒幼儿向工作人员致谢，有秩序地离开图书馆，返回幼儿园。

（三）参观后

在返回幼儿园的途中，教师和幼儿交流分享本次参观活动的感想，讨论图书馆的作用，鼓励幼儿大胆说说自己心目中好的图书馆应该是什么样子的。

四、活动延伸

1. 教师和幼儿一起讨论交流，班级的图书角应该怎样安排，才会变得更好。

2. 教师鼓励幼儿搜集各种各样的图书，尝试在班级区角里开设一个“小小图书馆”。

| 第七节 | 参观中国航海博物馆活动方案①

一、活动目标

1. 帮助幼儿体验航海时代的魅力，激发幼儿对海洋的兴趣。
2. 促使幼儿在亲子同游的过程中，习得一些航海知识。

二、活动准备

1. 教师召开家长会，和家长沟通参观活动的方案，请家长补充、完善方案。
2. 教师和家长共同为幼儿准备外出的一些必需品，如运动鞋、餐巾纸等。
3. 教师与博物馆人员进行沟通，请他们协助准备参观活动的相关事项。
4. 教师与旅行社沟通，组织车辆，确保幼儿参观活动的安全。

① 本方案由上海市浦东新区潮和幼儿园园长、中学高级教师卢美华提供。

三、活动过程

（一）参观外观

教师和家长引导幼儿观赏，并提问：中国航海博物馆的外表看上去像什么？

教师和家长启发幼儿想象，并回答：看上去像“白帆”，像两只白色风帆交错互抱，充满动感。

教师和家长向幼儿讲解：2010年7月5日，为迎接郑和下西洋纪念日暨中国航海日的到来，由交通运输部和上海市人民政府共同筹建的中国第一家国家级航海博物馆正式开馆并对外开放，定位为国家级航海博物馆。再向幼儿说明中国航海博物馆地址：上海市浦东新区临港新城申港大道197号，矗立于上海市浦东新区上海临港新城的滴水湖畔。

（二）参观六个展馆

1. 参观航海历史馆

教师请馆员给幼儿讲解介绍：这是中国航海博物馆的重点展馆。该馆以时间为主线，分为古代、近代、现代三个展区。同时历史馆以技术副线为隐线，将浮力渡水、独木舟、木板船、帆、桨、橹、舵、指南针等造船和航海技术随时间主线并行展开，使幼儿能更深入地了解中国航海技术的发明与演变过程。

教师引导提问幼儿：你最喜欢哪艘船？为什么？

2. 参观船舶馆

教师请馆员给幼儿讲解介绍：船舶馆分为船舶结构与设备、船舶制造两个部分，通过对船舶结构、设备及建造的分解、介绍与展示，呈现给幼儿一幅清晰、透明的船舶图纸。

教师鼓励幼儿与家长登船，登上位于一楼大厅内的高近70米、长30余米、宽逾8米的巨型明代福船，这是航海历史馆的“镇馆之宝”。

教师启发引导幼儿：登在大船上，你有什么样的感受？

3. 参观航海与港口馆

教师请馆员给幼儿讲解介绍：航海与港口馆主要展示了海洋环境以及

从古至今各类保障船舶航行的仪器、仪表等技术资料，包括地文航海、天文航海、无线电航海等；请幼儿观看反映港口与航道的文物和实物。

教师引导提问：你知道东海大桥吗？它是连接哪个港口的？

4. 参观海事与海上安全馆

教师请馆员给幼儿讲解介绍：海事与海上安全馆由海事和海上安全两大独立展区组成；海事馆通过实物及辅助图文展示海事沿革与海事监管执法；海上安全馆通过实物、模型、多媒体、电子地图等展示海上救助、海上打捞以及反海盗专题内容。

教师启发引导幼儿：水手们打水手结是最基本的工作，我们一起来学一学吧！

5. 参观海员馆

教师请馆员给幼儿讲解介绍：海员馆主要展示与海员工作、生活紧密相关的实物、文献；位于展馆中心的航海模拟器以大型集装箱船驾驶室为模拟器原型，生动展示现代化船舶驾驶工作的特点，使幼儿与家长通过主动操纵船舶，体验当船长的感觉。

教师启发引导幼儿：假如你当船长，来驾驶轮船，你会有什么样的感觉？

6. 参观军事航海馆

教师请馆员给幼儿讲解介绍：军事航海馆分为中国人民海军建设和军舰知识两大展示内容，重点展示了各类军舰模型等海上军事用品。

教师启发引导幼儿：我们的军舰漂亮吗？你还在什么地方看到过军舰？

（三）亲子互动活动

教师给幼儿讲解介绍：有五种亲子互动活动，请你们与爸爸、妈妈商量一下，选择一种活动。

1. 航海大闯关

每个家庭免费从馆员那里领取一份游戏棋盘，展开一场愉快而又紧张的航海科普闯关之旅。闯关游戏不仅考验航海科普知识，挑战动手能力，在刺激的“机会”“命运”卡面前，偶尔也要拼一下小运气。成功闯关并到达终点的家庭，就能赢取最终的神秘航海小礼品。

2. 彩绘小石头

每个家庭在馆员的带领下，发挥创意和灵感，在形状各异的小石头上用缤纷色彩绘制出自己喜爱的卡通图案和人物。绘制完成后，将缤纷的彩石留做纪念。

3. 软陶制作盘

每个家庭在软陶大师的现场指导下，自己动手做出（DIY）自己家庭风格的软陶盘。

4. 海洋蜡染画

每个家庭在馆员的带领下，手工制作海洋主题的蜡染画，一起体验愉快而又有收获的博物馆之旅。

5. 可爱揉纸画

每个家庭在馆员的引导下，将对应颜色的彩色纸搓成小纸球黏在背胶上，制成风格多变的立体揉纸作品，锻炼幼儿的手眼协调能力。

四、活动延伸

1. 教师提醒家长，可带着孩子在博物馆内自由游览，去孩子感兴趣的地方多逛逛。

2. 教师鼓励幼儿回家以后，给家里其他人讲讲博物馆旅行中的有趣事情。

|第八节|

参观超市活动方案[①]

一、活动目标

1. 帮助幼儿了解超市的布局及分类，认识一些常用的商品。

2. 帮助幼儿初步了解不同食物的营养价值，尝试自己独立购物。

二、活动准备

1. 教师跟家长联系，请家长为孩子准备好5元人民币及一个小袋子。

2. 教师请家长指导孩子列出一个购物清单。

3. 教师跟超市联系，选择超市人流量较少的时段，带幼儿逛逛超市，并能适时地帮助幼儿。

4. 教师邀请家长志愿者一起参与活动。

5. 教师拍摄超市的布局，呈现给幼儿看，帮助幼儿了解超市。

三、活动过程

（一）聊聊超市

1. 教师和幼儿交流：平时家里需要买东西时，一般会到哪个超市去？

---

① 本方案由上海市宝山区小鸽子幼稚园教师、幼儿园高级教师朱海燕，上海市宝山区小鸽子幼稚园园长、中学高级教师吴晓兰提供。

为什么？（如离家近、物品多。）

2. 教师问幼儿：你们去超市，买过什么东西？

3. 教师与幼儿交流：我们幼儿园旁边的这个超市虽然不大，但里面的商品很齐全，老师拍摄了一段录像，你们看看它里面有哪些东西，分别在什么位置？

4. 教师问幼儿：你们试过一个人在这个超市购物并结账吗？想不想去试一试？

（二）逛逛超市

1. 教师提出要求

教师告诉幼儿：我们都在爸爸、妈妈的帮助下列出了一个购物单，里面有你们想买的东西，今天就请你们试着一个人在超市内购物，并到营业员阿姨那儿去付钱。在购物的过程中，老师有一些要求，希望你们能做到：（1）在来回的路上，要注意安全，跟着老师、妈妈及奶奶（家长志愿者）走；（2）做个文明的小顾客，要有礼貌，要爱惜商品，不乱翻东西；（3）如果遇到了困难，可以请老师、家长代表或超市工作人员帮助。

教师把5个幼儿分成一组，每组有2位老师、3位家长志愿者，互相认识以后出发。

2. 幼儿分组购物

（1）到达超市门口时，教师帮助幼儿认识超市的大致布局后，鼓励幼儿按照自己的购物清单购买物品。

（2）教师、家长等成人适时地给予幼儿帮助，能力较弱的幼儿可以跟着家长、工作人员去购物。

（3）教师提醒付过款的幼儿，要在事前各组商定好的地点，安静等候其他同伴购物回来。

（4）教师对幼儿进行点名，人数齐全后返回幼儿园。

四、活动延伸

1. 教师请幼儿说说自己购买的东西是在超市的哪个区域找到的。

2. 教师请幼儿介绍自己购买的食物，说说它的口味及营养价值。

3. 教师请幼儿谈谈什么样的食物是健康的。看看哪些小朋友买的食物是健康的。

4. 教师说明生活中要多吃健康的食物，不吃不健康的食物，鼓励幼儿分享健康的食物。

5. 教师收集材料，在班级创设“超市”环境，鼓励幼儿玩超市游戏。

第九节 参观邮政局活动方案①

一、活动目标

1. 帮助幼儿了解邮政局的基本特点（颜色、标志等）和功能。

2. 指导幼儿尝试用绘画的形式学着写信，体验寄信的快乐。

二、活动准备

1. 教师请每位家长准备1个写好收信地址的信封、1张邮票。

2. 教师准备水彩笔、纸、胶水。

---

① 本方案由上海市宝山区小鸽子幼稚园教师、幼儿园一级教师顾雯珺、郑新雯，上海市宝山区小鸽子幼稚园园长、中学高级教师吴晓兰提供。

3. 教师与幼儿园附近的邮政局联系好参观事宜，邀请一位工作人员给予讲解帮助。

三、活动过程

（一）帮助幼儿了解“信”

1. 教师指导幼儿简单认识信封，知道信封上要有地址、邮编、邮票、收信人的名字等内容。

2. 教师帮助幼儿认识到写信可以让对方知道自己的想法、生活和情感。

（二）鼓励幼儿给爸爸、妈妈写信

1. 教师鼓励幼儿画下自己想让爸爸、妈妈知道的幼儿园生活或是自己的愿望，或是对爸爸、妈妈的爱。（可用符号、图形、文字等不同形式表达。）

2. 教师引导幼儿自己装信、封信，填写邮编，贴邮票。

（三）带领幼儿了解寄信的过程

1. 参观前

（1）教师请幼儿说一说，有哪些办法能让爸爸、妈妈收到自己的信，以激发幼儿参观邮政局的兴趣。

（2）教师启发幼儿讨论：到邮政局去，能看见什么？想问什么问题？

（3）教师提醒幼儿注意路上的安全（如在老师的带领下排好队，一个跟着一个走，走路时不能打闹，见到车辆要避让）。

（4）教师提醒幼儿参观时要有礼貌（如见到工作人员要问好，不能在邮政局里乱跑乱闹，不乱动邮政局里的东西）。

2. 参观邮政局

（1）教师邀请邮政局的工作人员为幼儿介绍他们的日常工作。

（2）教师邀请邮政局的工作人员带领幼儿参观邮政局里的邮筒、邮包、邮车、自动取款机等用品。

（3）教师指导幼儿将自己的信寄出去。

3. 参观后

教师请幼儿回顾一下参观邮政局的过程，说一说参观邮政局的感受和快乐。

四、活动延伸

1. 教师鼓励幼儿和同伴相互说一说自己写信的内容，彼此分享对爸爸、妈妈的爱。

2. 教师引导幼儿画一画“我看到的邮政局”。

3. 教师联系家长，请他们给孩子写一封回信，寄到幼儿园里来，让幼儿体验收到信的快乐，增进亲子之情。

4. 教师在游戏区创设“邮政局”场景，鼓励幼儿玩“小小邮递员”的游戏。

|第十节|

参观敬老院活动方案①

一、活动目标

1. 帮助幼儿初步了解有关重阳节的知识，知道重阳节是我国特有的传统节日。

2. 促使幼儿乐意用自己的方式表达对爷爷、奶奶的爱，培养爱老人的情感。

3. 提高幼儿的社会交往能力和口语表达能力。

二、活动准备

1. 教师联系好要参观的敬老院。

2. 教师为幼儿准备好调查表格（见表7-1、表7-2），让幼儿用图画或文字的方式来记录。

表7-1　调查表（活动前完成）

你的爷爷、奶奶年轻时是做什么工作的？有些什么本领？	
现在爷爷、奶奶年纪大了，他们有哪些困难？	
爷爷、奶奶平时会为我们做些什么？	
爷爷、奶奶本领大，我们能做些什么事让爷爷、奶奶高兴？	

① 本方案由上海市宝山区小鸽子幼稚园教师、幼儿园一级教师李丹，上海市宝山区小鸽子幼稚园园长，中学高级教师吴晓兰提供。

小结：爷爷、奶奶很辛苦，也很了不起，我们要尊敬他们。

表7-2 调查表（活动中完成）

某位爷爷或奶奶的年纪	
某位爷爷或奶奶最喜欢吃的东西	
某位爷爷或奶奶的兴趣爱好	
某位爷爷或奶奶最想让我为他做的一件事	

3. 教师和幼儿一起制作康乃馨和贺卡。

4. 教师准备好重阳糕。

三、活动过程

1. 教师带领幼儿来到敬老院门口，向幼儿介绍敬老院的名称、标志。

2. 教师带领幼儿走进敬老院，鼓励幼儿与工作人员、老爷爷、老奶奶打招呼，说礼貌用语。

3. 教师和幼儿一起跟随工作人员参观敬老院，看看老爷爷、老奶奶的居住环境和生活安排。

4. 教师鼓励幼儿与老爷爷、老奶奶交流，培养幼儿关爱老人的情感。

（1）和老爷爷、老奶奶谈谈心，完成调查表。

教师引导幼儿大胆地与周围的老爷爷、老奶奶打招呼，主动为老爷爷、老奶奶做一件开心的事（如帮老爷爷、老奶奶敲敲背、捶捶腿、唱首歌，送康乃馨或贺卡），提醒幼儿完成调查表。

（2）听老爷爷、老奶奶讲故事。

（3）为老爷爷、老奶奶表演节目。

（4）给老爷爷、老奶奶喂重阳糕。

（5）给老爷爷、老奶奶说一两句祝福的话。

（6）向老爷爷、老奶奶及工作人员致谢道别。

四、活动延伸

1. 教师组织幼儿回园交流：今天的活动给了你什么样的感受？以后我们可以为老爷爷、老奶奶做些什么事？

2. 教师指导幼儿回家以后，为自己的爷爷、奶奶做一件小事。

3. 教师在游戏区中，创设“敬老院”的场景，鼓励幼儿玩敬老游戏。

|第十一节| 参观玻璃博物馆活动方案[①]

一、活动目标

1. 帮助幼儿了解玻璃的制造方法，感受玻璃制品的来之不易。

2. 帮助幼儿了解玻璃的不同种类，提高幼儿的审美欣赏能力。

二、活动准备

1. 教师设计调查表“我身边的玻璃”，激发幼儿对玻璃的兴趣，感受生活中玻璃制品带来的便利。

---

① 本方案由上海市宝山区小鸽子幼稚园教师、幼儿园一级教师顾月雯，上海市宝山区小鸽子幼稚园园长、中学高级教师吴晓兰提供。

2. 教师帮助幼儿了解玻璃的易碎特性，教育幼儿在参观过程中，要爱护公物，要文明参观。

3. 教师预约好参观的车辆及门票等。

4. 教师提前预约好讲解员，并请讲解员适当调整讲解的内容，以便幼儿倾听接受。

三、活动过程

1. 在博物馆门口，教师引导幼儿观察博物馆建筑的特征，一起阅读注意事项，尤其是各种提醒标志。

2. 教师提醒幼儿要跟着讲解员，边走边看博物馆中的各种玻璃制品，感受生活中平凡的玻璃以创意的姿态诠释出的非凡想象力。教师引导幼儿观察玻璃的颜色、造型、厚薄，并请幼儿选择自己最喜欢的玻璃作品拍摄下来，为后面的延伸活动做好准备。

3. 教师提醒幼儿适当休息，感受各种哈哈镜所照出的不同人影，并拍照记录。

4. 教师带领幼儿观看热玻璃表演，通过近距离地观看技术员细心制作玻璃工艺品的过程，帮助幼儿了解玻璃制品所需要的原料、制作的高温等，感受其来之不易。

5. 教师引导幼儿在离开博物馆之前，向工作人员说再见，谢谢他们的接待和讲解。

6. 教师组织全班幼儿在博物馆门口拍照留影。

四、活动延伸

1. 教师组织幼儿开展谈话活动，说说“我”最喜欢的玻璃及其原因。

2. 教师在美工区中，展示各种独特的玻璃制品，开设《玻璃DIY工坊》（DIY即do it yourself，意即“自己动手做”），培养幼儿的设计能力和创新能力。

3. 教师带领幼儿一同擦班级的玻璃，激发幼儿对玻璃的爱护之情。

| 第十二节 | 参观淞沪抗战纪念馆活动方案①

一、活动目标

1. 帮助幼儿简单了解抗日战争中淞沪抗战的意义。
2. 激发幼儿爱家乡、爱祖国的情感和对抗战英雄的热爱、崇拜之情。

二、活动准备

1. 教师发动家长，帮助孩子了解一些有关抗日战争、淞沪抗战的历史。
2. 教师事先与纪念馆工作人员联系，确定参观游览行程。
3. 教师和幼儿准备好写生板等作画工具。

① 本方案由上海市宝山区小鸽子幼稚园教师、幼儿园高级教师张玲，上海市宝山区小鸽子幼稚园园长、中学高级教师吴晓兰提供。

三、活动过程

（一）交代要求，激发兴趣

1. 教师引导幼儿认识馆名，与工作人员打招呼。

2. 教师向幼儿提出要求：跟紧教师、讲解员，认真参观，认真倾听，不要大声喧哗。

3. 教师引导幼儿在活动中可以适时在记录纸上简单地记录游程。

（二）讲解员介绍，幼儿参观

1. 参观大草坪：教师带领幼儿观看淞沪抗战战场纪念碑、纪念钟、“淞沪魂”长卷石刻墙，以进一步激发幼儿的参观兴趣。

2. 参观一楼：教师请讲解员介绍“淞沪抗战史事掇英”（“血沃淞沪”）——张明曹抗战美术作品展览。

3. 参观二楼：教师请讲解员介绍“抗日战争与上海”，引导幼儿通过观察文物陈列、场景、多媒体等了解普通民众及英雄们的抗日行为，观看“侵华日军暴行展”，了解侵华日军在上海的暴行；引导幼儿了解淞沪抗战概况，适当强调、重复，要求幼儿仔细倾听及观察。

4. 参观三楼：教师带领幼儿参观“上海郊县抗日武装斗争大型图片展”。

5. 教师带领幼儿乘电梯至塔顶观光，下塔后至文化广场参观“淞沪抗战军民”大型雕塑。

6. 教师提醒幼儿在参观过程中简单记录游程。

7. 教师提示幼儿感谢工作人员，并与工作人员有礼貌地告别。

（三）幼儿休息，回忆讨论

教师引导幼儿在草坪上休息，并讲讲刚才的游程和简单的记录。

四、活动延伸

1. 教师带领幼儿回园后引导讨论，鼓励幼儿说说在参观中最感兴趣的地方或印象最深的地方，并说说对战争及战争中的英雄和普通百姓的感受。

2. 教师鼓励并引导幼儿结合活动中的记录纸，将游览的过程和路线在纸上详细地画下来，制作“淞沪抗战纪念馆游览导图”；幼儿可以自由结伴或小组合作来完成；教师给予适当的指导。

3. 教师鼓励幼儿在班级或家中，结合记录纸或“淞沪抗战纪念馆游览导图”，做个小讲解员，讲给家人听听。

|第十三节| 参观小学活动方案①

一、活动目标

1. 帮助幼儿了解小学生学习和生活的环境，知道小学生在校的主要活动安排和活动方式。

2. 激发幼儿入小学的愿望，并体验上小学的自豪感。

二、活动准备

1. 教师与小学联系沟通好参观事项。

2. 教师安排好参观内容及流程。

---

① 本方案由上海市青浦区凤溪幼儿园园长、中学高级教师张红玢提供。

三、活动过程

（一）谈话导入

1. 教师告诉幼儿要去小学参观，请幼儿说说：你最想看到什么？最想知道什么？

2. 教师根据幼儿所说的内容，整理出几点需要了解的情况，请幼儿注意观察。

3. 教师提醒幼儿参观小学的注意事项，要排好队，要靠路边走，要有礼貌，要专心听小学老师解说。

（二）正式参观

1. 教师带领幼儿参观小学环境：操场（大型体育器械）、教师办公室、教室、图书室、大队部等。

2. 教师带领幼儿观看小学生上课：小学生是怎样坐的？怎样听讲的？怎样回答问题的？

3. 教师带领幼儿观察小学生课间10分钟活动：小学生有哪些活动？课桌上都摆放了哪些东西？鼓励幼儿与小学生聊一聊，提出自己想知道的问题，例如：在学校都上了哪些课？小学有什么好玩的事？在小学都学到了什么？

（三）观后谈话

参观回园后，教师和幼儿一起比较小学与幼儿园的不同：从环境、作息时间、上课科目、上课纪律等方面进行比较，并引导幼儿谈谈参观小学的印象。

四、活动延伸

1. 教师引导幼儿以“我们现在就试着做个小学生”为话题，进行讨论：我们怎样做个小学生？我们应该增加哪些新的活动？指导幼儿每人为自己制作一张作息时间表，并贴在家中认真执行。

2. 教师鼓励幼儿以“小学”为题，画一张画，表达自己对小学的印象和喜爱。

3. 教师在班级结构区里，投放材料，鼓励幼儿搭建“小学建筑与设施”，以加深幼儿对小学的认识。

|第十四节| 参观农场活动方案①

一、活动目标

1. 帮助幼儿了解农场的动植物，鼓励幼儿在游戏场地玩耍，培养幼儿喜欢农场的情感。

2. 促使家长意识到农场也是教育孩子的重要场所，学会利用不同的社区资源促进孩子的成长。

二、活动准备

1. 教师事先去农场实地考察，和工作人员预约参观事项。

---

① 本方案由上海市青浦区徐泾幼儿园副园长、中学高级教师王芳，上海市青浦区徐泾幼儿园园长、中学高级教师、上海市特级园长杭爱华提供。

2. 教师通知家长，让幼儿穿运动鞋，以便幼儿能较长时间走路。

3. 教师请家长与孩子共同猜测农场里会有些什么，并让孩子用绘画的方式表现出来。

三、活动过程

1. 参观前，教师请幼儿出示自己的绘画作品，讲一讲农场里可能会有些什么。

2. 教师带领幼儿到农场去，布置参观任务：找一找农场里有哪些动物和植物，和爸爸、妈妈一起画出几种，把你们遗漏的动物或植物以添画或拍照的形式补充出来。

3. 教师与家长带领幼儿在农场里到处走走看看，边走边说看到的各种景物，引导幼儿认识农田里的农作物，观察小河里的鱼虾，看看、摸摸、比比花草树木的外形；征得农场工作人员的同意后，采摘果树上成熟的果子进行品尝；提醒孩子添画或者拍下自己喜欢的景物。

4. 教师和家长带领幼儿在大草坪上集合，开展“马兰花开”的亲子合作游戏活动。

5. 教师和家长及全班幼儿合影留念。

四、活动延伸

1. 教师与幼儿一起讨论布置班级墙面“我最喜欢的农场一角”，请幼儿把自己的图画或照片张贴出来，与大家分享。

2. 教师在班级的建构区增加废旧物品，激发幼儿建构农场的兴趣，强化幼儿对农场的印象。

3. 教师带领幼儿在幼儿园的“种植园地”里，种花、种菜，浇水、除草，丰富幼儿关于农场的知识。

第十五节 参观蟠龙古镇活动方案①

一、活动目标

1. 通过参观古镇上九座与龙有关的桥梁以及寺、堂、庙，使幼儿知道这些是很久以前古代人所建造的，我们应该加以保护。

2. 使幼儿能感受到蟠龙江的十八弯，对民间遗留的关于蟠龙的传说故事有兴趣。

3. 使幼儿能初步感受家乡的历史，激发热爱家乡的情感。

二、活动准备

1. 教师事先组织幼儿观看“走进蟠龙”的光盘，让幼儿对蟠龙古镇有一个初步的印象。

2. 教师为每个家庭发放阅读资料《走进蟠龙》，引导家长认真阅读，了解古镇的概况、古迹、名人、风俗、传说，与幼儿一起聊聊古镇。

3. 教师向家长发放参观通知，请家长为孩子准备适宜的服装，并与孩子共同参与活动。

4. 教师提醒幼儿带上照相器材，便于拍照留影。

---

① 本方案由上海市青浦区徐泾幼儿园教师、幼儿园一级教师周丽红，上海市青浦区徐泾幼儿园园长、中学高级教师、上海市特级园长杭爱华，上海市青浦区徐泾幼儿园教师、中学高级教师王芳提供。

三、活动过程

1. 教师和家长带领幼儿来到蟠龙古镇，教师出示古镇游览图，请幼儿在游览图上标出行走的路线，说一说可能会经过的古镇景点。

2. 教师与家长带领幼儿按照讨论决定的路线进行参观，向幼儿讲解程家寺堂、天主堂等景点建造的年代以及主要特征，帮助幼儿感受蟠龙江的十八弯，领略横跨于蟠龙江上九座与龙有关的桥梁，尝试描述龙的外形，想象龙在做什么。

3. 教师和家长指导幼儿拍摄蟠龙古镇上自己喜欢的景点。

4. 教师和家长带领幼儿参观古镇陈列馆，再次感受古镇的历史韵味。

5. 教师和家长及幼儿合影留念。

四、活动延伸

1. 教师在班级开展谈话活动，鼓励幼儿说一说“我知道的蟠龙”，想象将来的蟠龙会是怎样的。

2. 教师在班级开展讲述“蟠龙古镇”的民间故事比赛活动。

3. 教师在班级开展“蟠龙古镇”的摄影作品展览。

4. 教师在班级的建构区增加材料，以激发幼儿建构“蟠龙古镇”的兴趣。

|第十六节| 参观地铁2号线徐泾站活动方案①

一、活动目标

1. 帮助幼儿认识地铁2号线徐泾站，知道主要的建筑标志，为徐泾有这样快捷的交通设施而感到骄傲。

2. 帮助幼儿熟悉乘坐地铁的基本流程，掌握乘坐地铁的公共规范，并能主动遵守。

3. 使幼儿能感受到地铁给人们出行带来的便利，观看地铁站工作人员的辛勤劳动。

二、活动准备

1. 教师与地铁站工作人员联系，预约参观事宜，希望在参观以及乘坐地铁的过程中能获得他们的帮助。

2. 教师向家长发出参观活动的通知，使家长能了解此次活动的意义，请家长与孩子共同收集地铁站内的安全常识。

3. 请家长为孩子准备硬币零钱，以帮助孩子学会购票。

---

① 本方案由上海市青浦区徐泾幼儿园教师、幼儿园一级教师宫伟华，上海市青浦区徐泾幼儿园园长、中学高级教师、上海市特级园长杭爱华，上海市青浦区徐泾幼儿园教师、中学高级教师王芳提供。

三、活动过程

1. 教师在地铁站口时，引导幼儿认识徐泾站的建筑风格、名称、标志等。

2. 教师和家长带领幼儿上下电梯时，遵守“左行右立”的原则。

3. 教师和家长鼓励幼儿正确使用硬币，在自动售票机上购票。

4. 教师和家长指导幼儿观察乘客如何乘坐地铁，并带领幼儿过安检口、验票，在警示线外等待地铁的到来。

5. 教师和家长带领幼儿来回乘坐一站地铁，使幼儿懂得乘坐地铁时，应站在提示线旁等待，要先下后上，要先出后进；在地铁里，可以坐老弱病残孕的专座，站着时要手拉着扶手，不能在车厢里追逐打闹，要用眼睛看报站信息，要用耳朵听报站站名，知道自己何时下车，感受地铁的快捷。

6. 教师和家长带领幼儿走出地铁，组织幼儿参观车站的监控室，知道监控室里的工作人员可以通过对讲机和现场工作人员进行交流，避免紧急突发事件的发生。

7. 教师和家长启发幼儿，走出地铁口时，要向工作人员致谢。

四、活动延伸

1. 教师在班级组织幼儿讨论乘坐地铁时应该遵守哪些规则，使幼儿能熟悉必须遵守的公共规范。

2. 教师鼓励幼儿在班级构建“徐泾2号线地铁站”，运用不同的材料来表现，以加深对地铁站的认识。

3. 教师鼓励幼儿开展“乘坐地铁”的角色游戏，以发展幼儿的表达能力与社交能力。

第十七节 参观西湖公园活动方案①

一、活动目标

1. 教师在带领幼儿游览西湖公园时，提醒幼儿仔细观察“曲院风荷”导游图，同时了解图示、标志在我们生活中的作用和意义。

2. 教师指导幼儿设计游玩路线图，鼓励幼儿用符号、语言清楚地记录、表达自己的想法。

二、活动准备

1. 教师准备西湖公园“曲院风荷”导游图。

2. 教师通过校讯通、通告等多种形式，向家长介绍活动整体安排、教育目标，请家长在家中做好对幼儿的外出安全教育。

3. 教师做好幼儿园外出游览“曲院风荷”安全预案。

4. 教师对幼儿进行外出路程及活动的安全教育，提出具体要求，与幼儿讨论发生意外的自我保护方法。

5. 教师与幼儿讨论并梳理游览“曲院风荷”的注意事项（如不大声喧哗、保护公园环境）。

6. 教师带好照相机、摄像机，做好参观活动的影像资料积累。

7. 教师与保育员一起做好参观后勤工作，带好相应的物品（水杯、垃圾袋、卫生纸等），以及水彩笔、彩色海报纸等。

---

① 本方案由浙江省杭州市文华幼儿园园长、中学高级教师王连提供。

三、活动过程

（一）说一说："曲院风荷"在哪里

1. 寻找游玩地点——"曲院风荷"。

教师通过让幼儿在地图上找找"曲院风荷"在哪里，来引导幼儿回忆已有经验，并借助图示进行有效观察。

（1）你们去过很多公园，你们去过"曲院风荷"吗？和谁一起去的？

（2）过几天小班的弟弟、妹妹要去"曲院风荷"，想请你们做小导游，你们愿意吗？

（3）"曲院风荷"在哪里？有什么办法可以知道（如看地图、打电话咨询、问爸爸和妈妈）？

（4）"曲院风荷"里有哪些好玩的地方？

2. 观察地图：找找去"曲院风荷"的路线。

（1）你们有什么好办法能马上找到"曲院风荷"的位置？

（2）教师和幼儿边画边说从幼儿园到"曲院风荷"的路线。

3. 教师小结。

在看地图时，我们根据图示、标志、文字、方位等信息，很快就能找到我们想去的地方，这些办法真有效。

（二）游一游：观察公园导游图

教师带领幼儿走进西湖公园，步入"曲院风荷"，引导幼儿看看、说说"曲院风荷"导游图，观察导游图中的各种图示、标志，联系生活经验交流它们的作用和意义。

1. 观察公园门口的导游图，帮助幼儿辨认图标。

（1）这张是什么图？什么叫导游图？

（2）从这张图上，你们能看到什么？（验证四个主要地点：花坛、小木屋、大草坪、厕所。）

（3）这些标志代表什么意思？大家都看懂了吗？（提示：有方位标志、地点标志、警示标志等。）

2. 教师现场小结，拓展幼儿对标志图的认知经验。

导游图原来很有用，可以给我们指示公园的每个方位，图上的各种图示、标志都有自己的意义，它能帮助我们游玩。你还在哪些地方看到过导游图呢？

（三）玩一玩：游览“曲院风荷”

教师根据导游图，鼓励幼儿选择一条自己喜欢的路线游览“曲院风荷”；教师做好引导，并提醒幼儿注意安全事宜。

（四）乐一乐：草坪游戏大联欢

教师引导幼儿和同伴一起自由坐在草地上，快乐地游戏，如炒黄豆、翻跟斗、捡树叶。

四、活动延伸

教师指导幼儿拟订一张“曲院风荷”最佳游玩路线图。

（一）聊一聊

教师启发幼儿根据上午的游览过程，说一说自己的游玩路线，并能用图示、语言清楚地记录、表达、交流。

（二）画一画

教师指导幼儿分组设计，画一张游玩“曲院风荷”的最佳路线图。

（三）想一想

教师邀请每组幼儿交流小导游路线图。

1. 说说你们是怎么安排“曲院风荷”游玩路线的？

2. 你们觉得他们安排得怎么样？好在哪里？有没有需要改进的地方？

教师小结：看来要设计好一次游玩路线图可不是一件简单的事情，要考虑各个景点的位置、时间的安排、是否方便游玩等。我们小导游有那么多的金点子，把这些金点子合在一起，就是一份最佳游玩路线图了，下星期就按照我们共同设计的路线图再去“曲院风荷”游玩一次，也可以把这份最佳游玩路线图送给小班的弟弟、妹妹们，让他们按照我们设计的路线图去游西湖公园吧。

| 第十八节 | 参观大韩民国临时政府旧址纪念馆活动方案①

一、活动目标

1. 帮助幼儿了解抗日战争的历史事件，激发幼儿爱家乡、爱祖国的情感。

2. 挖掘杭州市丰富的历史环境资源，让幼儿了解历史文物纪念馆的含义，丰富对纪念馆以及文物的认知。

3. 通过猜测、发现、参观、讨论、记录等多种方式，帮助幼儿了解杭州市的特色历史建筑和相关文物，懂得保护历史文物的重要性。

二、活动准备

1. 教师提前熟悉纪念馆，对从幼儿园到达纪念馆的路线进行踩点。

---

① 本方案由浙江省杭州市文华幼儿园教师、幼儿园高级教师陈晗崎，浙江省杭州市文华幼儿园园长、中学高级教师王连提供。

2. 教师联系纪念馆相关工作人员，做好参观纪念馆的路线图攻略，并根据班级幼儿人数确定好纪念馆讲解员。

3. 教师组织幼儿制订参观纪念馆计划，讨论要做好哪些准备工作，并做好前期经验铺垫。

4. 教师对幼儿进行外出路程及活动的安全教育，提出具体要求，与幼儿讨论发生意外的自我保护方法。

5. 教师带好照相机、摄像机，做好参观活动的影像资料积累。

6. 教师鼓励幼儿自带一个小数码相机。

三、活动过程

1. 我来“猜想”纪念馆——铺垫前期经验

教师在参观前，引导幼儿说说自己对文物纪念馆的认识：你知道什么是文物吗？纪念馆是什么吗？你有什么特别想知道的问题吗？

教师引导幼儿用图文并茂的方式简单记录自己的疑问，并帮助幼儿整理。

2. 我正“看到”纪念馆——了解相关历史知识

教师邀请纪念馆讲解员讲解“大韩民国临时政府旧址纪念馆”的含义和历史故事，帮助幼儿认识相关时期的历史人物和背景，边讲解边带领幼儿参观纪念馆的各个楼层、陈列室、放映厅等。

教师提问幼儿：这个纪念馆里面有几层？在每一层里，你们都看到了什么特别的东西？你们有什么问题想问的吗？

3. 我来“发现”纪念馆——寻找民国时期特色建筑和文物

教师引导幼儿观察整个纪念馆的外墙建筑特色和文物种类，如青砖墙、青瓷瓶、围巾、送信包、毛笔、小阁楼、木床、木桌椅等，鼓励幼儿提问：你们有哪些地方是不明白的？这幢房子的什么地方很特别？你们能看出哪些是文物吗？文物看上去怎么样？和我们现在的房子有什么不一样的地方？

4. 我会“记录”纪念馆——拍摄一个自己感兴趣的角落

教师组织幼儿参观纪念馆各个展厅，鼓励幼儿大胆选择自己最感兴趣的地方去拍摄照片，拍下自己最感兴趣的一个内容。

教师提醒幼儿：你们拍下了什么？你们觉得哪个地方最有意思？

5. 我要“保护”纪念馆——交流懂得保护文物的重要性

教师组织幼儿讨论如何保护文物：墙上贴着一些图示和文字表示什么意思？为什么有的地方要用红绳子遮挡起来？这有什么作用？为什么要保护文物？

四、活动延伸

1. 说一说自己的参观体会

教师展示幼儿用数码相机拍摄的纪念馆照片，引导幼儿进行交流，启发幼儿说说在纪念馆的发现和感受：今天参观后，你们印象最深的是什么？你们心里想到了什么？你们知道文物是什么了吗？

2. 画一画自己喜欢的文物

教师指导幼儿在今天看到的文物（如青瓷瓶、围巾、木架子床、青砖墙、毛笔、书籍、送信包）中，选择一件自己喜欢的文物，把它画下来，介绍给好朋友。

3. 找一找身边的其他纪念馆

教师启发幼儿回家以后，问一问爸爸、妈妈：在我们杭州市，还有哪些地方有纪念馆？它们讲述了哪些历史故事？

4. 听一听抗日战争历史小故事

教师邀请祖辈家长来园助教，举办“抗日小英雄故事会”，请爷爷、奶奶和外公、外婆为幼儿讲讲自己熟悉的抗日战争小故事，如“歌唱二小放牛郎”“小兵张嘎”等，以拓展幼儿的历史知识，加深幼儿对家乡的全面认识。

第十九节

参观华北军区烈士陵园活动方案[①]

一、活动目标

1. 丰富幼儿的抗日历史知识，激发幼儿对抗日英雄的敬仰之情。

2. 强化幼儿爱家乡、爱祖国的情感。

二、活动准备

1. 教师先去华北军区烈士陵园参观，并和陵园管理处联系，预约安排幼儿来参观的时间、路线等。

2. 教师请幼儿和家长一起上网，了解华北军区烈士陵园的信息及交通状况。

3. 教师和家长联系，请他们和孩子一起制作祭奠用的花圈和小白花。

三、活动过程

1. 教师带领幼儿来到华北军区烈士陵园，排好队，在门口合影留念。

2. 教师带领幼儿来到纪念碑下，举行集体悼念仪式，并敬献花圈。

3. 教师在讲解员的引导下，带领幼儿参观白求恩烈士墓地，了解白求恩的事迹，并献上小白花。

① 本方案由河北省石家庄幼儿师范高等专科学校副教授霍习霞提供。

4. 教师在讲解员的指导下，带领幼儿到纪念馆观看烈士的照片和遗物，听讲解员的介绍。

5. 教师在讲解员的指引下，带领幼儿来到放映厅，集体观看烈士纪录片。

6. 教师在讲解员的指导下，带领幼儿参观各位英烈的墓碑，并献花圈。

7. 教师在讲解员的引导下，带领幼儿观赏甬路两侧的雕塑，并向大门口走去，集体坐车回幼儿园。

四、活动延伸

1. 教师组织幼儿交流参观华北军区烈士陵园的体会，谈谈自己打算如何向他们学习。

2. 教师鼓励幼儿用手工和绘画的方式，来呈现华北军区烈士陵园或反映自己心中的英烈形象。

| 第二十节 |

参观秦始皇兵马俑博物馆活动方案①

一、活动目标

1. 使幼儿能体验到集体出游的乐趣，认识景区标志，认识不同类型的兵马俑。

2. 使幼儿知道秦始皇兵马俑是世界八大奇迹之一，萌发幼儿爱家乡、爱祖国的情感。

二、活动准备

1. 教师和秦始皇兵马俑博物馆的相关部门做好沟通协调工作。

2. 教师确定家长志愿者人选，并告知他们在参观过程中的职责和注意事项。

3. 教师安排好车辆，确定从幼儿园去秦始皇兵马俑博物馆的路线图，制订安全应急预案。

4. 教师准备一面印有幼儿园标志的小旗子，向幼儿讲解其作用，要求幼儿记住。

5. 教师熟悉关于秦始皇兵马俑博物馆的相关知识，以备讲解。

6. 教师准备摄像机、照相机、饮用水、垃圾袋。

7. 教师要求幼儿着装以轻便舒适为原则，统一戴小红帽，便于家长志愿者和老师辨认；要求幼儿每人准备一个小包，包内装有水杯、零食。

---

① 本方案由陕西学前师范学院讲师贺琳霞提供。

三、活动过程

（一）参观路途中

1. 教师清点班级幼儿人数，检查所带物品是否齐全。

2. 教师向幼儿讲解乘车安全知识和参观注意事项。

3. 教师给幼儿讲解沿途风景。

（二）参观博物馆

1. 到达博物馆大门口时，教师引导幼儿认识“秦始皇兵马俑博物馆”这几个字。

2. 进入大门后，教师引导幼儿观察博物馆的建筑布局（如品字形），告诉幼儿参观的顺序是从1号坑到2号坑再到3号坑。

3. 教师引导幼儿认识景区的标志，并依景区标志依次进入1—3号坑进行参观。

4. 引导幼儿观察不同的俑是什么样子的（主要看一下俑的外部特征，如身高、着装、神态等）。

5. 教师请幼儿来听听老师的讲解（主要介绍步兵俑、骑士俑、车兵俑、鞍马俑、骑兵俑、武士俑、军士俑、立射俑、跪射俑、军吏俑、驭手俑、高级军吏俑等不同俑的外部特征、称谓及工作职责）。

6. 教师给幼儿讲讲关于该馆的故事。

（三）参观结束时

教师在带领幼儿回园的途中进行小结：秦始皇兵马俑博物馆是陕西省的名胜古迹，是世界八大奇迹之一，我们小朋友要爱护这些兵马俑，保护文物，热爱我们陕西，热爱我们的祖国。

四、活动延伸

1. 教师鼓励幼儿在班级美术区，画自己喜欢的兵马俑并进行解说。
2. 教师鼓励幼儿在班级游戏区，玩兵马俑的角色游戏或建构游戏。

关键词回顾

参观活动方案

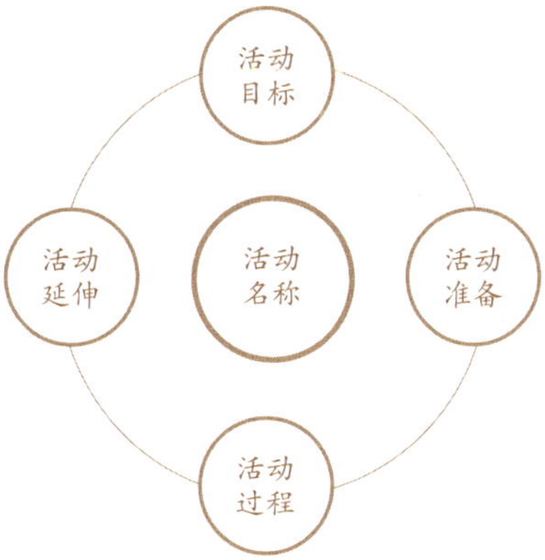

参观活动场所

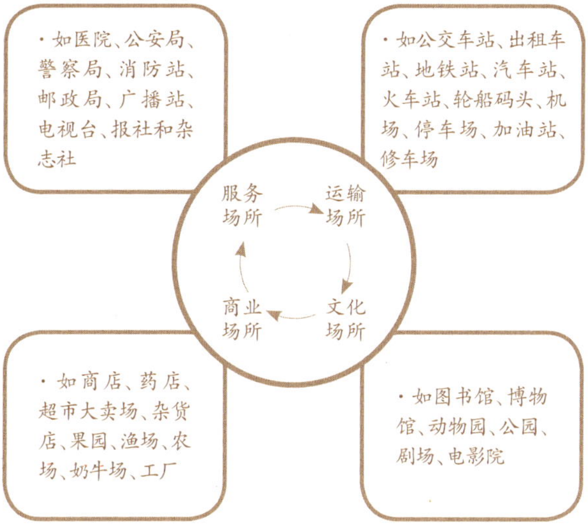

复习思考

① 幼儿园参观活动方案主要包括哪几个部分?
② 围绕公园，设计一个参观活动方案。
③ 围绕超市，设计一个参观活动方案。
④ 围绕图书馆，设计一个参观活动方案。
⑤ 围绕社区文化中心，设计一个参观活动方案。
⑥ 围绕邮政局，设计一个参观活动方案。
⑦ 围绕敬老院，设计一个参观活动方案。
⑧ 围绕农场，设计一个参观活动方案。
⑨ 围绕公共交通场（站)，设计一个参观活动方案。
⑩ 围绕火车站、码头或机场，设计一个参观活动方案。
⑪ 围绕小学，设计一个参观活动方案。
⑫ 围绕体育馆，设计一个参观活动方案。
⑬ 围绕博物馆，设计一个参观活动方案。
⑭ 围绕纪念馆，设计一个参观活动方案。

拓展阅读推荐书目

① 《旅游天地》杂志社编,《中国500个顶级景区》，上海文艺出版集团，2011年。
② 马琴编著,《中国最美100文化游》，科学出版社，2013年。
③ 国家旅游局编,《畅游美丽中国——5A级精品旅游景区典藏》，中国旅游出版社，2013年。
④ 李生兰著,《幼儿园与家庭、社区合作共育的研究》(第2版)，华东师范大学出版社，2013年。
⑤ 梁华著,《2014中国旅游导航》(便携版)，中国地图出版社，2014年。
⑥ 李生兰著,《学前儿童家庭教育与活动指导》(第3版)，华东师范大学出版社，2014年。

网上浏览

① http://www.cnta.gov.cn
② http://www.bjta.gov.cn
③ http://lyw.sh.gov.cn

中国幼教工作者对美国家园合作共育的评析

美国幼儿园《家长简报》的主要特点及启示

第八章 幼儿园与家庭、社区合作共育的国际经验

在这幅图片中:

你看到了什么？你想到了什么？

学习目标

① 了解我国幼教工作者是如何对美国幼儿园与家庭合作共育进行评析的。

② 掌握美国幼儿园《家长简报》的主要特点及给我们的启示。

学习重点与难点

○ 学习重点／掌握美国幼儿园与家庭合作共育的经验。

○ 学习难点／掌握美国幼儿园《家长简报》的编制策略。

学习建议

① 了解当地幼儿园家长工作的主要形式，并试着与美国幼儿园家长工作的主要形式进行初步比较分析。

② 借鉴美国幼儿园《家长简报》的结构框架，编制一张中国版的《家长简报》。

| 第一节 |

中国幼教工作者对美国家园合作共育的评析

► 本研究通过问卷法和访谈法，来了解我国幼教工作者对美国幼儿园与家庭合作共育的主要看法。结果发现：《家长手册》"送接交流""家长信箱"《班级简讯》"家长志愿者""家长－教师会谈"都不同程度地受到了好评；在简析研究结果的基础上，研究者围绕着幼儿园与家庭合作共育形式的创新、内容的完善、时间的互补、对象的兼顾、媒体的融合等方面展开了讨论，以期为优化我国幼儿园与家庭的合作共育提供借鉴。

一、问题的提出

家长工作是幼儿园工作的一个重要组成部分，直接关系到家园之间和谐关系的构建、幼儿成长的良好的心理环境的创设。《幼儿园工作规程》指出："幼儿园应主动与幼儿家庭配合，帮助家长创设良好的家庭教育环境，向家长宣传科学保育、教育幼儿的知识，共同担负教育幼儿的任务。""应建立幼儿园与家长联系的制度。幼儿园可采取多种形式，指导家长正确了解幼儿园保育和教育的内容、方法……应认真分析、吸收家长对幼儿园教育与管理工作的意见与建议。"《国家中长期教育改革和发展规划纲要（2010—2020年）》还指出，要"坚持以开放促改革、促发展。开展多层次、宽领域的教育交流与合作，提高我国教育国际化水平。借鉴国际上先进的教育理念和教育经验，促进我国教育改革发展，提升我国教育的国际地位、影响力和竞争力"。美国幼儿园与家庭合作共育的形式和内容主要有哪些？我国幼教工作者对此的喜好程度如何？认可程度怎样？他们认为我们有没有必要加以学习？有没有可能加以借鉴？本研究试图借用"他山之石"，来"攻克"我国幼儿园与家庭合作共育中的一些"堡垒"，以促进幼儿的和谐发展。

二、研究的过程

（一）准备研究材料

研究者对自己在美国幼儿园所拍摄的有关家园合作共育的照片加以选择，共选出照片30张（其中《家长手册》“送接交流”“家长信箱”《班级简讯》“家长志愿者”“家长–教师会谈”各5张，如图8–1至图8–6），制成PPT。

（二）设计评价表格

研究者针对美国幼儿园与家庭合作共育的各种形式，设计4个问题：（1）我国幼教工作者对这种形式的喜好程度；（2）我国幼教工作者对这种形式的认可程度；（3）我国幼教工作者认为借鉴这种形式的必要性；（4）我国幼教工作者认为借鉴这种形式的可能性。在每个问题的后面，都有5个备选答案（从A到E，肯定的程度逐渐减弱），被试从中选择一个适合自己想法的那个答案。评价表格共由24个单项选择题所组成。把评价表格制成PPT。

（三）发收评价表格

研究者随机向10个省市（A省、F省、G省、H1省、H2省、J省、S1市、S2省、S3省、Z省）的100名幼教工作者发放评价表格；边向他们播放PPT边进行讲解，提醒他们依次完成评价表格上的各个问题；当场回收评价表格，共收到92份评价表格，回收率为92%，其中有效评价表格87份（其中园长39份，教师48份），有效回收率为87%。① 研究者还在8个地区分别组织了6名幼教工作者进行座谈（共48名）②，交流各自的观感，并加以录音。

---

① 维尔斯曼认为，调查一类专业人群，最低回答率被认为是70%。参阅［美］威廉–维尔斯曼. 教育研究方法导论[M]. 袁振国，主译. 窦卫霖，校. 北京：教育科学出版社，1997：222.

② 王汉生认为，调查会人数以5 ~ 7人为宜，最多不要超过10人。参阅：袁方. 社会科学研究方法教程[M]. 北京：北京大学出版社，1997：277.

↑图8-1 《家长手册》封面

↓图8-2 “送接交流”时家长签名簿

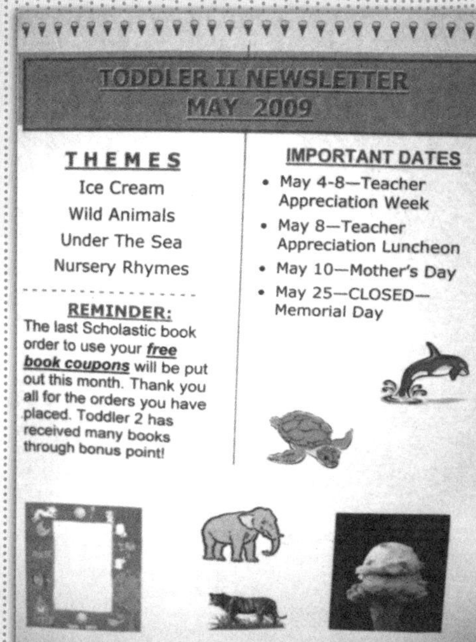

TODDLER II NEWSLETTER
MAY 2009

THEMES
Ice Cream
Wild Animals
Under The Sea
Nursery Rhymes

REMINDER:
The last Scholastic book order to use your ***free book coupons*** will be put out this month. Thank you all for the orders you have placed. Toddler 2 has received many books through bonus point!

IMPORTANT DATES
- May 4-8—Teacher Appreciation Week
- May 8—Teacher Appreciation Luncheon
- May 10—Mother's Day
- May 25—CLOSED—Memorial Day

→ 图8-3 “家长信箱”

→ 图8-4 《班级简讯》

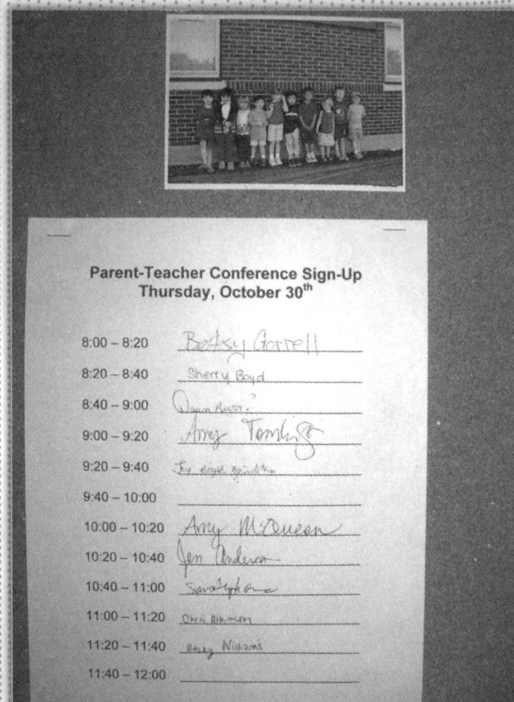

→ 图8-5 “家长志愿者”为班级捐献及分配的点心

→ 图8-6 “家长–教师会谈”时间选择签名表

（四）处理研究数据

研究者上机统计处理有效评价表格，得出6张图表；把访谈的声音资料转换成文字资料，并整理归类。

三、研究的结果与分析

（一）对《家长手册》的评价结果与分析

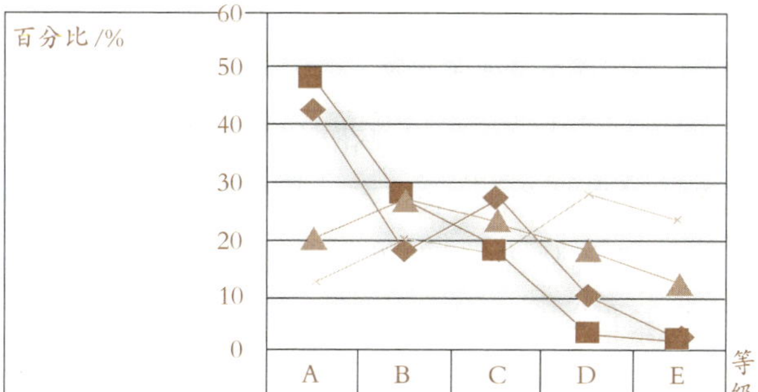

	A	B	C	D	E
喜好程度	43	18	27	10	2
认可程度	48	28	18	3	2
借鉴必要性	20	27	23	18	12
借鉴可能性	12	20	17	28	23

图8-7　对《家长手册》的评价结果①

从图8-7可知：（1）61%的被访幼教工作者是喜欢美国幼儿园的《家长手册》的；其中“很喜欢”的占43%，“较喜欢”的占18%，“一般”的占27%，“较不喜欢”的占10%，“很不喜欢”的占2%。（2）76%的被访幼教工作者是认可美国幼儿园的《家长手册》的；其中认为“很好”的占48%，“较好”的占28%，“一般”的占18%，“较不好”的占3%，“很不好”的占2%。（3）47%的被访幼教工作者认为有必要借鉴美国幼儿园的《家长手册》；其中认为必

① 本表格中的数据为统计数据，由于统计过程中的四舍五入，导致总数可能会出现不足100%或超过100%的现象。本书其他数据也有部分存在这种情况，不再一一标注。

要性“很大”的占20%，“较大”的占27%，“一般”的占23%，“较小”的占18%，“很小”的占12%。（4）32%的被访幼教工作者认为有可能借鉴美国幼儿园的《家长手册》；其中认为可能性“很大”的占12%，“较大”的占20%，“一般”的占17%，“较小”的占28%，“很小”的占23%。

访谈发现：大多数幼教工作者之所以喜欢和认可美国幼儿园的《家长手册》，主要是因为：（1）幼儿园在一开学时就把它发给家长了，这样就能使家长很早就了解到幼儿园的各种情况；（2）它向家长详细地介绍了办园目标、交费标准和方式、接送孩子的时间、一日活动安排、教师的兴趣爱好、孩子的食品卫生和服装安全、家长参与教育的形式、家长投诉的程序等，这样就能使家长知道自己应该去做些什么，应该如何去做。半数以上的幼教工作者之所以认为没有必要和可能去借鉴美国幼儿园的《家长手册》，主要是因为：（1）这么厚厚的一本，做出来要花好多的时间和精力，还要花许多钱；（2）即使我们发给家长了，家长也不一定去看，有的家长可能是没时间去看，有的家长可能是没什么文化、看不懂；（3）如果我们要向家长收取“工本费”，那么家长肯定会有意见的，有的家长还会说“看看，你们又乱收费了”，有的家长还可能会投诉我们。

由此可见，幼教工作者认同美国幼儿园《家长手册》的原因主要有：它的发放时间比较早，能够使家长“心中有目标”；它的内容呈现比较全，能够让家长“心中有底线”。幼教工作者不想借鉴美国幼儿园《家长手册》的原因主要有：它的制作成本较高，“费时、费力、费钱”；家长不一定需要它，“出力不讨好”。而在美国幼教工作者看来，每所幼儿园都必须有关于家长参与、收费、节日和生日庆祝、疾病预防等方面的书面政策和程序，这些都可以写在《家长手册》里，开学时提供给家长。[①] 与此同时，家长也需要全面了解幼儿园，既想了解幼儿园的教学理念、接送时间、班级规模、师幼比例、卫生保健政策，又想了解教师的学历、对家长的期望，而这些就可以通过阅读《家长手册》来实现。[②] 为此，许多幼儿园都编制了自己的《家长

① Ball R A H. Supporting and involving families in meaningful ways [J]. Young Children, 2006:61(1):11.

② Janis K J. From parents to partners: Building a family-centered early childhood program[M]. St. Paul, MN: Redleaf Press, 2006: 84.

手册》，“开门见山”地提醒家长仔细地阅读这些有用的信息、重要的提示，并请求家长的协作和帮助，以形成一个团队，更好地保教幼儿，促进幼儿安全、快乐地成长。[①]

（二）对“送接交流”的评价结果与分析

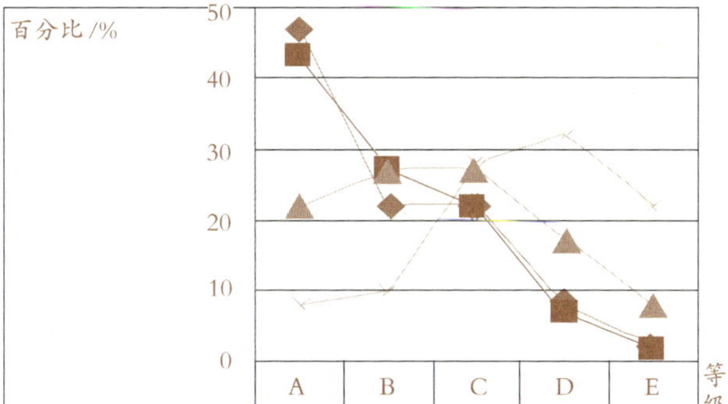

	A	B	C	D	E
喜好程度	47	22	22	8	2
认可程度	43	27	22	7	2
借鉴必要性	22	27	27	17	8
借鉴可能性	8	10	28	32	22

图8-8　对“送接交流”的评价结果

从图8-8可知：（1）69%的被访幼教工作者是喜欢美国幼儿园的“送接交流”的；其中“很喜欢”的占47%，“较喜欢”的占22%，“一般”的占22%，“较不喜欢”的占8%，“很不喜欢”的占2%。（2）70%的被访幼教工作者是认可美国幼儿园的“送接交流”的；其中认为“很好”的占43%，“较好”的占27%，“一般”的占22%，“较不好”的占7%，“很不好”的占2%。（3）49%的被访幼教工作者认为有必要借鉴美国幼儿园的“送接交流”；其中认为必要性“很大”的占22%，“较大”的占27%，“一般”的占27%，“较小”的占17%，“很小”的占8%。（4）18%的被

① Early childhood development center family handbook, Jewish community center of Greater Pittsburgh Squirrel Hill. p.1.

访幼教工作者认为有可能借鉴美国幼儿园的“送接交流”；其中认为可能性“很大”的占8%，“较大”的占10%，“一般”的占28%，“较小”的占32%，“很小”的占22%。

访谈发现，大多数被访幼教工作者之所以喜欢和认可美国幼儿园的“送接交流”，主要是因为：(1) 家长送孩子到园时、来接孩子回家时，不仅和老师打个招呼，简单地交流一下，而且还要在班级门口的“签名簿”上写下自己的名字和时间，这样就能把教师和家长的职责分清楚，还能减轻教师的压力；(2) 家长如果接孩子来迟了，就会被“罚款”，这样做实在是太好了！真正地保护了教师的权利，而不是在说空话、大话。半数以上的被访幼教工作者之所以认为没有必要和可能借鉴美国幼儿园的“送接交流”，主要是因为：(1) 现在我们的幼儿入园时、离园时，都是直接在机器上刷卡的，家长没有必要签名的；(2) 我们班级的幼儿人数太多了，家长来送孩子时、来接孩子时，班级门口实在是太拥挤了，家长也没办法签名呀！(3) 许多家庭都是双职工，我们要帮助家长解除后顾之忧，我们早已习惯了等家长下班以后来把孩子全部接走；(4) 我们的上级部门对幼儿园的管理特别是对收费的管理越来越严格了，如果我们也对迟来的家长进行“罚款”，那么这些家长肯定要告我们状，我们就会被当作“乱收费”的典型而受到严肃处理。

由此可见，被访幼教工作者赞成美国幼儿园“送接交流”的原因主要是：“接送签名”能够减轻教师的心理压力，“迟接罚款”能够维护教师的合法权利。被访幼教工作者不愿借鉴美国幼儿园“送接交流”的原因主要是：电子刷卡使得纸质签名显得没有必要，班级空间使得签名无法实现，双职工家庭使得“迟接罚款”显得不够合情，法规政策使得“迟接罚款”显得不够合理。而在美国幼教工作者看来，“送接签名”则是一件非常重要的事情，不能省去，因为它直接关系到每个幼儿的生命安全，所以，家长“每天必须为孩子在前厅签到，并签名离开。这是绝对重要的，因为这一列表可在发生紧急情况或事件时用来检查到园的人数”①。对迟接孩子的家长进行罚款，不仅是为了保护孩子的心理健康，而且也是为了保障教师的劳动报酬，因为家长接孩

① ［美］Dorothy J S, Anne G D.幼儿园的开办与管理[M]. 张咏，等，译.北京：中国轻工业出版社，2003:352.

子延迟了，既会“导致孩子的焦虑不安”，也会“给教师带来许多不便”，所以，家长必须填写“迟接孩子的表格”，并“付给教师超时工作的费用”。①

（三）对“家长信箱”的评价结果与分析

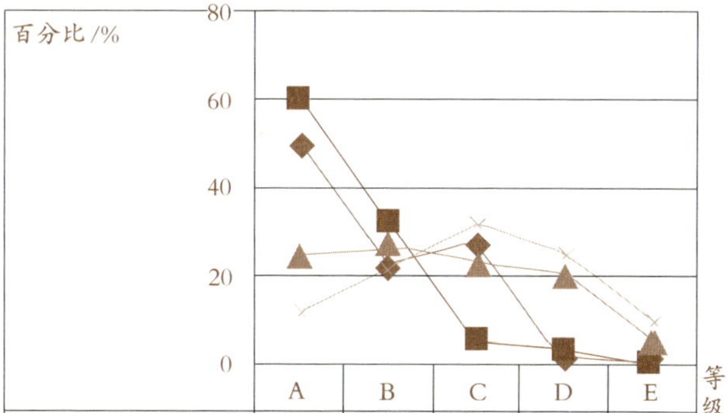

	A	B	C	D	E
喜好程度	50	22	27	0	2
认可程度	60	32	5	3	0
借鉴必要性	25	27	23	20	5
借鉴可能性	12	22	32	25	10

图8–9 对“家长信箱”的评价结果

从图8–9可知：（1）72%的被访幼教工作者是喜欢美国幼儿园的“家长信箱”的；其中“很喜欢”的占50%，“较喜欢”的占22%，“一般”的占27%，“较不喜欢”的无，“很不喜欢”的占2%。（2）92%的被访幼教工作者是认可美国幼儿园的“家长信箱”的；其中认为“很好”的占60%，“较好”的占32%，“一般”的占5%，“较不好”的占3%，“很不好”的无。（3）53%的被访幼教工作者认为有必要借鉴美国幼儿园的“家长信箱”；其中认为必要性“很大”的占25%，“较大”的占27%，“一般”的占23%，“较小”的占20%，“很小”的占5%。（4）34%的被访幼教工作者认为有可能借鉴美国幼儿园的“家长信箱”；其中认为可能性“很大”的占12%，“较大”的占22%，“一般”的占32%，“较小”的占25%，“很小”的占10%。

① Carlow children's center parent handbook, p.13.

访谈发现，绝大多数被访幼教工作者之所以喜欢和认可美国幼儿园的“家长信箱”，主要是因为：（1）这些信箱看上去都很漂亮、很美丽，色彩鲜艳，生动形象；（2）能跟着班级主题教育的内容走，还能随着四个季节的变化而变化，有的信箱是用夏天海洋贝壳的图案来装饰的，有的信箱是用秋天树叶的图案来装饰的，还有的是用冬天雪花的图案来装饰的；（3）从制作形式看，有的信箱是平面的，把纸片折成了信封的形状，还有的信箱是立体的；（4）从制作材料看，有的信箱是纸做的、布做的，也有的信箱是木头做的、塑料做的，还有的是由餐巾纸盒加工改造而成的；（5）从独立性看，有的信箱是单独的、专门的，也有的信箱是连体的、混合的；（6）从存放内容看，信箱里有幼儿的绘画作品、书写作品，也有教师给家长的便条、信件。大约一半的被访幼教工作者之所以认为没有必要和可能借鉴美国幼儿园的“家长信箱”，主要是因为：（1）如果全班每个幼儿都有一个信箱，我们没有这么大的地方、这么多的空间；（2）他们班级幼儿的人数比我们少很多，如果我们也要这样做的话，那么教师的工作量就太大了、太多了，难以承受。

由此可见，幼教工作者赞叹美国幼儿园“家长信箱”的原因主要有：信箱的外表给人美感，信箱的形式给人动感。幼教工作者不想借鉴美国幼儿园“家长信箱”的原因主要有：班级空间较小，教师负担加重。而在美国幼教工作者看来，“家长信箱”是教师与家长个别交流的一种独特的形式，能够弥补“送接交流”的不足，既不受时间和空间的局限，又能避免面对面交流时的窘态，使喜欢书面交流的家长能够通过自己钟情的方式与教师沟通；在“家长信箱”上，写下幼儿的名字，而不是家长的名字，是因为教师和家长都很关注幼儿，他们是以幼儿为纽带来进行交往的，幼儿的年龄越小，教师和家长之间的交往就会越多。

（四）对《班级简讯》的评价结果与分析

从图8-10可知：（1）80%的被访幼教工作者是喜欢美国幼儿园的《班级简讯》的；其中“很喜欢”的占33%，“较喜欢”的占47%，“一般”的占20%，“较不喜欢”的和“很不喜欢”的无。（2）78%的被访幼教工作者是认可美国幼儿园的《班级简讯》的；其中认为“很好”的占40%，“较好”的占

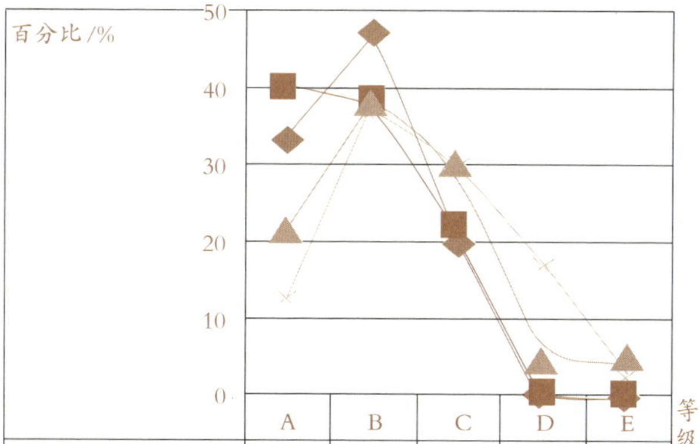

	A	B	C	D	E
喜好程度	33	47	20	0	0
认可程度	40	38	22	0	0
借鉴必要性	22	38	30	5	5
借鉴可能性	13	37	30	17	3

图8-10　对《班级简讯》的评价结果

38%，“一般”的占22%，“较不好”的和“很不好”的无。（3）60%的被访幼教工作者认为有必要借鉴美国幼儿园的《班级简讯》；其中认为必要性“很大”的占22%，“较大”的占38%，“一般”的占30%，“较小”的和“很小”的均占5%。（4）50%的被访幼教工作者认为有可能借鉴美国幼儿园的《班级简讯》；其中认为可能性“很大”的占13%，“较大”的占37%，“一般”的占30%，“较小”的占17%，“很小”的占3%。

访谈发现，绝大多数被访幼教工作者之所以喜欢和认可美国幼儿园的《班级简讯》，主要是因为：（1）每个月出一期，间隔不长也不短；字数比较少，字号比较大，还有幼儿活动照片及动物和植物、交通工具及冰淇淋的图案，做到了图文并茂；（2）简单地向家长介绍班级已经发生的事情、即将开展的主题活动，提醒家长节假日不要送孩子来园，感谢家长所给予的各种帮助，还给家长提供社区活动的一些信息。半数以上的被访幼教工作者之所以认为有必要和可能借鉴美国幼儿园的《班级简讯》，主要是因为：（1）每个月出一期，对教师来讲，负担不算重，能够接受；（2）每份报刊只有一张A4纸那么大，容量不是很大，家长很容易就读完了；（3）不仅有文字而且还有图画，家长很容易理解。

由此可见，被访幼教工作者赞扬美国幼儿园《班级简讯》的原因主要有：它的发放周期比较适当，版面安排比较适宜，呈现形式比较活泼，渗透内容比较全面。被访幼教工作者提倡借鉴美国幼儿园《班级简讯》的原因主要是：对教师来讲，很容易操作、实行；对家长来讲，很容易阅读、理解。这与美国幼教工作者的观点十分相似，在他们看来，《班级简讯》应该相当简单，一页纸足够了，这样家长就不会把它放在一边，而不去阅读，认为读它太花时间了；《班级简讯》要定期发送，每月或两周一期，及时报道活动，要有吸引力，无语法和拼写错误；注意细节也表明了教师的重视、设计和努力。① 此外，美国幼教工作者还指出，《班级简讯》不仅能帮助家长了解班级的活动和计划、提高儿童和家长相互交往的能力，而且还能促使幼儿园的学习顺利地延伸到家庭，因为当家长尝试着直接从孩子那里来了解班级的活动时，他们常常会感到很失望，而有了《班级简讯》则使这一问题迎刃而解了。②

（五）对“家长志愿者”的评价结果与分析

从图8-11可知：（1）95%的被访幼教工作者是喜欢美国幼儿园的“家长志愿者”的；其中“很喜欢”的占70%，“较喜欢”的占25%，“一般”的占3%，“较不喜欢”的占2%，“很不喜欢”的无。（2）97%的被访幼教工作者是认可美国幼儿园的“家长志愿者”的；其中认为“很好”的占75%，“较好”的占22%，“一般”的占3%，“较不好”的和“很不好”的无。（3）68%的被访幼教工作者认为有必要借鉴美国幼儿园的“家长志愿者”；其中认为必要性“很大”的占38%，“较大”的占30%，“一般”的占20%，“较小”的占5%，“很小”的占7%。（4）29%的被访幼教工作者认为有可能借鉴美国幼儿园的“家长志愿者”；其中认为可能性“很大”的占12%，“较大”的占17%，“一般”的占28%，“较小”的占23%，“很小”的占20%。

访谈发现，几乎所有的被访幼教工作者之所以喜欢和认可美国幼儿园的“家长志愿者”，主要是因为：（1）开学时，在幼儿园的大厅里进行招聘；平

① Gestwicki C. Home, school and community relations: A guide to working with parents[M]. Albany, NY: Delmar Publishers,1992:192.

② Gestwicki C. Home, school and community relations: A guide to working with parents[M]. Albany, NY:Delmar Publishers, 1992:190.

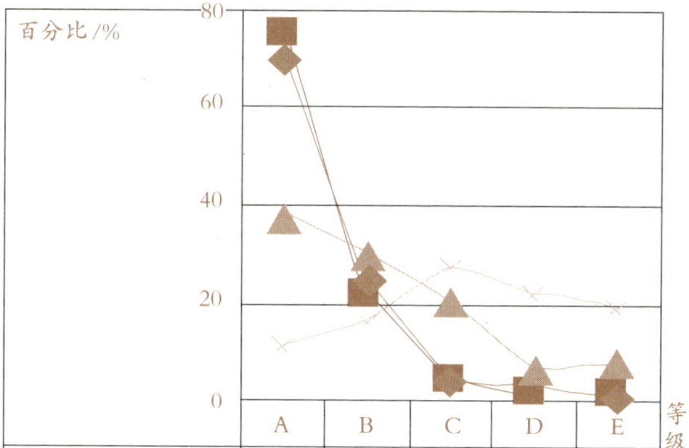

	A	B	C	D	E
喜好程度	70	25	3	2	0
认可程度	75	22	3	0	0
借鉴必要性	38	30	20	5	7
借鉴可能性	12	17	28	23	20

图8-11　对“家长志愿者”的评价结果

时，还在班级的“家长园地”上进行招聘。（2）家长可以给班级送东西（食品和生活用品），给幼儿分点心；也可以到班级来帮忙（擦桌子，照看区角活动、体育活动，给幼儿讲故事）。（3）家长捐赠的食物很好看，五颜六色的，有西蓝花、胡萝卜、樱桃，还有纯果汁，营养很丰富，还能提高幼儿的食欲；幼儿吃的东西变得多样化，就好像吃“百家饭”一样，很有意思；家长捐来的纸盘、纸杯、餐巾纸也很漂亮，这对幼儿也有很大的吸引力。大多数被访幼教工作者之所以认为有必要借鉴美国幼儿园的“家长志愿者”，主要是因为：（1）他们能为班级做许多事情，能帮教师很多忙；（2）幼儿也能得到更多、更好的照料。大多数被访幼教工作者之所以认为没有可能借鉴美国幼儿园的“家长志愿者”，主要是因为：（1）我们不允许接收家长的东西；（2）我们很注意食品安全卫生，以防止食物中毒事件发生；（3）我们的家长没有那么多的时间来园，他们需要上班。

由此可见，幼教工作者赞扬美国幼儿园“家长志愿者”的原因主要有：招募的时间覆盖全程，既在学期初提前招聘，也在学期中临时招聘；志愿服务的形式多种多样，家长可以出人力，也可以出物力和财力；志愿服务的内容丰富多彩，家长可以照看幼儿的学习和生活，也可以观看幼儿的游戏和运动；志愿服务的教育价值十分鲜明，既能丰富家长的营养知识，又能促进幼儿愉快进餐。幼教工作者不愿借鉴美国幼儿园“家长志愿者”的原因主要有：教师没有得到接受家长馈赠的“尚方宝剑”，家长难以做出为幼儿园志愿服务的时间保证。而在美国幼教工作者看来，幼儿园不仅要给“家长志愿者”提供灵活机动的时间，使在职的家长也能抽出时间来参加活动，[①]而且还要给“家长志愿者”提供多种多样的工作，[②]使每个家长都有机会进行选择，既可以参与完成教学任务，也可以参与完成非教学任务，而不会滋生强迫感和失望感，以保证更多的家长能志愿去工作。

（六）对“家长–教师会谈”的评价结果与分析

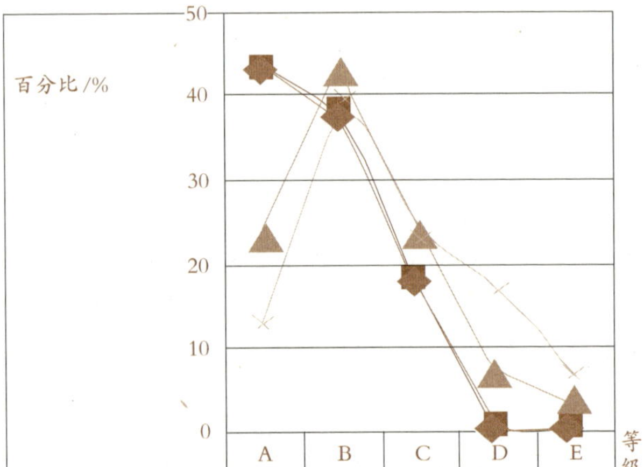

	A	B	C	D	E
喜好程度	43	38	18	0	0
认可程度	43	38	18	0	0
借鉴必要性	23	43	23	7	3
借鉴可能性	13	40	23	17	7

图8–12　对“家长–教师会谈”的评价结果

从图8–12可知：（1）81%的被访幼教工作者是喜欢美国幼儿园的“家长–

① Epstein J, Sanders M, Simon B. Salinas K, Jansorn N, Voorhis F. School, family, and community partnerships: your handbook for action[M]. Thousand Oaks, CA: Corwin Press, 2002:15.

② Dietz M. School, family, and community: Techniques and models for successful collaboration[M]. Gaithersburg, MD: Aspen Publishers, 1997: 82.

教师会谈”的；其中“很喜欢”的占43%，“较喜欢”的占38%，“一般”的占18%，“较不喜欢”的和“很不喜欢”的均为0%。（2）81%的被访幼教工作者是认可美国幼儿园的“家长会谈”的；其中认为“很好”的占43%，“较好”的占38%，“一般”的占18%，“较不好”的和“很不好”的无。（3）66%的被访幼教工作者认为有必要借鉴美国幼儿园的“家长-教师会谈”；其中认为必要性“很大”的占23%，“较大”的占43%，“一般”的占23%，“较小”的占7%，“很小”的占3%。（4）53%的被访幼教工作者认为有可能借鉴美国幼儿园的“家长-教师会谈”；其中认为可能性“很大”的占13%，“较大”的占40%，“一般”的占23%，“较小”的占17%，“很小”的占7%。

访谈发现，绝大多数被访幼教工作者之所以喜欢和认可美国幼儿园的“家长-教师会谈”，主要是因为：（1）教师在和家长交谈的前几天，就在班级门口贴出了时间安排表，家长可以在上面选择适合自己的某个时间；（2）教师和家长能进行深入的、面对面的交流，让家长了解孩子在班级的各种情况；（3）家长能有机会和教师进行一对一的、个别的交流，让教师了解孩子在家里的情况；（4）能保护幼儿和家庭的隐私，促进幼儿今后更好地发展。多数被访幼教工作者之所以认为有必要和可能借鉴美国幼儿园的“家长-教师会谈”，主要是因为：（1）教师一学期和家长交谈一次，频率比较适当，教师能够做到；（2）教师在每学期快要结束时，和家长交谈，时间比较适宜，教师有话可说，能和家长详细地讲一讲他的孩子的表现，什么地方进步了，什么地方退步了，今后应该如何去做；（3）家长如果想问教师什么问题，都很方便，没什么顾虑了；（4）教师和家长针对某个幼儿的具体情况进行交流，能够真正提高家园共育的质量。

由此可见，被访幼教工作者赞赏美国幼儿园“家长-教师会谈”的原因主要有：个别交流，深入互动，保护隐私。被访幼教工作者乐于借鉴美国幼儿园“家长-教师会谈”的原因主要有：易于操作，针对性强，效果显著。这与美国幼教工作者的观点不谋而合，在他们看来，“家长-教师会谈”是一种双向交流，通过彼此分享有关儿童、幼儿园和社区的信息，来增强教师和家长的相互信任、相互了解、相互尊重，共同促进儿童的发展，[①]因而它受到了广大幼教工作者的追捧，成为每所幼儿园都在使用的一种与家长互动的形式。

四、研究的结论与讨论

（一）结论

1. 对美国幼儿园与家庭合作共育的喜好程度

被访幼教工作者首先喜欢的是美国幼儿园的“家长志愿者”，其次是“家长–教师会谈”，再次是《班级通讯》，最后是“家长信箱”“送接交流”《家长手册》。

2. 对美国幼儿园与家庭合作共育的认可程度

被访幼教工作者首先认可的是美国幼儿园的“家长志愿者”，其次是“家长信箱”，再次是“家长–教师会谈”，最后是《班级通讯》《家长手册》“送接交流”。

3. 借鉴美国幼儿园与家庭合作共育的必要程度

被访幼教工作者认为首先有必要借鉴的是美国幼儿园的“家长志愿者”，其次是“家长–教师会谈”，再次是《班级通讯》，最后是“家长信箱”“送接交流”《家长手册》。

4. 借鉴美国幼儿园与家庭合作共育的可能程度

被访幼教工作者认为首先有可能借鉴的是美国幼儿园的“家长–教师会谈”，其次是《班级通讯》，再次是“家长信箱”，最后是《家长手册》“家长志愿者”“送接交流”。

---

① Janis K J.From parents to partners: building a family-centered early childhood program[M]. St. Paul, MN: Redleaf Press, 2006: 75.

（二）讨论

1. 幼儿园与家庭合作共育的形式：要创新

美国幼儿园在与家庭合作共育时，特别重视形式的创新性。

（1）幼儿园《家长手册》的创编。《家长手册》是美国幼儿园向全园幼儿家长传递基本信息的普遍形式，而我国大部分幼儿园还没有进行编制和使用。在美国，许多幼儿园都能及时把它发送给每位家长，鼓励家长把它当作行动指南，认真阅读，以了解和熟悉幼儿园的保教工作；期望家长把它当作参考资料，妥善保存，以支持和促进幼儿的不断成长。实践证明，这是家园合作共育的一种行之有效的形式。我们在创编中国化的、园本化的《家长手册》时，应该注意以下几点：在封面上，要做到妙趣横生；在形式上，要做到生动活泼；在内容上，要做到全面简明。

（2）幼儿园《班级简讯》的研制。《班级简讯》是美国幼儿园班级向全班幼儿家长传送阶段信息的常用形式，而我国大部分幼儿园还没有加以编辑和发放。在美国，许多幼儿园班级都有自己的《班级简讯》，教师定期按月发送给家长，使家长能及时地了解孩子所在班级的活动、计划和目标，以增进教师和家长之间、家长和家长之间、家长和孩子之间的相互了解，密切和谐的人际关系（家园关系、人际关系、亲子关系），扩大积极的社交网络，形成良好的社区意识。实践证明，这是家园沟通分享的一扇重要门户。我们在研制中国化的、班本化的《班级简讯》时，应该注意以下几点：要有感召力，能够激起家长阅读的愿望；要有个体性，能够满足家长阅读的需要；要有教育性，能够提高家长阅读的能力；要有互动性，能够强化家长阅读的恒心。

（3）幼儿园“家长－教师会谈”的创建。“家长－教师会谈”是美国幼儿园班级向个别家长传送独特信息的隐秘形式，而我国也还没有广泛开发和运用。在美国，许多幼儿园教师都认为“家长－教师会谈”给双方提供了自由交流儿童各个方面发展的信息的机会，加强了双边关系，使家长能成为教师的工作伙伴。实践证明，这是家园平等对话的一种成功形式。我们在创建中国化的、个体化的“家长－教师会谈”时，应该注意以下几点：要向家长解释会谈的目的、内容、形式，打消家长的担心和顾虑；要为家长安排会谈的专门时间、私人空间，使家长能“知无不言，言无不尽”；要为家长打开会谈的话题，使家长能接上教师对其孩子所做出的积极评价的话语，不要使用专业术语，不要以专家自居，不要谈论其他幼儿及其家长；要鼓励家长积极参与会谈，使家长敢想敢说；要适时把会谈引向结局，使家长不感到“虎头蛇尾”。

（4）幼儿园“家长信箱”的创设。“家长信箱”是美国幼儿园班级向个别家长传递特殊信息的偶发形式，而我国大部分幼儿园没有设置和使用。在美国，许多幼儿园班级都在不同的位置设立了“家长信箱”，以便家长获取孩子的作品、教师的便条，了解班级的教育现状。我们在创设中国化的、班本化的“家长信箱”时，应该注意如下几点：以儿童为坐标，科学排列；以空间为平台，因地制宜；以材料为基础，合理呈现；以活动为轴心，适时更新。

2. 幼儿园与家庭合作共育的内容：要完善

美国幼儿园在与家庭合作共育时，极其重视内容的完善性。

（1）幼儿园“送接交流”的加强。“送接交流”是美国幼儿园教师与家长进行日常交谈的一种灵活形式，我国虽然也有这种形式，但却在逐渐淡化，越来越多的幼儿园出于“安全”“卫生”的考虑，不让家长进园、进班，把家长挡在了园外、门外，放弃了与家庭保持联系的重要契机。美国在这方面是有一些经验和教训的。他们的研究表明，当家长送孩子入园时，几乎有30%的家长并不进入幼儿园。幼教专家要求幼儿园做出明确、严格的规定，告诫家长必须陪伴孩子进入班级，因为这既有助于孩子的人身安全和情感安全，也有助于他们与教师保持日常的联系。[①] 研究还表明，“送接交流”是家长参与幼儿园教育的一种最频繁的形式，虽然交谈的内容主要都是关于社交礼节的，并没有什么了不起的大事，但是，优质的保教工作却要求幼儿园与家庭努力协作，定期交换信息，广泛对话。[②] 研究还表明，当家长和教师交流的频率增加时，家长谈论的话题也会逐渐增多，家

① Gestwicki C. Home, school and community relations: A guide to working with parents[M]. Albany, NY: Delmar Publishers, 1992: 183.

② Gestwicki C. Home, school and community relations: A guide to working with parents[M]. Albany, NY: Delmar Publishers, 1992: 180.

长交谈的态度也会变得更加积极。[①] 而今，“送接交流”的重要性已被美国广大的幼教工作者所认同，并落实在行动上。我们应该吸取美国幼儿园的经验教训，重新审视我国幼儿园的“送接交流”，充分认识这种“简单交谈”的潜在价值，彻底清除“安全上的拦路虎”“卫生上的绊脚石”，和家庭建立信任、合作的友好关系。

（2）幼儿园“家长志愿者”的壮大。“家长志愿者”是美国幼儿园与家庭合作的一种悠久的形式，我国虽然也开始使用这种形式，但还比较稚嫩，不够规范。为了完善我国幼儿园的“家长志愿者”工作，我们可以学习借鉴美国幼儿园的有效举措：不断开展家长志愿者的招聘工作，及时给予家长志愿者指导帮助，恰当安排家长志愿者的分工协作，表扬、奖励家长志愿者的无私贡献。

3. 幼儿园与家庭合作共育的时间：要互补

美国幼儿园在与家庭合作共育时，非常重视时间的互补性：一方面，从时间的先后顺序上来讲，既有开学初的交流，如《家长手册》；也有开学后的交流，如“家长信箱”；还有学期末的交流，如“家长–教师会谈”。另一方面，从时间的使用频率上来讲，既有每天的交流，如“送接交流”；也有每月的交流，如《班级简讯》；此外还有每学期的交流，如“家长–教师会谈”。这是值得我们学习借鉴的，以满足不同家长在不同时间节点（学期初、学期中、学期末）上的不同需要。

4. 幼儿园与家庭合作共育的对象：要兼顾

美国幼儿园在与家庭合作共育时，极其重视对象的差异性：不仅考虑到全园幼儿家长的普遍需求、班级家长的基本需求，而且还兼顾到个别家长的独特需求；不仅考虑到新生家长的特殊需求，而且还兼顾到老生家长的常态需求。这是值得我们学习参照的，以满足不同家长在不同教育阶段（小班、中班、大班）上的不同需要。

5. 幼儿园与家庭合作共育的媒体：要融合

美国幼儿园在与家庭合作共育时，十分注意媒体的融合性：使用的媒

---

① Gestwicki C. Home, school and community relations: A guide to working with parents[M]. Albany, NY: Delmar Publishers, 1992: 183.

体既有书面语言（如《班级简讯》），也有口头语言（如“送接交流”），这样就能充分发挥书面语言交流（规范性、灵活性）和口头语言交流（直观性、简明性）的优势。这是值得我们学习思考的，以满足不同家长对不同语言表达形式的不同需要。

第二节 美国幼儿园《家长简报》的主要特点及启示

► “简报”指的是“内容比较简略的报道”。[①]《家长简报》(The Parent Newsletter)是幼儿园运用纸质媒介与家庭交流信息的一种重要形式。美国幼儿园为什么要采用这种形式与家长沟通？他们是如何运用这种形式与家长分享的？研究者通过随机进入美国宾夕法尼亚州和伊利诺伊州的14所幼儿园，和43位园长及教师交谈，阅读45份《家长简报》，从创办宗旨、编排形式、专栏设置和主要内容等层面来探究其基本特点，期盼为创办中国化的《家长简报》提供参照，以拓展我国家园合作的形式，提高家园共育的质量。

一、美国幼儿园《家长简报》的主要特点

美国幼儿园《家长简报》的主要特点可以从如下几个侧面来考察。

（一）《家长简报》的创办宗旨及特点

通过访谈美国14所幼儿园的园长及教师，研究者发现他们创办《家长简报》的主要宗旨如下：

① 中国社会科学院语言研究所词典编辑室．现代汉语词典[M].6版．北京：商务印书馆，2012:634.

PDT1[①]认为:《家长简报》是我们与家庭沟通的一种重要形式，这种形式很有效；许多家长喜欢阅读，他们希望通过阅读来了解孩子在幼儿园的情况，特别是孩子在班级的情况。

PDT2认为:《家长简报》使家长感到很便利，能把它带回家去看；家长可以在自己有空的时候看；家长花不了几分钟就能把它看完；家长能及时地了解到幼儿园的最新信息、孩子的最近情况、自己需要配合做的事情。

PDT3认为:《家长简报》能让家长知道孩子所在班级最近发生了哪些事情、开展了哪些活动；家长在家里可以和孩子谈论这些事情、这些活动，更好地参与到孩子的学习中去。

PDT4认为：我们是定期把《家长简报》寄给每个家庭的，大约每月一次，这样，家长就能知道孩子班级的活动和计划、开展这些活动的目的和方法、什么时候需要到幼儿园里来参加活动。

PDT5认为:《家长简报》包含的信息比较多，家长通过阅读，就能知道孩子所在班级的各种事情（比如，郊游地点、新书信息、游戏玩具），就能更好地同孩子交流，增强和孩子交往的能力;《家长简报》能弥补接送孩子时口头交流的不足，因为，当家长来接送孩子时，我们不可能和他们进行长时间的交谈（家长送孩子来园时，我们可能有时间交谈，但家长却急着要去上班；家长来接孩子时，他们可能有时间交谈，但我们却想按时下班）。

PDT6认为:《家长简报》能帮助家长使孩子从家庭的生活顺利地过渡到幼儿园的生活；还能使幼儿园的学习活动较好地向家庭延伸，巩固孩子在园学习的效果。

PDT7认为：我们总是提前一周把活动信息刊登在《家长简报》上，让孩子把它放进书包里，带回家去，这样，家长就能和孩子一起讨论那一周里开展的各种活动。例如，我们把参观的信息放在上面，这样，家长就能很好地和孩子交谈有关参观的一些事情。

PDT8认为:《家长简报》虽然是一种简单的书面交往形式，但却是持续不断的，既能增进我们和家长之间的了解，又能密切家长和家长之间的关

① 研究者遵循科研规范，将这些学前教育机构的名称、学前教育工作者的姓名全部隐去，用符号替代。下同。

系；《家长简报》的适用面很广，因为有的家庭还没有电脑和网络，有的家长还不会上网、收发邮件，所以他们只有通过这种传统的书面阅读的方式，来了解自己想知道的一些事情。

PDT9认为：《家长简报》是我们与家庭分享信息的一种形式，家长通过自己阅读，就能得到更多的有关幼儿园的信息、社区的信息；家长通过参与编报活动，还能增强他们对幼儿园的影响。

PDT10认为：我们在每个月结束的时候，保证让每个家庭都能收到下个月的《家长简报》，这样，家长就能知道在每间教室里所发生的特别的事件、即将发生的重大的事情。

PDT11认为：《家长简报》是我们与家庭交流的一种有用的方式，能帮助家长及时地了解班级的事情、孩子的学习，和我们保持密切的联系。

PDT12认为：因为孩子年龄小，回到家里以后，往往说不清楚幼儿园里的事情，所以，当家长试图直接从孩子那里来了解班级的活动时，他们常常会感到失望，而有了《家长简报》，就能使这一难题迎刃而解；家长也不必再给我们打电话询问了；《家长简报》弥补了电话交流的不足，因为打电话时，很难找到一个我们和家长双方都觉得十分便利的时间。

PDT13认为：《家长简报》能帮助我们对过去的活动加以总结和反思，认识到自己的能力、每个儿童的进步、每位家长的作用；还能帮助我们对未来的活动做出更好的设计。

PDT14认为：《家长简报》是一种很方便、很有效的交往形式，我们每个月都有一期，放在班级门口的架子上面。家长来接孩子时，我们就提醒他们自己去拿一份。《家长简报》能帮助家长及时地了解幼儿园和班级的各种大事、活动安排、家庭安全和营养知识以及亲子游戏。每个家长都可以自己选择时间、内容来阅读，也可以按照自己的速度来阅读、反复阅读，并加以保存。

由此可见，《家长简报》是美国幼儿园与家庭沟通分享的一条独特的视觉通道（它比“送接交流”这种形式更为灵活机动），也是教师与家长合作共育的一种必要的纸质媒介（它比“网络交流”这种形式更为经济实用），此外还是家长与孩子共同活动的一根重要的支柱拐杖（它比“电话交流”这种形式更为简便易行），既有助于密切家园之间的伙伴关系、亲子之间的教养关系，也有助于增强教师的专业素养、家长的育儿能力。

（二）《家长简报》的编排形式及特点

通过浏览美国14所幼儿园的45份《家长简报》，研究者发现在它们编排形式上表现出以下几个特点。

1. 从层级上看，以班级为主

《家长简报》中的80%（36份）是属于班级的，由教师主办，面向全班幼儿家长；20%（9份）是属于幼儿园的，由园长主办，面向全园幼儿家长。相比来讲，园级的《家长简报》有助于家长全面地了解幼儿园的基本情况；而班级的《家长简报》则能使家长深入地了解孩子所在班级的具体情况，具有更强的针对性和实效性，因而受到美国更多的学前教育工作者的喜爱。

2. 从周期上看，以月刊为主

《家长简报》中的80%（36份）是月刊，13%（6份）是周刊，4%（2份）是双月刊，2%（1份）是半月刊。在美国，许多学者都倡导学校要“定期”发放《家长简报》，这样就能使家长有规律可循，知道大约在什么时候能够收到它。但他们对“定期”并没有提出相同的要求，例如，特纳和哈姆纳认为，应该每月刊发1次或2次①；格斯特维奇认为，应该每月或双周寄送1次，但不能远离现在的活动②；沃姆斯利和温认为，应该每周或双周发送1次③；普赖尔和杰拉德认为，应该每周给家长发放1次④；凯泽认为，应该经常按“周”来分发，偶尔也可以按“季”来分发⑤。这样就给了幼儿园很大的自主权，可以自己做出决定。

---

① Turner P H, Hamner T J.Child development and early education: Infancy through preschool [M]. Needham Heights, MA: Allyn and Bacon, 1994:303.

② Gestwicki C. Home, school and community relations: A guide to working with parents [M]. Albany, NY: Delmar Publishers Inc., 1992:192.

③ Walmsley B B, Wing D R.Welcome to kindergarten: A month-by-month guide to teaching and learning [M]. Portsmouth, NH: Heinemann, 2004:43.

④ Prior J, Gerard M R.Family involvement in early childhood education: Research into practice[M]. Clifton Park, NY: Thomson Delmar Learning, 2007:117–118.

⑤ Keyser J. From parents to partners: Building a family-centered early childhood program [M]. St.Paul, MN: Redleaf Press, 2006:91.

3. 从纸张上看

（1）就颜色而言，《家长简报》以白纸为主（39份，约占87%），以彩纸为辅（6份，约占13%）；（2）就大小和页数而言，《家长简报》以A4纸1页单面或2页单面为主（分别为40份，约占89%；2份，约占4%），以B2纸1页双面或2页双面为辅（分别为2份，约占4%；1份，约占2%）。关于纸张的颜色，学者希莫尼和巴克斯特提议，如果可能的话，《家长简报》就用彩纸来制作①。关于纸张的大小和页数，伯杰认为，《家长简报》实际上就是一张简报②；斯普林盖特和施塔格林进一步指出，有1页或2页纸就足够了③；格斯特维奇也指出，《家长简报》应该相当短小，有1页纸就行了，这样家长才不会把它放在一边，而不去阅读它，认为读它太花时间了④。可见，报纸的页数要少，只有这样，才不会使家长望而却步。

4. 从文字上看

（1）就文字呈现而言，《家长简报》以打印为主（43份，约占96%），以手写为辅（2份，约占4%）；（2）就语言种类而言，《家长简报》全部都是用英语来表达的，但其中还有一些简报（4份，约占9%）附上了西班牙语的备份。相对来讲，打印比手写更容易做到准确无误。美国学者斯普林盖特和施塔格林指出，《家长简报》代表着学校的形象，应该整洁有序，不能有任何语法错误⑤；格斯特维奇也指出，《家长简报》不仅应该整洁、有吸引力，而且还应该没有语法和拼写的错误，因为关注细节反映了一个教师的设计能力、努力程度和重视程度⑥。希莫尼和巴克斯特进一步指出，《家长简报》既要尽

---

① Shimoni R.Working with family: Perspectives for early childhood professionals [M]. Addison-Wesley Publishers,1996:283.

② Berger E H. Parents as partners in education: Families and schools working together [M]. Upper Saddle River, NJ: Pearson Education, Inc., 2004:197.

③ Springate K W, Stegelin D A.Building school and community partnerships through parent involvement [M]. Upper Saddle River, NJ: Prentice-Hall, Inc., 1999:58.

④ Gestwicki C.Home, school and community relations: A guide to working with parents [M]. Albany, NY: Delmar Publishers Inc., 1992:192.

⑤ Springate K W,Stegelin D A.Building school and community partnerships through parent involvement [M]. Upper Saddle River, NJ: Prentice-Hall, Inc.,1999:59.

⑥ Gestwicki C.Home, school and community relations: A guide to working with parents [M]. Albany, NY: Delmar Publishers Inc., 1992:192.

量通过电脑打印出来，这样才易于阅读，又要认真加以校对，以确保没有拼写和语法上的错误；此外还要与家长使用的语言、阅读水平相吻合；如果与家长使用的语言不同，那么还要争取翻译的帮助[①]。无独有偶，凯撒也强调，《家长简报》呈现的语言应该与儿童家庭所使用的语言保持一致，如果难以把全部的内容都翻译出来，那么至少也应该把其中一部分的内容加以翻译。[②]可见，报纸的文字呈现要准确无误、恰当适宜，只有这样，才能维护幼儿园和教师的形象。

5. 从插图上看

（1）就插图有无而言，《家长简报》以有图为主（37份，约占82%），以无图为辅（8份，约占18%）；（2）就插图色彩而言，《家长简报》以彩色为主（29份，约占78%），以黑白为辅（8份，约占22%）；（3）就插图种类而言，《家长简报》以图画为主（24份，约占65%），以照片、图画与照片并存为辅（分别为7份，约占19%，6份，约占16%）；（4）就插图数量而言，《家长简报》以10幅以下为主（29份；约占78%），以10幅及以上为辅（8份，约占22%）；（5）就插图内容而言，《家长简报》以儿童为主（15份，约占41%），以动物及植物、水果、季节为辅（共计22份，约占59%）。美国学者沃姆斯利和温指出，教师可以把自己用数码相机拍摄的照片直接放在《家长简报》上[③]，斯威克进一步指出，拥有了计算机技术，照片、图画和绘画就能很好地融入到《家长简报》里，因而能提高它的质量和魅力[④]；伯杰也强调，儿童的绘画作品伴随着活动信息是《家长简报》上很有吸引力的一部分[⑤]；希莫尼和巴克斯特也指出，《家长简报》如果总能刊登儿童的绘画作品，那么儿童就可以在家里更详细地向家长描述这幅图画及其事

---

① Shimoni R,Baxter J.Working with family: Perspectives for early childhood professionals [M].Don Mills, Ont: Addison-Wesley Publishers, Ltd., 1996:283-284.

② Keyser J.From parents to partners: Building a family-centered early childhood program [M]. St.Paul, MN: Redleaf Press, 2006:91.

③ Walmsley B B, Wing D R. Welcome to kindergarten: A month-by-month guide to teaching and learning[M]. Portsmouth, NH: Heinemann, 2004:43.

④ Swick K J. Empowering parents, families, schools and communities during the early childhood years[M]. Champaign, IL: Stipes Publishing LLC., 2004:194.

⑤ Berger E H.Parents as partners in education: Families and schools working together[M]. Upper Saddle River, NJ: Pearson Education, Inc., 2004:197.

件，有图画的《家长简报》，对每个人来讲都是十分重要的[①]。可见，图文并茂的《家长简报》既有必要也有可能，多媒体技术的高速发展使得这一结合变得更加完美无瑕，能有效提高阅读的质量。

6. 从栏目上看

（1）就分栏的数量而言，《家长简报》以2栏、1栏为主（分别为21份，约占47%；17份，约占38%），以3栏、2 ~ 3栏、1 ~ 2栏、1 ~ 3栏为辅（分别为3份，约占7%；2份，约占4%；1份，约占2%；1份，约占2%）。（2）就专栏的标题而言，《家长简报》以有标题为主（34份，约占76%），以无标题为辅（11份，约占24%）。（3）就文字的编排而言，《家长简报》以黑色字为主（27份，占60%），以彩色字为辅（18份，占40%）；以字号不同为主（36份，占80%），以字号相同为辅（9份，占20%）；以有边框、轮廓线、下画线、加粗为主（33份，约占73%），以无修饰为辅（12份，约占27%）。美国学者柯思特尼克和索德曼以及惠任都指出，通过运用小标题、图画，就能使《家长简报》变得更加短小精悍、生动有趣；为了避免拥挤不堪、眼花缭乱，应该把内容分成几个部分，并通过画轮廓线、首行缩进、黑体、大写字母或改变字体来突出某些条目[②]。此外，普赖尔和杰拉德也指出，《家长简报》各个部分的布局应该相对固定，这样家长就能迅速地找到自己想看的那一部分的内容[③]。可见，对《家长简报》进行纵向分割分栏，使每个栏目的宽度大约相同，既有助于简报的排版，也有利于家长的阅读；对《家长简报》进行横向设立专栏，使每个栏目拥有醒目的标题，能够吸引家长的注意力。

从此可见，由于美国每所幼儿园面对的家长不同、每个班级保教的儿童不同，所以《家长简报》在编排形式上既表现出了共性，也体现出了个性，呈现出了百花齐放、百家争鸣的景象，折射出园长和教师的自主意识、创新精神。

---

① Shimoni R,Baxter J. Working with family: Perspectives for early childhood professionals[M]. DonMills, Ont: Addison-Wesley Publishers, Ltd., 1996:283.

② Kostelnik M J, Soderman A K, Whiren A P.Developmentally appropriate curriculum: Best practices in early childhood education [M]. Upper Saddle River, NJ: Prentice Hall, Inc., 1999:256.

③ Prior J, Gerard M R. Family involvement in early childhood education: Research into practice [M]. Clifton Park, NY: Thomson Delmar Learning, 2007:116.

（三）《家长简报》的专栏设置及特点

通过阅读美国幼儿园34份拥有标题的《家长简报》，研究者发现在专栏设置上体现出以下几个特点：

1. 从专栏的数量来看，虽然差异较大，但却相对集中

这些《家长简报》所设立的专栏数量虽然大不相同，从1个（1份，约占3%）到2个（4份，约占12%）、3个（6份，约占18%）、4个（7份，约占21%）、5个（9份，约占26%）、6个（3份，约占9%）、7个（1份，约占3%）、8个（2份，约占6%），甚至高到17个（1份，约占3%），但主要都集中在3 ~ 5个栏目上（共22份，约占65%）。

2. 从专栏的名称来看，虽然五花八门，但却大同小异

这些《家长简报》所设立的专栏名称尽管有所不同，但却可以归纳为以下几类：（1）告知现在的活动：7成以上的《家长简报》（25份，约占74%）都设立了"现在事件"或"我们正在做的事情""本周要点""本周重点""本周活动""本周主题""本月事件""本月各周安排""本月活动安排""本月单元主题""本月学习内容""本月学习活动"等栏目，来向家长报告孩子目前正在进行的各项活动。（2）提醒未来的事件：7成以上的《家长简报》（24份，约占71%）都设立了"未来事件"或"未来会议""即将来临的主题""学校关门日期""节假日关门时间表""重要提醒""重要日期""日期变更""记住日期""不要忘记"等栏目，来向家长预告孩子未来将要经历的各种事情。（3）邀请感谢帮助：6成以上的《家长简报》（21份，约占62%）都设立了"欢迎家长来访"或"欢迎家长来做志愿者""班级志愿者""提议废品义卖""寻求帮助""联系信息""家长调查表""雪天活动建议""家庭活动"以及"感谢你，家长"或"感谢你们，家长们""感谢帮助""感谢捐赠""感谢""致谢"等栏目，来向家长表示邀请他们参与孩子教育的诚意，感谢他们投身于孩子教育的深情厚谊。

《家长简报》究竟应该设置几个专栏？哪几个专栏？美国许多学者认为不要硬性规定，一成不变，而要灵活处理，不断改进。希莫尼和巴克斯特指出，《家长简报》可以有一页或一部分来传递机构的"普通信息"，另外一页

或另外一部分来反映某个班级的“特殊信息”[①]。C.巴伯和N.H.巴伯以及史高丽等人也指出，大多数《家长简报》向家长传送学校信息（包括学校大事通知、家长－教师会谈和其他重要会议），许多《家长简报》还给家长提供在家帮助孩子学习的资源和策略；现在越来越多的教师把未来事件日历、班级近期活动安排都增加到《家长简报》里了，此外还有教师把儿童的艺术作品、班级的活动照片、感谢家长和社区支持的信件、儿童如何运用家长提供的材料的事例、班级讨论的摘要等都放到《家长简报》上了[②]。伯杰进一步指出，因为《家长简报》是一种连续不断的交流形式，所以，不必在每一期上都涵盖所有栏目和各种信息；可以包括的栏目有：儿童在不同课程领域（如数学、阅读、社会学习、科学探索、音乐、艺术）的活动，以及郊游、照看班级宠物、来访嘉宾、创造性游戏、儿童个人作品[③]。柯思特尼克、索德曼以及惠任也指出，《家长简报》可以包括下面一个或几个栏目：总结自上一期以来，儿童在园的活动；描述儿童在后面几天或几周里将要参加的活动；举例说明家庭成员应该如何在家里加强孩子的学习；简单讨论儿童将要探索的主题（如果班级进行主题教学）和内容；有关班级、家庭或社区的信息；邀请家庭成员参加班级活动、捐献物品或为未来的班级活动提供建议[④]。

（四）《家长简报》的主要内容及特点

通过细读美国幼儿园34份设有标题的《家长简报》，研究者发现在主要内容上反映出以下几个特点：

1. 主题活动：及时告知

许多幼儿园都能较早地把近期将要开展的主题教育活动刊登在《家长简报》上，使家长能做到心中有数，并能更好地了解孩子的学习。例如：

---

① Shimoni R, Baxter J.Working with family: Perspectives for early childhood professionals [M]. DonMills,Ont: Addison-Wesley Publishers, Ltd., 1996:283.

② Barbour C, Barbour N H, Scully P A. Families, schools, and communities: Building partnerships for educating children [M]. Upper Saddle River, NJ: Pearson Education, 2008:293.

③ Berger E H.Parents as partners in education: Families and schools working together [M]. Upper Saddle River, NJ: Pearson Education, Inc., 2004:194.

④ Kostelnik M J, Soderman A K, Whiren A P.Developmentally appropriate curriculum: Best practices in early childhood education [M]. Upper Saddle River, NJ: Prentice Hall, Inc., 1999:256.

在HS幼儿园P176班的《家长简报》上写道：在10月份，我们很高兴地学习了“家庭”这个主题，我们用全家福照片制作了家谱图，我们也学习了动物的家庭，我们还发现了秋天和树叶的飘落，我们边走边拾落叶，用树叶画画，在感官桌上探索树叶；在11月份，我们将学习“建筑”这个主题，还将学习“动物园里的动物”和“四季”的主题，我们将制作图书，让孩子带回家去，和家人分享。

在HHLC幼儿园P1班的《家长简报》上写道：本周的主题是“跳进春天”；在艺术活动中，利用颜料，玩“跳跃”的手指游戏；在律动活动中，玩“春兔宝宝”的游戏。

在FUMCCC幼儿园T14班的《家长简报》上写道：这个月的主题有“四月阵雨”“小兔子和蛋”“鲜花”“外出的地方”“小鸟”。

由此可见，美国幼儿园教师通过列举这些生活化的主题教育活动，就能使家长意识到孩子的学习和发展是与他们的生活环境、季节的更替变化密切相连的，这样，不仅能保障家长的知情权，而且还能提高家长对幼儿教育内容和途径的理解能力。

2. 重要日期：温馨提示

（1）许多幼儿园都能提前把一些重要的日期刊载在《家长简报》上，使家长能做好各种心理准备，并能做出适宜的回应。例如：

在UPS幼儿园P班9月4日的《家长简报》上列出的“重要日期”有：9月17日，早接孩子的时间为11:30；9月18日，班级开放日，时间为下午6:30—7:30；10月9日，孩子不来园；10月16日，向公众开放的时间是上午8:30—下午2:30，向家庭开放的时间是下午5:30—7:00。

在CECC幼儿园K115班9月26日的《家长简报》上列出的“即将来临的事件”有：9月27日是开放日，时间为下午5:30—6:30；10月6日是照相日；10月9日是秋假，孩子不上学。家长-教师会谈将在10月30日和31日进行；我将把安排表寄到您家里去，您可以从中选择一个最适合自己的时段；我将依据“先来先服务”的原则，安排会谈时间表；30日的会谈时间是从中午12点到晚上8点，31日的会谈时间是从上午8点到11点。

在HS幼儿园P176班11月份的《家长简报》上列出的“重要日期”有：11月11日是退伍军人节，孩子不来园；11月27—28日是感恩节假期，孩子不来园。

在FUMCCC幼儿园T24班4月份的《家长简报》上列出的“重要日期”有：4月10日星期五是（基督教）受难节，幼儿园关门；4月13日星期一、4月24日星期五都是家长–教师会谈日，如果你想面见教师、交流孩子的发展情况，请签名；4月17日星期五全班孩子将表演节目，我们将邀请父母和祖父母来观看孩子们在体育馆舞台上的表演。

由此可知，美国幼儿园教师通过呈现这些不可忘记的重要日期（如开放日、照相日、会谈日、联欢日、观赏日、节日、假日），就能使家长知道什么时候应该来园、什么时候不需要来园，这样，不仅能维护家长的知情权和决策权，而且还能密切家园之间的合作关系。

（2）许多幼儿园都能及时把一些必要的提醒刊登在《家长简报》上，使家长能做好各种物质准备，并能给予必要的配合。例如：

在CECC幼儿园K119班10月3日的《家长简报》上呈现的“提醒”是：请在下周一的还书日子里，帮助孩子归还从图书馆借去的图书；把图书馆的书放在黄颜色的书袋中归还是很重要的；我们始终强调要爱护图书，要轻轻翻动书页，不要卷曲图书，不要在图书上写字或涂色。

在CCC幼儿园K班11月份的《家长简报》上呈现的“提醒”是：星期三是体育馆日，星期五是图书馆日；在这两天的上午，我们都是9:05离开教室，10点回来；如果你送孩子来迟了，请直接把孩子送到体育馆或图书馆去。在P班12月份的《家长简报》上呈现的“提醒”是：请为孩子准备好在雪天游戏用的帽子、手套、靴子或其他防护套和（紧身）滑雪裤或其他裤子。

在FUMCCC幼儿园T15班5月份的《家长简报》上呈现的“提醒”是：天气已经开始变暖，请给孩子带来适当的衣服和防晒霜。

由此可知，美国幼儿园教师通过做出这些具体实在的提醒（如归还图书、增减衣物），就能使家长明白应该如何配合教师培养孩子良好的行为习惯和生活习惯，这样，不仅能捍卫家长的知情权和参与权，而且还能增强家园之间的教育合力。

3. 邀请或感谢：情真意切

（1）许多幼儿园都能主动地把邀请家长的事宜登载在《家长简报》上，使家长能体会到教师的真诚和需要，并能奉献自己的热心和爱心。例如：

在UPS幼儿园K班9月16日的《家长简报》上的“提议废品义卖”一栏中写道：为了给幼儿园集资，也是为了使废品能循环利用，老师们一直在讨论举办家庭废品义卖活动的可能性。这项活动可能在10月份的某个星期六进行。我们鼓励家庭对可卖的废品进行标价，带到幼儿园里来。如果你想帮助我们组织这次废品义卖活动，请告诉老师。

在CCC幼儿园P班12月份的《家长简报》上的“欢迎志愿者”一栏中写道：我们认为家长是很重要的，我们与您和您的孩子建立良好的关系也是很重要的。我们欢迎您来做志愿者，比如：您可以给您的孩子和班级的小朋友们讲故事，和他们一起做游戏；如果您喜欢音乐，那么您也可以来与我们分享演奏乐器的技能、技巧。

在FBCP幼儿园4月份的《家长简报》上的“家长调查表”一栏中写道：家长调查表将被放在每个班级的门外边，需要您去填写。请花几分钟的时间完成它，然后放到幼儿园的办公室里。我们总是期待着听到您的声音，得到您的建议。

由此可见，美国幼儿园教师十分积极地邀请家长来班级做志愿者（如贡献自己的人力、物力和财力），就能使家长耳闻目睹并参与到孩子的生活和学习中去，这样，不仅能增强家长的观察能力和实践能力，而且还能提高家长的合作能力和教育能力。

（2）许多幼儿园都很重视把感谢家长的信件刊登在《家长简报》上，使家长能感受到教师的表扬和鼓励，并能给予持续的帮助和配合。例如：

在WP幼儿园P班10月份第2期《家长简报》的“致谢”栏目里写道：感谢在上周四、上周五为我们开车、护送我们去果园参观的所有家长，他们是CA、SB、LG、AM、BW、DB、JM、DM、LR、SS。没有你们和你们的帮助，我们是不可能进行这次参观活动的。

在CS幼儿园11月份《家长简报》的“感谢你们，家长们”栏目里写道：我们感谢AP家长组织了幼儿园的照相日；我们感谢LG、SA、DH、AB、RB、SP、MK、BB、SW、BC、KM等家长，这两天来园给了我们许多帮助，这两天秋色很美，他们在室外游戏场地帮助我们拍了许多照片，现在我们激动地等待着这些作品的到来，在感恩节来临之前，家长们都将能看到孩子们的照片。

在HHLC幼儿园P1班4月份《家长简报》的“特别事项：感谢”栏目里写道：感谢在3月份给我们带来纸巾和湿巾的所有家长；我们非常感激你们的贡献！

在FUMCCC幼儿园T15班5月份《家长简报》的“感谢你们”栏目里写道：再次感谢在电影日给我们带来光盘和点心的所有家长；特别要感谢R和他的家庭给我们班级捐赠了好玩的玩具，孩子们非常喜欢这些玩具。

由此可见，美国幼儿园教师通过真诚感谢家长所给予的各种帮助（如参观、会谈、拍照、捐物），就能使家长支教和助教的言行得到强化，这样，不仅能巩固家长的参与权和教育权，而且还能升华家园之间的友好关系。

二、美国幼儿园《家长简报》给予的启示

美国幼儿园设计和运用《家长简报》的思路及实践值得我们学习和借鉴。

（一）要发挥教师在《家长简报》中的主导作用

我国也有一些幼儿园办有《家园小报》，以幼儿园为基石，每学期向全园家长发布1 ~ 4期教育信息。如果我们能在此基础上，借鉴美国幼儿园《家长简报》的经验，以班级为平台，每月向全班家长编发1 ~ 4期教育信息，那么我们就能更充分地发挥教师的主导作用，更快捷地传递班级的教育信息，更频繁地与家长进行良好的沟通分享，更有效地促进幼儿的和谐发展。

（二）要确保儿童在《家长简报》中的重要地位

儿童是家长关注的焦点，也是家园联系的桥梁。幼儿园班级的《家长简报》只有以儿童为中心，紧密地围绕着儿童生活的各个层面来进行设计和制作，才能激发家长的阅读兴趣。我们在汲取美国同行的这一经验时，既可以通过儿童的名字、儿童的食谱、儿童的服装、儿童的活动来吸引家长的“眼球”，也可以通过儿童的绘画、儿童的照片来引起家长的注意。在此过程中，一定要做到公平、公正，平等地对待班级的每一位儿童，用发展的眼光看待班级的每一位儿童。例如，教师在安排“每周童星”或“每

月童星”的候选人时，不仅要思考把这个儿童的哪些信息放在上面，而且还要考虑在每一期上共有几位儿童“亮相”，以确保在学期结束时全班每一位儿童都能“闪亮登场”。

（三）要促使家园在《家长简报》中的双向互动

《家长简报》要想成为家园沟通分享的一种有效形式，就应该是一种双向的交流互动，而不是单向的信息传递。我们在学习美国同行的这一经验时，需要注意以下几点：首先，教师可以邀请家长参与到设计或编排、制作、发放《家长简报》的过程中来（例如，聘请某位家长负责某一期的编辑工作或打印工作），以萌发家长的主人翁意识。其次，教师可以邀请家长为《家长简报》撰写各种各样的稿件（例如，极有营养的食谱、好玩的游戏玩具、好看的图画、好听的故事、旅行的照片、推荐的图书、艺术品的制作方案、家长的育儿心得），或配上相应的插图，以增强家长的阅读兴趣。再次，教师可以在每期的《家长简报》上面，开辟一个“你问我答”的专栏，列出几个小问题。（例如，您最近在周末带孩子去过哪些地方？这些地方好看吗？有什么好看的东西？这些地方好玩吗？有什么好玩的东西？）请求家长帮助解答这些问题，并告诉家长将在下一期里刊登他们的建议，以强化家长的成功感。最后，教师可以在各期的《家长简报》上面，开设一个“家庭周”的栏目，呈现几个小问题。（例如，你们家里人喜欢吃什么？你们家里人喜欢到哪里去玩？你们家里人喜欢我们的幼儿园吗？喜欢哪些地方？你们家里人喜欢我们的班级吗？喜欢哪些地方？你们家里人还有其他什么事情想和我们大家分享的？）指导家长相互采访报道，鼓励家长“毛遂自荐”“自我曝光”“晒晒照片”，以提高家长的交往能力。这样，就能使家长不仅有机会扮演“读者”的角色，而且还有机会担任“编辑”和“作者”的角色，掌握与教师合作共育的技能、技巧。

关键词回顾

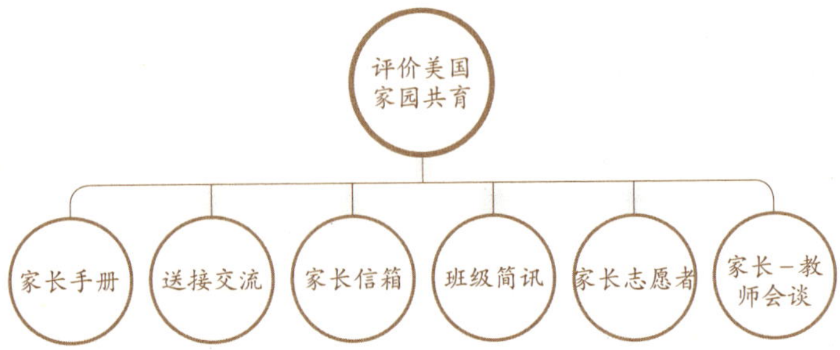

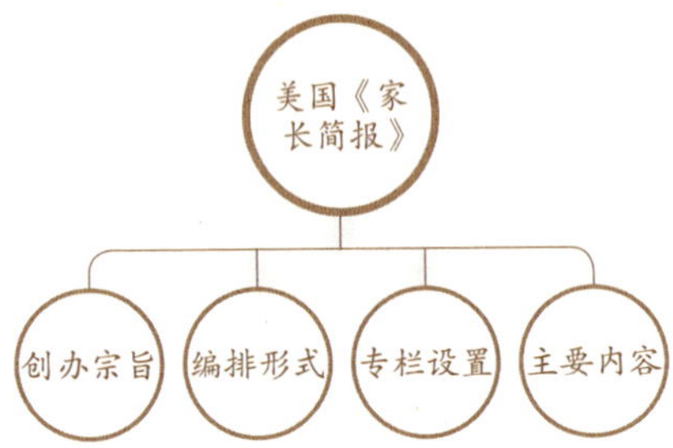

复习思考

① 我国幼教工作者是如何评价美国幼儿园与家庭合作共育的？你是如何评价的？

② 你认为美国幼儿园与家庭合作共育有哪些经验是值得我们学习的？请联系当地的家园合作具体情况加以说明。

③ 美国幼儿园《家长简报》的主要特点是什么？给了你哪些启示？

④ 请参照美国幼儿园的《家长简报》，设计一份中国化的个体化的幼儿园班级《家长简讯》。

拓展阅读推荐书目

① 李生兰著，《儿童的乐园：走进21世纪的美国学前教育》，南京师范大学出版社，2011年。

② 廖晓英著，《小学还能这样上——中国妈妈眼中的加拿大小学教育》，宁波出版社，2011年。

③ 聂露著，《大卫在新西兰——一位中国博士妈妈的儿童教育笔记》，中

国言实出版社，2012年。
④ 唐彩斌、张影著，《零距离英国教育》，中国轻工业出版社，2012年。
⑤ 付晓芬著，《日本父母这样教孩子负责》，天津人民出版社，2013年。
⑥ 李生兰著，《比较学前教育》（第2版），华东师范大学出版社，2013年。

网上浏览

① http://www.naeyc.org
② http://www.unicef.org
③ http://www.education.gov.au
④ http://www.minedu.govt.nz
⑤ http://www.cayc.ca
⑥ http://www.nao.org.uk

第九章 幼儿园与家庭、社区合作共育的科学研究

幼儿园与家庭、社区合作共育科研课题的选择
幼儿园与家庭、社区合作共育科研课题的申请
幼儿园与家庭、社区合作共育科研报告的撰写

在这幅图片中:

你看到了什么?你想到了什么?

学习目标

① 了解幼儿园与家庭、社区合作共育的科研课题主要有哪些。

② 掌握幼儿园与家庭、社区合作共育课题申请书的基本结构。

③ 学会撰写幼儿园与家庭、社区合作共育的科研报告。

学习重点与难点

○ 学习重点／掌握幼儿园与家庭、社区合作共育课题申请书的基本结构、科研报告的撰写格式。

○ 学习难点／掌握幼儿园与家庭、社区合作共育科研报告中的思考与分析。

学习建议

① 在本校网站上，下载有关毕业论文的表格和要求，结合第一节的内容，寻找自己感兴趣的选题。

② 参照第二节的内容，试着填写“开题报告”，然后进入幼儿园、家庭和社区现场，进行初步的调查研究。

③ 借鉴第三节的范例，学着撰写“毕业论文”。

第一节 幼儿园与家庭、社区合作共育科研课题的选择

► 家园社区共育科研课题的选择，可以分别从幼儿园与家庭共育、幼儿园与社区共育、幼儿园与家庭及社区共育这三个视角来进行。

一、学前儿童家庭教育科研课题的选择确立

（一）学前儿童家庭教育现状及改进措施的研究

1. 不同年龄阶段儿童家庭教育的现状

（1）教育的主体是：家长、教师、社区人士。

（2）教育的客体是：儿童、家长。

（3）教育的场所是：家庭、幼儿园、社区。

（4）教育的时间是：每期几次、每周几次、每次几小时。

（5）教育的媒体有：玩具、图书、网络、电视、光盘、其他。

（6）教育的方式有：聆听、旁观、参与、游戏、活动。

（7）教育的效果是：显著、一般、不显著。

（8）教育的费用是：每期付多少元、每次付多少元。

2. 不同年龄阶段儿童家庭教育的特点及原因

（1）不同年龄段儿童家庭教育的特点。

（2）不同年龄段儿童家庭教育存在的问题。

（3）不同年龄段儿童家庭教育的主要影响因素。

3. 提高不同年龄阶段儿童家庭教育水平的对策及措施

（1）不同年龄阶段儿童家庭教育的改进策略。

（2）学前儿童家庭教育指导机构的改进措施。

（二）家长带孩子外出游玩活动的研究

1. 家长带孩子到公园玩耍活动的研究
2. 家长带孩子到超市购物活动的研究
3. 家长带孩子到药品店购药活动的研究
4. 家长带孩子到商厦购物活动的研究
5. 家长带孩子到图书馆读书活动的研究
6. 家长带孩子到动物园观看动物活动的研究
7. 家长带孩子到博物馆参观活动的研究
8. 家长带孩子到科技馆参观活动的研究
9. 家长带孩子到消防站参观活动的研究
10. 家长带孩子到大学校园观光活动的研究
11. 家长带孩子到烈士陵园瞻仰烈士活动的研究

（三）家长对幼儿园家长工作形式的评价研究

1. 家长对《家长手册》的评价研究
2. 家长对家庭访问的评价研究
3. 家长对送接交流的评价研究
4. 家长对“家长园地”的评价研究
5. 家长对家长会议的评价研究
6. 家长对家长开放日活动的评价研究
7. 家长对亲子活动的评价研究
8. 家长对家长志愿者/助教的评价研究
9. 家长对家长沙龙的评价研究
10. 家长对家长学校的评价研究
11. 家长对家长委员会的评价研究
12. 家长在与幼儿园合作共育中角色扮演研究

二、学前儿童社区教育科研课题的选择确立

（一）学前儿童社区教育场所的拥有情况

1. 幼儿园附近的儿童社区教育场所

（1）幼儿园附近是否有儿童图书馆、儿童美术馆、儿童博物馆、儿童科技馆、儿童体育馆、儿童公园等社区教育场所？

（2）幼儿园附近是否有图书馆、美术馆、博物馆、科技馆、体育馆、公园等社区教育场所？

（3）幼儿园附近的图书馆、美术馆、博物馆、科技馆、体育馆、公园等社区教育场所是否开辟了专门供儿童活动的区域？

2. 家庭附近的儿童社区教育场所

（1）家庭附近是否有儿童图书馆、儿童美术馆、儿童博物馆、儿童科技馆、儿童体育馆、儿童公园等社区教育场所？

（2）家庭附近是否有图书馆、美术馆、博物馆、科技馆、体育馆、公园等社区教育场所？

（3）家庭附近的图书馆、美术馆、博物馆、科技馆、体育馆、公园等社区教育场所是否开辟了专门供儿童活动的区域？

（二）学前儿童社区教育场所的开放情况

1. 学前儿童社区教育场所的开放时间

（1）幼儿园附近的儿童社区教育场所有哪些是每天开放的？有哪些是工作日开放的？有哪些是双休日开放的？

（2）家庭附近的儿童社区教育场所有哪些是每天开放的？有哪些是工作日开放的？有哪些是双休日开放的？

2. 学前儿童社会教育场所的收费标准

（1）幼儿园附近的儿童社区教育场所有哪些是免费开放的？有哪些是收费开放的？收费标准是多少？

（2）家庭附近的儿童社区教育场所有哪些是免费开放的？有哪些是收费开放的？收费标准是多少？

（三）幼儿园与社区教育场所的互动情况

1. 园长与儿童社区教育场所的互动

（1）园长喜欢哪些社区教育场所？其原因是什么？

（2）园长组织全园幼儿去过哪些社区教育场所？有什么收获？

（3）园长想组织全园幼儿去但还没有去的社区教育场所有哪些？为什么还没有去？

2. 教师与儿童社区教育场所的互动

（1）教师喜欢哪些社区教育场所？其原因是什么？

（2）教师组织全班幼儿去过哪些社区教育场所？有什么收获？

（3）教师想组织全班幼儿去但还没有去的社区教育场所有哪些？为什么还没有去？

（四）家庭与儿童社区教育场所的互动情况

1. 家长喜欢哪些社区教育场所？其原因是什么？

2. 家长带孩子去过哪些社区教育场所？有什么收获？

3. 家长想带孩子去但还没有去的社区教育场所有哪些？为什么还没有去？

（五）学前儿童与社区教育场所的互动情况

1. 儿童喜欢哪些社区教育场所？其原因是什么？

2. 儿童去过哪些社区教育场所？有什么收获？

3. 儿童想去但还没有去的社区教育场所有哪些？为什么还没有去？

（六）学前儿童社区教育场所存在的问题与解决的措施

1. 儿童社区教育场所存在哪些主要问题？

2. 儿童社区教育场所走出困境的适宜措施有哪些？

（七）幼儿园运用儿童社区教育场所面临的问题及改进

1. 幼儿园在运用儿童社区教育场所时存在着哪些问题？

2. 幼儿园应如何提高运用社区教育场所的频率和效率？

（八）家庭运用儿童社区教育场所面对的问题及改进

1. 家庭在运用儿童社区教育场所时存在着哪些问题？

2. 家庭应如何提高运用社区教育场所的频率和效率？

三、幼儿园与家庭合作共育科研课题的选择确立

幼儿园《家长手册》的研究

幼儿园家庭访问的研究

幼儿园送接交流的研究

幼儿园“家长园地”的研究

幼儿园家长会议的研究

幼儿园家长开放日活动的研究

幼儿园亲子活动的研究

幼儿园家长志愿者/助教的研究

幼儿园家长沙龙的研究

幼儿园家长学校的研究

幼儿园家长委员会的研究

教师在与家长合作共育中角色扮演研究

园长在与家长合作共育中角色扮演研究

四、幼儿园与社区合作共育科研课题的选择确立

幼儿园组织参观公园活动的研究

幼儿园组织参观超市活动的研究

幼儿园组织参观药品店活动的研究

幼儿园组织参观商厦活动的研究

幼儿园组织参观图书馆活动的研究

幼儿园组织参观动物园活动的研究

幼儿园组织参观博物馆活动的研究
幼儿园组织参观科技馆活动的研究
幼儿园组织参观消防站活动的研究
幼儿园组织参观大学校园活动的研究
幼儿园组织参观烈士陵园活动的研究
教师在与社区合作共育中角色扮演研究
园长在与社区合作共育中角色扮演研究

五、幼儿园与家庭、社区合作共育科研课题的选择确立

幼儿园运用家庭、社区资源进行健康教育的研究
幼儿园运用家庭、社区资源进行安全教育的研究
幼儿园运用家庭、社区资源进行营养教育的研究
幼儿园运用家庭、社区资源进行体育教育的研究
幼儿园运用家庭、社区资源进行生命教育的研究
幼儿园运用家庭、社区资源进行生日教育的研究
幼儿园运用家庭、社区资源进行语言教育的研究
幼儿园运用家庭、社区资源进行英语教育的研究
幼儿园运用家庭、社区资源进行方言教育的研究
幼儿园运用家庭、社区资源进行阅读教育的研究
幼儿园运用家庭、社区资源进行社会教育的研究
幼儿园运用家庭、社区资源进行情感教育的研究
幼儿园运用家庭、社区资源进行主题教育的研究
幼儿园运用家庭、社区资源进行节日教育的研究
幼儿园运用家庭、社区资源进行环保教育的研究
幼儿园运用家庭、社区资源进行科学教育的研究
幼儿园运用家庭、社区资源进行数学教育的研究
幼儿园运用家庭、社区资源进行音乐教育的研究
幼儿园运用家庭、社区资源进行舞蹈教育的研究

第二节 幼儿园与家庭、社区合作共育科研课题的申请

► 如何进行家园社区共育科研课题的申请？现以"幼儿园与家庭、社区合作共育质量提升的困境与出路"为例，加以说明。

一、本课题研究的理论和实际应用价值，目前国内外研究的现状和趋势

（一）本课题研究的理论和实际应用价值

1. 有利于完善家庭系统理论

阿克曼等学者提出的家庭系统理论认为，家庭是一个整体，是一个系统，家庭所有成员都是这个系统中的一个重要组成部分，他们相互依存、相互影响。因此，开展本课题研究，既能运用该理论来寻找幼儿园与家庭、社区合作共育的困境和对策，又能通过实践来完善该理论。

2. 有利于丰富生物生态学理论

布朗芬布伦纳创建的生物生态学理论认为，儿童的发展受到与其有直接或间接联系的生态环境的制约，这种生态环境是由若干个相互镶嵌在一起的系统（微观系统、中间系统、外层系统、宏观系统、动态变化系统）所组成的。这些系统中的每一个系统都对儿童的发展有着复杂的生态学意义，各个系统是相互联系、相互制约的，其中任何一个系统的变化都会波及另外一

个系统。儿童的发展过程是其不断地扩展对生态环境的认识的过程，从家庭到幼儿园再到社会，儿童的生态过渡对其发展具有举足轻重的作用。因此，开展本课题研究，既能运用该理论来构造家园社区合作共育的理想图景和可行之路，又能通过实践来丰富该理论。

3. 有助于借鉴国际幼教经验

美、英、日、澳等世界幼儿教育发达国家都十分重视幼儿园与家庭、社区的合作共育，强调运用家庭和社区中的各种资源来提高幼儿教育的质量，促进幼儿的全面发展。因此，开展本课题研究，有助于我国幼儿园借鉴国外先进经验，找到合作共育问题的症结，对症下药，开辟崭新的改革之路。

4. 有助于实施各项法规政策

我国政府颁发了一系列幼儿教育、家庭教育、社区教育的法规政策，如《幼儿园教育指导纲要（试行）》《国家中长期教育改革和发展规划纲要（2010—2020年）》《全国家庭教育指导大纲》《关于指导推进家庭教育的五年规划（2011—2015年）》《中国儿童发展纲要（2011—2020年）》，都明确指出幼儿园要与家庭、社区密切合作，充分运用家庭和社区中的各种资源，提高教育影响的一致性和有效性。因此，开展本课题研究，有助于寻找合作共育的薄弱环节，全面贯彻落实各项法规政策。

5. 有益于推动幼教工作者的专业发展

幼儿园与家庭、社区合作共育的改革探索，能为园长和教师提供许多与家长、社区人士沟通互动分享的机会，增强他们发现问题、分析问题、解决问题的能力。因此，开展本课题研究，有助于幼教工作者厘清合作共育的困局，寻求走出困局的良策，促进专业能力和专业素养的提高。

6. 有益于促进幼儿健康快乐地成长

幼儿教育是一项极为复杂的系统工程，既不是幼儿园单方面可以完成的，也不是家庭或社区单方面能胜任的，必定要三者的密切协作，才能形成教育的合力，提高幼儿教育的质量。因此，开展本课题研究，有助于扫除合作共育中的各种障碍，创设和谐的育人环境，促进幼儿身心的全面发展。

（二）目前国内外研究的现状和趋势

1. 概况

国内外学者对幼儿园与家庭、社区合作共育的研究主要包括以下几个方面：

（1）对幼儿园在与家庭合作共育中的角色和作用进行了研究。例如，李生兰对园长在幼儿园家长开放日活动中所扮演的角色进行了深入研究，她指出：园长是家长开放日活动的引领者、指导者、观察者、评价者。虞永平在全面论述了幼儿园应做科学育儿的“领头羊”，指导家庭开展科学的家庭教育的基础上，进一步指出：幼儿园教师应是科学育儿知识的传播者、科学育儿行为的示范者；幼儿园要成为科学育儿的倡导者、践行者、维护者。

（2）对家长参与幼儿园教育的程度和角色进行了研究。例如，虞永平对家长参与幼儿园课程建设的不同层次进行了研究，他指出：家长是幼儿信息的提供者，是幼儿活动的督促者，是幼儿园课程材料的提供者，是幼儿园活动的参与者，是幼儿经验的提供者，是幼儿园课程的审议者，是幼儿园课程的评价者。李生兰对家长参与幼儿园教育的角色进行了全面的研究，她指出：家长是孩子教育的消费者，是幼儿园教育的观察者，是不断进取的学习者，是家园合作的支持者，是子女成才的教育者，是幼儿园教育的评价者。

（3）对中外幼儿园与家庭合作共育的形式进行了比较研究。例如，李生兰对美国幼儿园家长志愿者队伍进行了介绍和评价，她建议：我国幼儿园要正确认识家长志愿者的价值，开展家长志愿者的招募工作，给予家长志愿者相应的指导，妥善安排家长志愿者的工作，积极评价家长志愿者的奉献。李生兰对中、美幼儿园与家庭合作共育的路径进行了比较和分析，她指出：中、美幼儿园在利用集体交往路径和个别交往路径上存在着较大的差异，中国幼儿园较多地运用了集体交往的路径，而美国幼儿园则较多地运用了个别交往的路径，造成这种差异的主要原因是两国的幼教法规政策、评审标准、办园条件、幼教实践等都大不相同。

（4）对教师运用社区资源实施教育进行了研究。例如，李生兰对教师在运用社区资源时所扮演的多种角色进行了概括和分析，她指出：教师是社区教育资源价值的认识者，是社区教育资源类别的发现者，是社区教育资源整合的设计者，是社区教育资源开发的邀请者，是社区教育资源利用的行动者，是社区教育资源展示的参与者，是社区教育资源效能的评价者。

（5）对学校与家庭、社区的关系进行了研究。例如，桑德斯认为，社区是一个庞大的资源库，既能加强学校的课程，又能扩展家庭的学习，促进学生的成功；学校应该加强与社区的联系，更好地为家庭提供服务；社区中的商业机构、高等学校、社会服务机构、医疗卫生机构等都是非常重要的教育场所，应充分加以利用。肯特·克里斯曼等指出：教师与家长通过交往建立关系，这种交往既有单向的，也有双向的；学校要重视以家庭为中心的合作，要关注社区的广泛参与。C.巴伯和N.H.巴伯及史高丽也指出：学校、家庭和社区都影响着儿童的生活；学校应该以家庭和社区为基础来建设课程，并通过正规的和非正规的形式与家庭和社区保持密切合作的关系。

2. 特点

国内外学者对幼儿园与家庭、社区合作共育的研究呈现出以下几个特点：

（1）从研究的范围上来看，有关幼儿园与家庭合作共育的研究较多，而幼儿园与社区合作共育的研究较少。

（2）从研究的内容上来看，在幼儿园与家庭、社区合作共育的研究中，对价值及形式的研究较多，而对存在问题及改进对策的研究较少。

（3）从研究的方法上来看，有关幼儿园与家庭、社区合作共育的文献研究较多，而实证研究较少。

（4）从研究的对象上来看，在幼儿园与家庭、社区合作共育的研究中，对教师、家长的研究较多，而对园长、特别是对社区人士的研究较少。

3. 启示

国内外学者对幼儿园与家庭、社区合作共育的研究为本课题的研究提供了有益的启示。

（1）在研究范围上，要把社区融入合作共育之中。

（2）在研究内容上，要把重点放在合作共育的困境和出路上。

（3）在研究方法上，要重视合作共育的调查研究和行动研究。

（4）在研究对象上，要关注合作共育中的园长和社区人士。

二、本课题的研究目标、研究内容、拟突破的重点和难点

（一）本课题的研究目标

了解城乡幼儿园在提高与家庭、社区合作共育质量的过程中，主要面临着哪些困难和问题。

剖析这些幼儿园在提高与家庭、社区合作共育质量的过程中，陷入重重困局的主要影响因素。

探寻幼儿园在提高与家庭、社区合作共育质量的过程中，摆脱这些困境的有效举措和对策。

（二）本课题的研究内容

1. 幼儿园与家庭、社区合作共育质量提升面临的各种困境

（1）园长视野中合作共育质量提升面临的多种困境

① 在合作共育价值取向上的难题，如对教师、幼儿、家长、社区人士、自身发展作用的认识。

② 在合作共育内容选择上的难题，如幼儿体、智、德、美的全面发展。

③ 在合作共育形式运用上的难题，如家访、送接交流、家长园地、家长会、家长开放日、家园小报、电话手机交流、家长志愿者、家长委员会、幼儿园网站；走出去、请进来。

④ 在合作共育场所安排上的难题，如幼儿园、家庭、社区的地理位置、开放程度、交通情况。

⑤ 在合作共育时间确定上的难题，如工作日、双休日；上午、下午、晚上。

⑥ 在合作共育对象人员上的难题，如教师（如年龄、教龄、学历、经验、能力、执教班级），家长（如年龄、辈分、性别、学历、职业、孩子班级），社区人士（如年龄、性别、学历、专业、职业）。

⑦ 在合作共育激励指导上的难题，如指导的对象、指导的内容、指导的形式、指导的策略。

⑧ 在合作共育反馈评价上的难题，如评价的主体、评价的客体、评价的标准、评价的策略。

（2）教师视野中合作共育质量提升面临的多种困境

① 在合作共育价值取向上的难题，如对园长、幼儿、家长、社区人士、自身发展作用的认识。

② 在合作共育内容选择上的难题，如幼儿体、智、德、美的全面发展。

③ 在合作共育形式运用上的难题，如家访、送接交流、家长园地、家长会、家长开放日、家园小报、电话手机交流、家长志愿者、家长委员会、幼儿园网站；走出去、请进来。

④ 在合作共育场所安排上的难题，如幼儿园、家庭、社区的地理位置、开放程度、交通情况。

⑤ 在合作共育时间确定上的难题，如工作日、双休日；上午、下午、晚上。

⑥ 在合作共育对象人员上的难题，如园长（如年龄、教龄、学历、经验、能力），家长（如年龄、辈分、性别、学历、职业、孩子班级），社区人士（如年龄、性别、学历、专业、职业）。

⑦ 在合作共育激励指导上的难题，如指导的对象、指导的内容、指导的形式、指导的策略。

⑧ 在合作共育反馈评价上的难题，如评价的主体、评价的客体、评价的标准、评价的策略。

（3）家长视野中合作共育质量提升面临的多种困境

① 在合作共育价值取向上的难题，如对园长、教师、幼儿、社区人士、自身发展作用的认识。

② 在合作共育内容选择上的难题，如幼儿体、智、德、美的全面发展。

③ 在合作共育形式运用上的难题，如家访、送接交流、家长园地、家长会、家长开放日、家园小报、电话手机交流、家长志愿者、家长委员会、幼儿园网站；走出去、请进来。

④ 在合作共育场所安排上的难题，如家庭、幼儿园、社区的地理位置、开放程度、交通情况。

⑤ 在合作共育时间确定上的难题，如工作日、双休日；上午、下午、晚上。

⑥ 在合作共育对象人员上的难题，如园长（如年龄、教龄、学历、经

验、能力），教师（如年龄、教龄、学历、经验、能力、执教班级），社区人士（如年龄、性别、学历、专业、职业）。

⑦ 在合作共育激励指导上的难题，如指导的对象、指导的内容、指导的形式、指导的策略。

⑧ 在合作共育反馈评价上的难题，如评价的主体、评价的客体、评价的标准、评价的策略。

（4）社区人士视野中合作共育质量提升面临的多种困境

① 在合作共育价值取向上的难题，如对园长、教师、幼儿、家长、自身发展作用的认识。

② 在合作共育内容选择上的难题，如幼儿体、智、德、美的全面发展。

③ 在合作共育形式运用上的难题，如家访、送接交流、家长园地、家长会、开放活动、家园小报、电话手机交流、幼儿园网站、家长委员会；走出去、请进来。

④ 在合作共育场所安排上的难题，如社区、幼儿园、家庭的地理位置、开放程度、交通情况。

⑤ 在合作共育时间确定上的难题，如工作日、双休日；上午、下午、晚上。

⑥ 在合作共育对象人员上的难题，如园长（如年龄、教龄、学历、经验、能力），教师（如年龄、教龄、学历、经验、能力、执教班级），家长（如年龄、辈分、性别、学历、职业、孩子班级）。

⑦ 在合作共育激励指导上的难题，如指导的对象、指导的内容、指导的形式、指导的策略。

⑧ 在合作共育反馈评价上的难题，如评价的主体、评价的客体、评价的标准、评价的策略。

2. 阻碍幼儿园与家庭、社区合作共育质量提升的主要因素

（1）主要来自幼儿园的影响因素，如园长领导力、等级、规模、师幼比率、师资队伍、保教活动。

（2）主要来自家庭的影响因素，如家庭的结构和生活方式、家长的育儿观念和行为。

（3）主要来自社区的影响因素，如社区的物质环境和精神环境、社区的人力资源和物力资源。

（4）来自其他方面的影响因素，如城乡、行政部门、评审部门、培训部门、教研部门、科研部门。

3. 促进幼儿园与家庭、社区合作共育质量提升的多条路径

（1）学习各项法规政策，全面认识合作共育的价值

幼儿园要引导家庭和社区，一起学习研讨有关合作共育的各种法规政策，做到知法、懂法、守法。例如：① 组织法规政策的宣传活动；② 开展法规政策的解读活动；③ 激励家长委员会的示范活动。

（2）提高各种理论修养，深刻理解合作共育的内涵

幼儿园要指导家庭和社区，一同学习思考有关合作共育的各种理论思想，融会贯通，并付诸实践。例如：① 组织读书、读报活动；② 开展讨论交流活动；③ 创设网站论坛活动。

（3）加强教师在职培训，增强合作共育的能力

幼儿园要重视教师的在职培训，注意丰富教师合作共育的知识，增强教师合作共育的技能，提高教师合作共育的能力。例如：① 加强园本教研活动；② 深化师徒结对活动；③ 鼓励家长助教活动。

（4）统一各方价值观念，凝聚合作共育的力量

幼儿园要通过生动活泼的形式，帮助家长、社区人士树立科学的合作共育观念，使三方能达成共识，形成教育幼儿的合力。例如：① 组织育儿知识竞赛活动；② 开展育儿沙龙活动。

（5）倡导改革创新活动，大力提升合作共育的效能

幼儿园要通过行之有效的形式，帮助家长、社区人士形成适宜的合作共育行为，既要积极主动地邀请他们进入幼儿园，参与教改活动，又要经常把幼儿带到家庭和社区中去，拓展教育的空间。例如：① 深化家庭开放活动；② 尝试社区开放活动；③ 激励亲子同乐活动；④ 增加参观游览活动。

（三）拟突破的重点和难点

幼儿园与家庭、社区合作，提升园本教研活动质量的组织形式和主要举措。

幼儿园与家庭、社区合作，丰富育儿沙龙活动的内容和形式的主要措施。

幼儿园与家庭、社区合作，提高家庭开放活动的频率和效率的主要对策。

幼儿园与家庭、社区合作，探索社区开放活动的频度和成效的主要对策。

幼儿园与家庭、社区合作，扩展亲子同乐活动的种类和形式的主要策略。

幼儿园与家庭、社区合作，确保参观游览活动的安全和效果的主要策略。

三、本课题的研究思路和研究方法、计划进度、前期研究基础及资料准备情况

（一）本课题的研究思路和研究方法

1. 研究思路

本课题以幼儿园为视角，以家庭和社区为平台，以园长和教师、家长及社区人士为研究对象，以问卷法、访谈法、观察法及行动研究法为研究方法，来全面了解幼儿园在与家庭、社区合作共育的过程中所遇到的各种艰难险阻，深入分析造成这些困境僵局的主要影响因素，并提出相应的解决措施和策略进行改革探索，以提升合作共育的质量，促进幼儿的和谐发展。

2. 研究方法

（1）问卷法

分别设计调查园长、教师、家长、社区人士的问卷表格，以全面了解他们对家园社区合作共育质量提升所面临困境的基本看法；依次向3省（包括S、Z、A省）600名园长（包括不同的园级、学历、任职年限、职称等）、1 200名教师（包括不同的学历、教龄、职称、执教班级等）、1 200名家长（包括不同的性别、辈分、学历、职业、家庭结构、孩子班级等）、600名社区人士（包括不同的性别、年龄、学历、职业、场所等）发放问卷表格，并回收；上机统计处理，并加以定量分析。

（2）访谈法

分别设计访谈园长、教师、家长、社区人士的提纲，以深入了解他们对家园社区合作共育质量提升所面临困境的主要想法；依次对3省（包括S、Z、A省）120名园长（包括不同的园级、学历、教龄、任职年限、职称等）、120名教师（包括不同的性别、年龄、学历、教龄、职称、执教班级等）、120名家长（包括不同的性别、年龄、辈分、学历、职业、家庭结构、

孩子班级等）、120名社区人士（包括不同的性别、年龄、学历、专业、职业、场所等）进行访谈，并加以录音；把访谈所得的声音资料转化成文字资料，并反馈给研究对象加以确认；对访谈资料加以编码，并进行定性分析。

（3）观察法

分别设计观察园长、教师、家长、社区人士的提纲，以客观审视他们对家园社区合作共育质量提升所面临困境的主要做法；依次进入3省（包括S、Z、A省）12所幼儿园（包括不同的城乡、等级等）、36个家庭（包括不同的结构等）、48个社区（包括不同的场所等），实地观察园长、教师、家长、社区人士在合作共育中的表现，并加以拍照和录像；对观察资料加以编码，并进行定性分析。

（4）行动研究法

在问卷研究、访谈研究、观察研究的基础上，开展行动研究。研究者选择3省（包括S、Z、A省）9所幼儿园（包括不同的城乡、等级等）作为研究基地；和园长、教师、家长、社区人士一起针对调查研究中发现的阻碍合作共育质量提升的各种“疑难杂症”，开展学习研讨活动；通过头脑风暴法等多种方法，共同设计行动研究方案，并付诸实践，以探寻提高合作共育质量的多条有效通道。

（二）本课题的计划进度

1. 准备设计阶段（2014年1月—2014年5月）

（1）设计问卷表格：分别设计调查园长、教师、家长、社区人士的问卷表格。

（2）设计访谈提纲：分别设计访谈园长、教师、家长、社区人士的提纲。

（3）设计观察提纲：分别设计观察园长、教师、家长、社区人士的提纲。

2. 调查研究阶段（2014年6月—2014年9月）

（1）开展问卷调查：分别进入幼儿园、家庭、社区，发放问卷。

（2）开展访谈研究：分别进入幼儿园、家庭、社区，进行访谈。

（3）开展观察研究：分别进入幼儿园、家庭、社区，进行观察。

3. 整理分析阶段（2014年10月—2014年12月）

（1）整理分析问卷结果：分别整理撰写园长、教师、家长、社区人士的问卷报告。

（2）整理分析访谈结果：分别整理撰写园长、教师、家长、社区人士的访谈报告。

（3）整理分析观察结果：分别整理撰写园长、教师、家长、社区人士的观察报告。

4. 改革探索阶段（2015年1月—2016年7月）

（1）加强理论学习研讨：园长和教师、家长、社区人士针对调查研究中所发现的各种问题，展开学习研讨，共同制订提高合作共育质量的改革方案。

（2）开展实践探索创新：园长和教师、家长、社区人士齐心协力，分工协作，共同实施提高合作共育质量的各种改革方案，并不断加以修订完善。

5. 总结论证阶段（2016年8月—2016年11月）

（1）总结行动研究成果：撰写行动研究报告，完善各项行动研究成果的表现形式。

（2）论证行动研究成果：邀请专家进行指导，提高各项行动研究成果的内在质量。

6. 发表推广阶段（2016年12月—2017年2月）

（1）发表研究成果：在教育期刊上发表各项研究成果，在国内外教育学术会议上宣讲研究成果。

（2）推广研究成果：在幼儿园组织家庭、社区合作共育的现场活动，交流经验，分享研究成果。

（三）本课题的前期研究基础及资料准备情况

1. 前期研究基础

（1）已发表论文：《成功的家长开放日需要教师的智慧和技巧》，见《中国教育报》。

（2）已发表论文：《教师在利用社区教育资源时扮演的多重角色》，见《幼儿教育》。

（3）已发表论文：《美国学前教育机构利用社区公园进行教育的现状与启示》，见《早期教育》。

（4）已发表论文:《美国幼儿园教师运用社区图书馆进行教育的观察与思考》，见《早期教育》。

（5）已发表论文:《美国幼儿园教师运用社区资源优化教育活动的观察研究》，见《上海教育科研》。

（6）已发表论文:《中美家园共育路径及成因的比较研究》，见《教育导刊》。

（7）已发表论文:《中国幼教工作者对美国幼儿园与家庭合作共育的评价研究》，见《现代幼教》。

（8）已完成：幼儿园网站“家园互动”栏目的初步研究报告。

（9）已完成：幼儿园《家园小报》的初步研究报告。

2. 资料准备情况

（1）已收集国内学者的一些研究成果

（2）已翻译国外学者的一些研究成果

（3）已设计多种调查研究表格和提纲，例如：

① 园长、教师、家长、社区人士的问卷表格。

② 园长、教师、家长、社区人士的访谈提纲。

③ 园长、教师、家长、社区人士的观察提纲。

四、本课题研究的中期成果、最终成果，研究成果的预计去向

（一）本课题研究的中期成果

幼儿园与家庭、社区合作共育质量提升的困境与出路：以园长为例。

幼儿园与家庭、社区合作共育质量提升的困境与出路：以教师为例。

幼儿园与家庭、社区合作共育质量提升的困境与出路：以家长为例。

幼儿园与家庭、社区合作共育质量提升的困境与出路：以社区人士为例。

（二）本课题研究的最终成果

幼儿园与家庭、社区合作提高园本教研活动质量的困局与措施。

幼儿园与家庭、社区合作提高育儿沙龙活动质量的困局与措施。

幼儿园与家庭、社区合作提高家庭开放活动质量的难题与对策。

幼儿园与家庭、社区合作提高社区开放活动质量的难题与对策。

幼儿园与家庭、社区合作提升亲子同乐活动质量的问题与策略。

幼儿园与家庭、社区合作提升参观游览活动质量的问题与策略。

家长委员会在幼儿园与家庭、社区合作共育质量提升中的作用与发挥。

幼儿园与家庭、社区合作共育质量提升的困境与出路。

（三）研究成果的预计去向

在国内外教育类刊物上公开发表研究成果。

在国内外教育学术会议上宣讲交流研究成果。

在幼教工作者职前教育和在职培训中借鉴实施研究成果。

在幼儿园家长工作中推广应用研究成果。

在幼儿园社区工作中推广应用研究成果。

向各级教育部门、妇女联合会、民政部门提供研究成果，供他们决策时参考。

|第三节| 幼儿园与家庭、社区合作共育科研报告的撰写

► 如何撰写家园社区共育的科研报告？现以“示范性幼儿园网站‘家园互动’栏目的观测与分析”为例，加以说明。

[摘 要]本研究以S市学前教育网站为平台，以其所列举的所有示范性幼儿园为对象，来检测其“家园互动”栏目的现状。结果发现：只有一半的示范园在网站上设立了“家园互动”栏目，该栏目在主页上的位置处于中间

偏后，发布的信息内容较为广泛，大多以图文并茂的形式来呈现，更新信息较为缓慢，信息的总量不够庞大。在对观测结果进行简析的基础上，提出了发挥示范园的网站效能、提升家园共育质量的一些建议。

[关键词]示范性幼儿园，“家园互动”栏目，特点，改进建议

“示范”是“做出某种可供大家学习的典范”[①]。示范性幼儿园是“办学方向端正、管理严格、教育质量好并具有良好社会信誉的幼儿园”[②]。教育部早在2003年联合发布的《关于幼儿教育改革与发展的指导意见》中就指出：“要充分发挥示范性幼儿园在贯彻幼儿教育法规、传播科学教育理念、开展教育科学研究、培训师资和指导家庭、社区早期教育等方面的示范、辐射作用。”2012年又在颁发的《教育信息化十年发展规划（2011—2020年）》中明确指出：“我国教育改革和发展正面临着前所未有的机遇和挑战。以教育信息化带动教育现代化，破解制约我国教育发展的难题，促进教育的创新与变革，是加快从教育大国向教育强国迈进的重大战略抉择。”在当今飞速发展的网络时代，示范性幼儿园是否在与家庭合作共育上起到了示范引领的作用？它们是否在自己的网站上设立了有关“家园互动”的栏目？这个栏目在主页上处于什么样的位置？发布了哪些信息？以什么样的形式来呈现信息？更新信息的频率如何？传递信息的数量如何？本研究试图以S市学前教育网站为平台[③]，以其所呈现的所有示范性幼儿园为对象，来考察其家园合作的现状，分析其成效和不足，以推进家园共育质量的不断提升。

一、检测结果与分析

（一）示范性幼儿园“家园互动”栏目在网站上的设立

在S市学前教育网站上，研究者按照行政区域的划分，依次点击各个示范性幼儿园的网站，查寻其是否设立了有关“家园互动”栏目及其具体名称。结

① 中国社会科学院语言研究所词典编辑室. 现代汉语词典[M]. 6版. 北京：商务印书馆，2012：1184.

② 李生兰. 学前教育法规政策的理解与运用[M]. 南京：南京师范大学出版社，2012：340.

③ 研究者遵循科研规范，将这个市的真实名称隐去，用符号替代，下同。

果发现以下几个特点。

1.“家园互动”栏目在网站上的设立：喜忧参半

在60所示范性幼儿园中（以下简称为“示范园”），有约57%的示范园（34所）在其网站上设立了“家园互动”栏目，但还有约43%的示范园（26所）没能设立这一栏目。由此可见，示范园对家园合作的重视程度大不相同；将近一半的示范园未能通过互联网在家园共育上发挥出引领作用，与全面“示范”的头衔不相吻合，暴露出这些示范园可能拥有“朝南坐”“皇帝的女儿不愁嫁”的病态以及薄弱的服务家长的意识。

2.“家园互动”栏目在网站上的名称：百花齐放

在34所设立了有关“家园互动”栏目的示范园中，有约79%的示范园（27所）把栏目名称直接写为“家园互动”或“家园共育”“家园图书馆栏”“家园立交桥”“家园彩虹桥”“家园之窗”“家园交流”“家园互联网”“家园通道”“家园桥梁”“家园链接”“互动分享”“共育沙龙”，反映了这些示范园高度重视家长工作的双向性和互动性，注意建立民主平等的合作关系；此外还有约21%的示范园（7所）把栏目名称分别写为“家长委员会”或“家长手册”“家长学校”“父母茶座”“家长服务”“家教指南”“家长工作”，反映了这些示范园特别重视家长工作的指导性和服务性，注意发挥某一形式的独特作用。

栏目在网站上起着非常重要的作用，既是网站的核心和地图，也是首页的导航条和风向标，起着引导家长用户的作用，关系到家长用户的访问点击。因此，设置哪些栏目，对示范园网站的影响十分巨大。为了搭建合理的网站“骨架”，还没有开辟“家园互动”栏目的示范园，应尽快增设这个栏目，以免定位偏差，导致家长访客的大量流失，错失合作共育的大好时机。

（二）示范性幼儿园“家园互动”栏目在主页上的位置

在S市学前教育网站上，研究者依次观测设有“家园互动”栏目的34所示范园的网站，记录该栏目在主页上所处的位置①。结果发现以下特点。

“家园互动”栏目在主页上的位置：中间偏后。约18%的示范园把这

---

① http://www.age06.com,2013-04-01—2013-07-05。

个栏目分别设在了主页上从左边数的第6栏、第7栏，约15%的示范园把这个栏目设在了第5栏，约12%的示范园把这个栏目设在了第8栏，约9%的示范园把这个栏目依次设在了第3栏、第4栏、第9栏、第10栏，约2%的示范园把这个栏目设在了第11栏（见图9-1）。由此可见，这些示范园“家园互动”栏目在主页上的位置处于中间偏后，呈现出“中间大，两头小”的状态，横跨第3栏至第11栏，聚积于第6栏至第7栏。美国心理学家米勒（George A. Miller）曾指出，人们加工信息的能力是有局限性的，同时关注的事物不能太多，一般介于5 ~ 9件。这启示我们，要重视示范园网站栏目结构布局的科学性，把主导航菜单项设在5 ~ 9个，既不要少于5个，以免使“家园互动”栏目无处藏身，没有一席之地；也不要多于9个，以免使家长迷失方向，注意力过于分散。

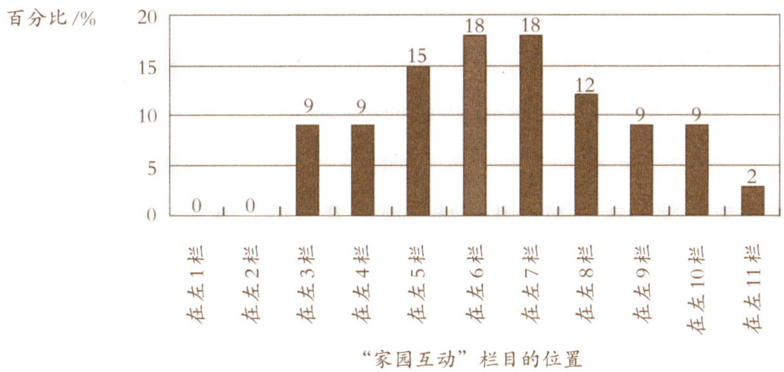

图9-1 “家园互动”栏目在主页上所处的位置

栏目位置是有主次的，重要的栏目往往会被排放在顶部、左侧，次要的栏目往往会被排列在底部、右侧。那么“家园互动”栏目在主页上究竟应该被摆放在什么样的位置上呢？这就需要我们去考虑它应该面向谁，为谁服务。示范园网站如果主要是面向家长，为家长服务的，那么就应该遵循“重为左，次为右”的原则，把“家园互动”这个栏目的位置向左移动，靠前摆放，处于中间偏左的地方，以便更好地吸引家长的注意力，提高家长的点击率。

（三）示范性幼儿园“家园互动”栏目发布信息的内容

在S市学前教育网站上，研究者反复检测设有“家园互动”栏目的34所示范园的网站，查阅其发布信息的内容①。结果发现以下几个特点。

1.“家园互动”栏目信息内容的开放：较为正常

在34所示范园中，有约91%的示范园（31所）的“家园互动”栏目“能够打开”，且反映的都是本园的内容，这就使得该栏目“名副其实”，“物有所值”，能够发挥网络的独特功能，帮助家长获取详细的信息；但是，还有约9%的示范园（3所）的“家园互动”栏目“打不开”或无本园的内容，这就使得该栏目“名存实亡”，“摆个样子”，未能利用网络的资源优势，给予家长应有的帮助。

2.“家园互动”栏目信息内容的分类：参差不齐

这31所示范园对“家园互动”栏目信息内容的分类是大不相同的，从0类到9类不等：没加以分类的示范园约占19%，分为2类的示范园约占3%，分为3类的示范园约占29%，分为4类的示范园约占23%，分为5类的示范园约占13%，分为6类、7类、8类、9类的示范园均约占3%（见图9-2）。由此可见，一半以上的示范园把“家园互动”栏目的内容划分为3类及以下，这是需要加以完善的。因为栏目的内容越细分，聚合的程度就越高，可读性就越强，家长客户在此停留的时间也就会越长。示范园如果不对“家园互动”栏目里的内容加以分类，仅把各种资料收集起来，堆放在一起，那么就会显得杂乱无章，好像一个“垃圾箱”，这样，家长浏览者就无从下手，也就不会有兴趣去这里“翻箱倒柜”，寻找有用的信息。为此，示范园要提高“家园互动”栏目内容的针对性，仔细划分栏目里的内容，并加以合理排列，以便家长迅速找到自己所需要的各种信息。

① http://www.age06.com，2013-04-01—2013-07-05。

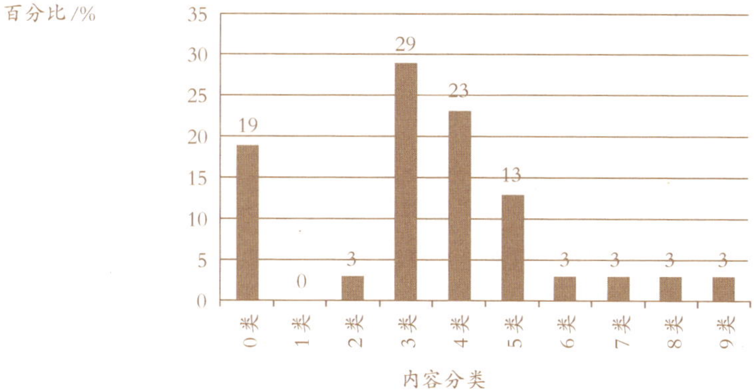

图9-2 “家园互动”栏目信息内容的分类

3.“家园互动”栏目信息内容的选择：儿童本位

这31所示范园对“家园互动”栏目信息内容的选择是以儿童为本的，既有针对不同年龄班（如托班、小班、中班、大班）儿童的内容，也有促进儿童多方面（如健康、认知、情感、社会性）发展的内容。儿童都是家长的“心头肉”，“家园互动”栏目的信息内容只有以儿童为中心，紧紧地围绕儿童，时刻地瞄准儿童、聚焦于儿童，才能“拨动”家长用户的“那根心弦”，诱发家长的注意力，提高此栏目的点击率。

4.“家园互动”栏目信息内容的呈现：较为广泛

这31所示范园对“家园互动”栏目信息内容的呈现是全方位的，既有幼儿园的家长工作（如家长委员会、家长接待工作、家教园报、家长学校、家长志愿者、家长沙龙），也有家园双方的亲子活动（如亲子时间、亲子游戏、亲子导读、亲子资源），此外，还有家长的教养心得（如教子观念、教子方法、家长来稿、爸妈新招、家长心语）。由此可见，这些示范园不仅能从自己的工作出发，而且还能从家庭的需要出发，呈现相应的内容，从而使“家园互动”这个栏目的内容变得更加丰富多彩和具体实用。

“家园互动”栏目的信息内容是栏目的核心，有了优质精彩的内容，家长用户才会无意识地来访问，经常锁住鼠标来观赏。因此，示范园要站在家长的角度，把这个栏目打造成网站的优势栏目，分类分层来展现精品内容；要考虑家长访客的需求、期望、兴趣和知识、技能、能力，不断调整这个栏目的方向、目标、定位，以增强该栏目信息内容的精确性、针对性和趣味性。

（四）示范性幼儿园“家园互动”栏目发布信息的形式

在S市学前教育网站上，研究者依次观测“家园互动”栏目能够打开的31所示范园的网站，查寻其信息发布的形式[①]。结果发现以下几个特点。

1.“家园互动”栏目发布信息的文字：编辑加工

这31所示范园都能通过简单地“编辑”文字，来直接呈现“家园互动”栏目里的信息，以提升信息的可读性。约74%的示范园（23所）还能利用“彩色”文字来生动地传递“家园互动”栏目里的信息，以提高阅读的有效性；但是，还有约26%的示范园（8所）只利用了“黑色”文字来机械地传达信息，因而未能展现出色彩的魅力。由于不同的颜色会对浏览者产生不同的心理暗示和阅读效应，因此，为了提高信息的可读性和趣味性，示范园应该充分发挥电脑的文字“编辑”功能，既要为信息的标题挑选特殊的字体，为信息的正文选择通用的字体；也要为信息的背景“涂上”适宜的颜色，为信息的文字“染上”恰当的颜色，以吸引家长浏览者的视线，提高信息的访问率。

2.“家园互动”栏目发布信息的图片：五彩缤纷

约74%的示范园（23所）能借助儿童和家长及教师的活动照片、儿童的图画来形象地传递“家园互动”栏目的信息，且这些照片和图画都是彩色的，这就充分发挥了电脑的彩图“插入”功能；但是，还有约26%的示范园（8所）没能通过图片来逼真地传送信息，遗忘了电脑的这一优势功能。由此可见，大多数示范园能通过图文并茂的形式来呈现信息，这样，既能把家长带入“有图有真相，一图胜千言”的境地，帮助家长更好地理解孩子在园在班的生活，又能适应当今“悦图”时代的需要，使之成为家长和孩子交流校园学习的一根重要“拐杖”。

因为互联网的文化是一种休闲的、非正式的文化，所以，示范园在呈现信息的形式上，要注意使用幽默的网络语言、生动的影像作品，营造轻松愉快的氛围，以增加“家园互动”栏目的访问数量；又因为互联网上信息的存在形式是数字化的、多媒体的，所以，示范园还应该运用多种形式，处理好文字与图片、影像、声音、动画之间的关系，以提高“家园互动”栏目的访问量。

---

① http://www.age06.com，2013-04-01—2013-07-05。

（五）示范性幼儿园“家园互动”栏目发布信息的时间

在S市学前教育网站上，研究者不断登录“家园互动”栏目能够打开的31所示范园的网站，检测其发布信息的时间。①结果发现以下几个特点。

1.“家园互动”栏目发布信息的时间：较为明晰

在31所示范园中，有约94%的示范园（29所）能对“家园互动”栏目里所发送的信息的时间进行准确标注，以便家长随时查找信息；但还有约6%的示范园（2所）未能对所传送的信息的时间进行清楚的说明，没有发挥出电脑精确计时的功能。

2.“家园互动”栏目更新信息的周期：较为漫长

这29所示范园虽能标注“家园互动”栏目信息的更新时间，但信息的更新频率却有所不同，更新的周期普遍较长：约66%的示范园（19所）呈现的信息比较新颖，能与“年”俱进，上传了2013年的信息；但是，约34%的示范园（10所）呈现的信息却比较陈旧，只有2012年（约占17%）、2011年（约占10%）甚至是2008年（约占3%）、2007年（约占3%）的信息（见图9-3）。在19所传递了2013年信息的示范园中，只有约48%的示范园能与“月”俱进，及时更新信息，发布了6、7月份的信息；但是，还有约52%的示范园未能与时俱进，只发布了1—5月份的信息（见图9-4），没能彰显出网络时代信息更新快捷的特点。

国外研究表明，如果教师和学生“每周”能通过新的图片和信息来更新网站的内容，那么就能吸引家长经常上网来查看信息，使之成为家校沟通的一种有效形式②。由此看来，示范园在更新“家园互动”栏目信息的周期上是任重而道远的。栏目的信息只有不断地加以更新，才能吸引家长访客，提高栏目的点击率。所以，示范园要努力完成栏目信息的更新任务，提高更新的频率，从每年更新，发展到每月更新、每周更新，甚至是每天更新，使家长能“常回家看看”，查找新的信息，这正是家长访客回访的重要体现。如果这个栏目无法“黏住”家长，使他们能经常来寻找有价值的信息，那么这

① http://www.age06.com, 2013-04-01—2013-07-05。

② Grant K B, Ray J A. Home, school, and community collaboration: culturally responsive family involvement [M]. Thousand Oaks, CA: SAGE Publications, Inc., 2010: 255.

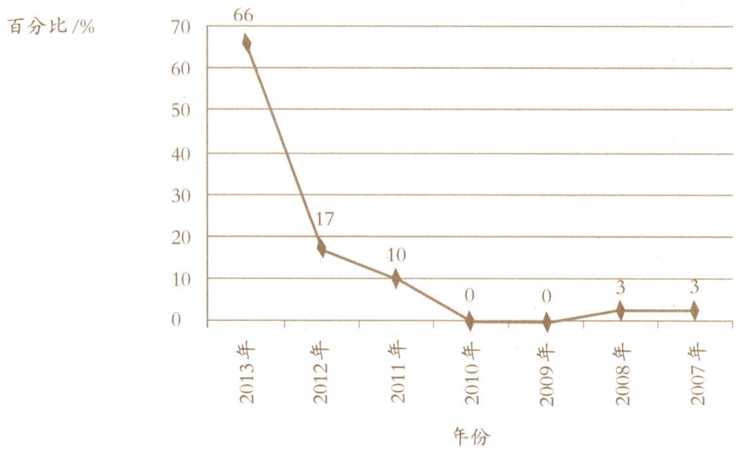

图9-3 "家园互动"栏目发布信息的年份

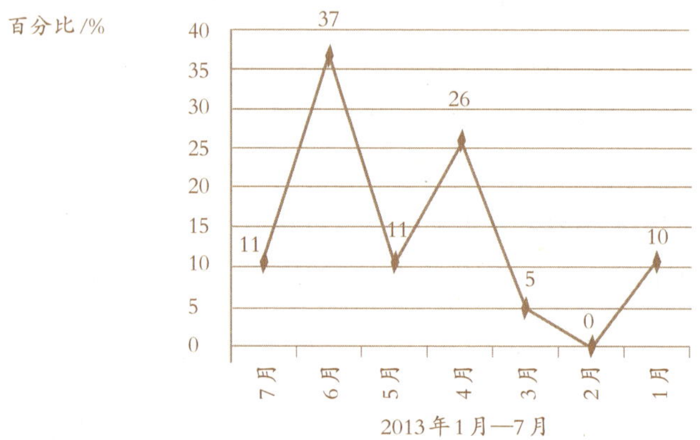

图9-4 "家园互动"栏目发布信息的月份

个栏目就永远也做不好，做不强，做不大。

（六）示范性幼儿园"家园互动"栏目发布信息的数量

在S市学前教育网站上，研究者反复登录"家园互动"栏目能够打开的31所示范园的网站，记录其发布信息的数量。[①]结果发现以下几个特点。

1."家园互动"栏目发布信息的数量统计：不够周全

约71%的示范园（22所）对"家园互动"栏目所传送的信息数量加以

① http://www.age06.com, 2013-04-01—2013-07-05。

了统计记录，有利于家长快速搜寻自己想要的信息；但是，还有约29%的示范园（9所）未能对所传送的信息数量加以累积记录，没能发挥出电脑的计算累积功能。

2.“家园互动”栏目发布信息的数量状态：两极分化

这22所示范园在“家园互动”栏目上传递信息的数量是千差万别的，最多的高达1 253条信息（1所，约占5%），最少的只有5条信息（1所，约占5%），反映了信息传递数量上的极端现象。

3.“家园互动”栏目发布信息的数量总体：不够庞大

这22所示范园在“家园互动”栏目上发送信息的总量普遍较小：在50条及以下的示范园占50%，在51 ~ 100条的示范园约占27%，在101 ~ 150条的示范园约占9%，在251 ~ 300条、401 ~ 450条、451条以上的示范园均只约占5%（见图9–5）。由此可见，绝大多数示范园都没能充分发挥网络时代“海量”信息的优势。

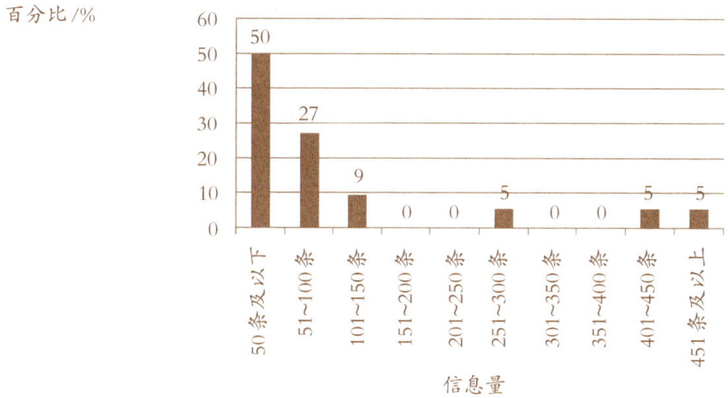

图9–5 “家园互动”栏目发布信息的总量

“家园互动”栏目的信息容量必须扩大，只有这样，才能满足家长的不同需求。示范园要在保证稳定的更新频率的同时，还要注意使短期更新的信息和中期更新的信息及长期更新的信息有机地结合起来：短期更新的信息就是班级日常活动的各种资讯，要及时地加以更新，以诱导家长来浏览和体验；中期更新的信息就是和示范园息息相关的各种信息，既要引导园长和教师经常来发布活动的信息，也要培养家长使用信息的习惯；长期更新的信息就是要建设一个知识库，知识是没有时间价值的，这个库的资料越丰富，就越能带来稳定的流量和吸引力。当这几种信息相互补充时，就能壮大“家园互动”栏目的信息总量，满足广大家长的各种需要。

二、思考与建议

（一）示范性幼儿园应该在与家庭合作共育上发挥榜样作用

国务院在《关于当前发展学前教育的若干意见》中明确指出，“要把幼儿园教育和家庭教育紧密结合，共同为幼儿的健康成长创造良好环境”；在《中国儿童发展纲要（2011—2020年）》中又强调，要“开展家庭教育指导和宣传实践活动。多渠道、多形式持续普及家庭教育知识，确保儿童家长每年至少接受2次家庭教育指导服务，参加2次家庭教育实践活动。加强家庭教育研究，促进研究成果的推广和应用”。教育部在《关于幼儿教育改革与发展的指导意见》中指出，“幼儿园要与家庭、社区密切合作。要充分利用幼儿园和社区的资源优势，面向家长开展多种形式的早期教育宣传、指导等服务，促进幼儿家庭教育质量的不断提高”；“示范性幼儿园要参与本地区各类幼儿园的业务指导，协助各级教育部门做好保育、教育业务管理工作，形成以省、地、县、乡各级示范性幼儿园为中心，覆盖各级各类幼儿园的指导和服务网络”；“示范性幼儿园由省、地级教育部门组织评审认定。省级教育部门要根据国家有关规定制定示范性幼儿园的标准，并定期对示范性幼儿园进行指导、评估和审验，确保其发挥示范作用，带动本地区幼儿教育事业的整体发展和教育质量的提高。”S市教育委员会在《S市示范性幼儿园标准（修订稿）》中要求示范性幼儿园，“努力构建互动、和谐的家园伙伴关系，积极向家长和社会宣传正确的教育理念，开展多种形式并实效明显的家教指导工作，提高家长科学育儿能力”。由此可见，示范性幼儿园在与家庭合作共育上发挥模范作用，既是贯彻执行幼教法规政策的需要，也是实现达到评审认定标准的需要。示范性幼儿园不能只“示”而不“范”，必须在与家庭的合作共育上起到典范和辐射的作用，为一级园、二级园提供学习和参照的范例；这种“示范”，既应是动态的、发展的，以打破其“终身制”；也应是多样的、全面的，以确保其“含金量”。

（二）示范性幼儿园应该通过互联网与家庭保持密切的联系

中国互联网络信息中心（CNNIC）在第32次《中国互联网络发展状况统计报告》中指出，截至2013年6月底，我国网民规模达到5.91亿，较2012年底增加2 656万人；互联网普及率为44.1%，较2012年底提升2%；我国手机网民规模达4.64亿，较2012年底增加4 379万人，网民中使用手机上网的人群占比提升至78.5%。[①] 教育部在《教育信息化十年发展规划（2011—2020年）》中指出：人类社会进入21世纪，信息技术已渗透到经济发展和社会生活的各个方面，人们的生产方式、生活方式以及学习方式正在发生深刻的变化，全民教育、优质教育、个性化学习和终身学习已成为信息时代教育发展的重要特征。国务院在《国家中长期教育改革和发展规划纲要（2010—2020年）》中指出：信息技术对教育发展具有革命性影响，必须予以高度重视。由此可知，示范性幼儿园通过互联网与家庭保持密切的联系，既是顺应飞速发展的网络时代的需要，也是实现教育现代化和信息化的需要。互联网已成为当今社会最大的传播媒介，是人们取得联系、实施交流的手段和工具，也是人们采集信息、传递信息、积累知识的工具和载体。因此，示范性幼儿园在与家庭合作共育的过程中，在使用传统形式的同时，也要重视开发和利用互联网的独特功能，来提升自己的形象和品位，实现网络资源占有和应用的数量与质量的“比翼双飞”。

（三）示范性幼儿园应该提高网站在与家庭合作共育中的质量

互联网作为成本低、互动性和时效性强的交流平台，是示范性幼儿园展示推广自己的理想窗口。为了提升网站在与家庭合作共育中的地位和质量，发挥“家园互动”重点栏目的品牌效应，示范性幼儿园应该注意以下几点。

1. 要重视网络的综合性

网络的一大优势乃是多兵种合成作战的“大规模立体战”“闪电战”，而不是单兵种的“游击战”。因此，示范性幼儿园要从网络的综合性出发，

---

① http://www.cnnic.cn，2013-11-14。

使主页上“家园互动”栏目的设计样式更加独特新颖、富有创意，以吸引家长的眼球；使页面里“家园互动”栏目的内容呈现更加生动形象、具体实用，以锁定家长的鼠标。

2. 要关注网络的无限性

网络的一个优势就是可以无限地提供内容，它不像传统媒体那样受到版面的严格限制。因此，示范性幼儿园要从网络的无限性出发，及时增加“家园互动”栏目里信息的种类和数量，并不断地加以更新和完善，以满足家长的各种需要。

3. 要考虑网络的立体性

网络的最为诱人之处是它的多媒体，可用眼睛去看，也可以用耳朵去听，此外还可能用手去操作。示范性幼儿园要从网络的立体性出发，适时为“家园互动”栏目里的文字增加色彩和图像、配上声音和动画，使各种信息都能变得栩栩如生、鲜艳夺目，以激发家长的阅读兴趣。

4. 要提升网络的交互性

网络的大放异彩之处就是它的交互性、多元性和反馈性。示范性幼儿园要从网络的交互性出发，一方面要确实办好有关“家园互动”栏目中的电子公告板（BBS），不断提高“家园互动”栏目里聊天室的人气；另一方面还要重视建立“家园互动”栏目里编者和读者之间的友好关系，丰富编、读往来的内容和形式，以增强家长的交流能力。

5. 要注意网络的长期性

网络的一个强项是具有可检索、可保存、可长期使用的特性，信息一经上网便可随时查阅。示范性幼儿园要从网络的长期性出发，尽量多存放“家园互动”栏目里的信息，使它成为一个庞大的“聚宝盆”，并合理地加以分类排列，以提高家长的运用能力。

关键词回顾

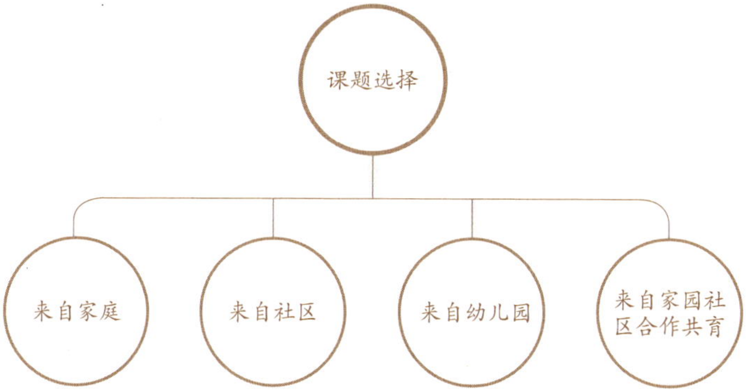
课题选择
来自家庭
来自社区
来自幼儿园
来自家园社区合作共育

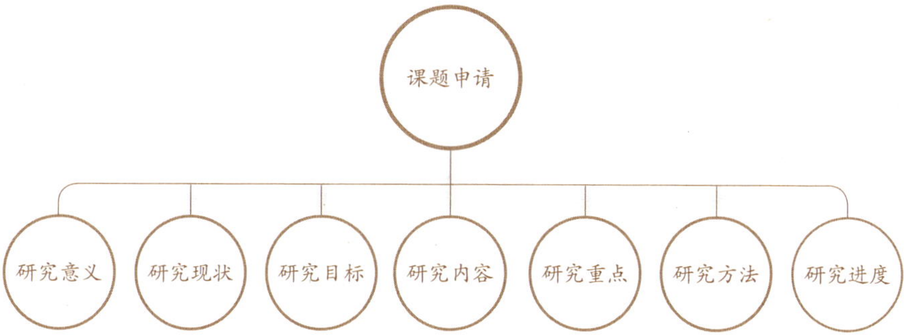
课题申请
研究意义
研究现状
研究目标
研究内容
研究重点
研究方法
研究进度

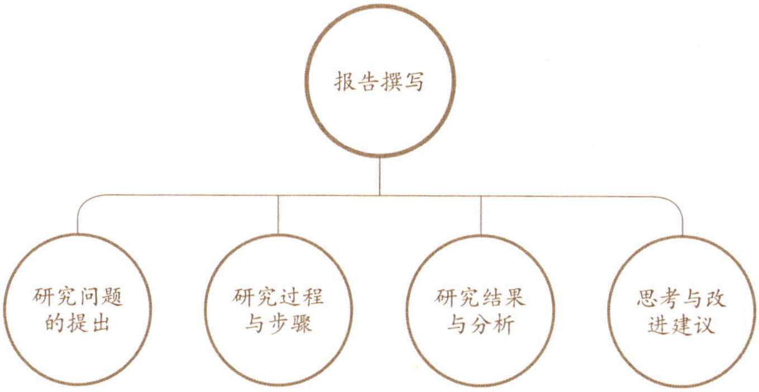
报告撰写
研究问题的提出
研究过程与步骤
研究结果与分析
思考与改进建议

复习思考

① 幼儿园与家庭、社区合作共育科研课题主要有哪些？你对哪些课题比较感兴趣？你认为哪些课题比较重要？

② 幼儿园与家庭、社区合作共育科研课题申请书主要由哪几个部分组成？你认为哪个部分最难填写？最难实行？

③ 幼儿园与家庭、社区合作共育科研报告撰写的格式是什么？你认为哪个部分最难撰写？

④ 请浏览当地幼儿园的网站，查看这些幼儿园是否都设立了有关“家园互动”的栏目。如果设立了，那它处在主页上的什么位置？它发布了哪些内容信息？它以什么样的形式来发布这些信息？它多长时间发布一次信息？它一共发布了多少条信息？并加以总结和分析，提出改进建议。

拓展阅读推荐书目

① 袁方主编，《社会科学研究方法教程》，北京大学出版社，1997年。

② 庞国彬、刘俊卿主编，《实用教育科研方法》，北京师范大学出版社，2013年。

③ [美]威廉·维尔斯曼著，袁振国主译，窦卫霖校，《教育研究方法导论》，教育科学出版社，1997年。

网上浏览

① http://www.nies.net.cn

② http://www.cnsece.com

③ http://www.chinafew.com

附录 模拟考试试卷及参考答案

试 卷 A 卷

考试形式：开卷　　　　考试时间：120分钟

一、简答题（每题10分，共40分）

1. 简述父亲在学前儿童家庭教育中的作用。
2. 简述学前儿童家庭教育的主要策略。
3. 简述学前儿童社区教育的主要特征。
4. 简述幼儿园与家庭合作共育的主要形式。

二、论述题（每题20分，共40分）

1. 家庭系统理论给你的启示是什么？请举例加以说明。
2. 生物生态学理论的主要观点是什么？给你的启示是什么？

三、设计题（20分）

请围绕公园，设计一个幼儿园组织儿童外出参观活动的方案。

试 卷 B 卷

考试形式：开卷　　　　考试时间：120分钟

一、简答题（每题10分，共40分）

1. 简述母亲在学前儿童家庭教育中的作用。
2. 简述学前儿童家庭教育的主要内容。
3. 简述学前儿童社区教育的主要原则。
4. 简述家长开放日的组织实施。

二、论述题（每题20分，共40分）

1. 符号互动理论给你的启示是什么？请举例加以说明。
2. 需求层次理论给你的启示是什么？请举例加以说明。

三、设计题（20分）

请围绕图书馆，设计一个幼儿园组织儿童外出参观活动的方案。

试卷C卷

考试形式：开卷　　　考试时间：120分钟

一、简答题（每题10分，共40分）

1. 简述家庭的结构及种类。
2. 简述社区的含义及功能。
3. 简述教师整合社区教育资源的策略。
4. 简述家庭访问的准备工作。

二、论述题（每题20分，共40分）

1.《全国家庭教育指导大纲》中的指导原则是什么？请举例加以说明。

2.《中国儿童发展纲要（2011—2020年）》中的基本原则是什么？给你的启示是什么？

三、设计题（20分）

请围绕绘本《猜猜我有多爱你》，设计一个幼儿园与家庭合作共育的教学活动方案。

试卷D卷

考试形式：开卷　　　考试时间：120分钟

一、简答题（每题10分，共40分）

1. 简述家庭的功能及种类。
2. 简述社区的含义及结构。
3. 简述教师开发社区教育资源的策略。
4. 简述亲子活动的实施策略。

二、论述题（每题20分，共40分）

1. 家长委员会的职责主要有哪些？请举例加以说明。

2.《中国儿童发展纲要（2011—2020年）》给你的启示是什么？请举例加以说明。

三、设计题（20分）

请围绕绘本《小威向前冲》，设计一个幼儿园与家庭合作共育的教学活动方案。

参 考 答 案

请自行测试后，扫描二维码获取答案，再对应检查自己的答案。

图书在版编目（CIP）数据

学前儿童家庭与社区教育 / 李生兰等著 . -- 北京：高等教育出版社，2015.7（2020.6 重印）
ISBN 978-7-04-041999-3

Ⅰ. ①学… Ⅱ. ①李… Ⅲ. ①学前儿童—家庭教育—教材②学前儿童—社区—社会教育—教材 Ⅳ. ① G78 ② G61

中国版本图书馆 CIP 数据核字 (2015) 第 026399 号

策划编辑 王海燕　　责任编辑 王海燕　　书籍设计 张申申
责任校对 刁丽丽　　责任印制 田 甜

出版发行 高等教育出版社　社址 北京市西城区德外大街4号　邮政编码 100120
购书热线 010-58581118　咨询电话 400-810-0598
网址 http://www.hep.edu.cn http://www.hep.com.cn
网上订购 http://www.landraco.com http://www.landraco.com.cn
印刷 北京信彩瑞禾印刷厂
开本 787mm × 1092mm 1/16　印张 23.75　字数 350 千字
版次 2015年7月第1版　印次 2020年6月第4次印刷　定价 38.00元